Leduc s'engage pour une fabrication écoresponsable !
« Des livres pour mieux vivre », c'est la devise de notre maison.
Et vivre mieux, c'est vivre en impactant positivement le monde qui nous entoure ! C'est pourquoi nous choisissons nos imprimeurs avec la plus grande attention pour que nos ouvrages soient imprimés sur du papier issu de forêts gérées durablement, et qu'ils parcourent le moins de kilomètres possible avant d'arriver dans vos mains ! Pour en savoir plus, rendez-vous sur notre site.

Édition originale :

Titre original : *EAT TO LOVE: A Mindful Guide to Transforming your Relationship with Food, Body, and Life*

Révision de la traduction : Emma Pavan
Relecture : Élodie Ther
Maquette : Jennifer Simboiselle
Design couverture : Constance Clavel

10, place des Cinq-Martyrs-du-Lycée-Buffon
75015 Paris – France
ISBN : 979-10-285-1772-4

JENNA HOLLENSTEIN
Préface d'Aurélie Godefroy

JE M'AIME DONC JE MANGE

RÉAPPRENDRE À MANGER EN PLEINE CONSCIENCE GRÂCE AUX SAGESSES BOUDDHISTES

Traduit de l'anglais (américain) par Christophe Billon

LEDUC

SOMMAIRE

À maman, Melissa, Lily et Stella.
Vous êtes très bien telles que vous êtes.

PRÉFACE

Agapè. En grec ancien, ce terme signifiait « amour » ; il est désormais synonyme de « festin ». Tout un symbole ! La nourriture comme une promesse de bonheur... Est-ce si étonnant ? Dès la naissance, se nourrir relève de l'émotionnel et du relationnel : il s'agit bien d'un acte d'amour avec soi-même et l'autre.

Et pourtant : il n'est pas toujours évident de se réconcilier avec son assiette. Pour beaucoup, manger est même devenu une véritable épreuve. Face aux casseroles, les injonctions contradictoires se télescopent : manger quoi, comment ? Compliqué de bien réagir face à cette « cacophonie diététique », comme la résume le sociologue Claude Fischler. Entre les diktats de la minceur, les lois du perfectionnisme alimentaire, nombreux sont ceux qui s'engouffrent dans l'anarchie ou se laissent, à l'inverse, enfermer dans les prisons de l'orthodoxie. Et paradoxe : si nous passons un temps fou à penser à notre alimentation en rationalisant nos croyances et en les croisant avec les connaissances scientifiques du moment, nous n'écoutons plus notre appétit, notre corps, ni les signaux envoyés par la faim et la satiété : la porte ouverte à toutes les confusions !

Comme le montre admirablement Jenna Hollenstein, il s'agit de percevoir l'acte de manger à travers nos sens pour retrouver le plaisir et éviter les automatismes qui nous empêchent de déceler, interpréter et répondre à nos vrais besoins. Ne laissons plus l'esprit tenir le corps au détriment des sensations. D'ailleurs, jusqu'à l'âge de 4 ans, un enfant exprime quand il a faim et assez mangé. En grandissant, il perd cette sagesse innée et son plaisir innocent à la nourriture se complique : cette dernière ne constitue plus un carburant mais sert à le distraire, séduire, voire le punir... Bonne nouvelle cependant : le succès des livres culinaires et autres blogs montre bien l'envie de cuisiner et de renouer avec ses sensations. Car la seule personne qui sait ce dont elle a besoin, c'est vous, comme le préconise l'« *intuitive Eating* », ce mouvement mondial passionnant qui prône le rétablissement des sensations alimentaires.

Dans la tradition bouddhique, donner sens à son existence peut se comparer à l'art culinaire. Cette voie à part entière (tout comme la cérémonie du thé ou les arts martiaux) rejoint le message d'universalité du Bouddha qui considère le fait de manger comme la question cruciale de « comment vivre ? ». Augmenter l'agilité de l'esprit à travers le discernement, aller vers la sagesse voire l'éveil : ces caractéristiques du bouddhisme passent effectivement par l'alimentation. N'oublions pas que le corps est le véhicule de l'esprit : il suffit d'observer les différents rituels orchestrés autour des repas dans le bouddhisme himalayen, à travers un processus d'offrandes ou encore les codes observés dans le bouddhisme zen où le repas fait partie intégrante de la méditation. Celle-ci est bien évidemment fondamentale dans cette perspective, non seulement pour retrouver cette unité fondamentale du corps et de l'esprit, car c'est en libérant notre mental des pensées toxiques, que nous pouvons ajuster nos comportements, notamment alimentaires. L'attention, la présence et la conscience vigilante de notre vie intérieure à travers nos sensations, pensées ou émotions nous permettront d'être pleinement ancrés ici et maintenant.

En combinant la sagesse de la philosophie bouddhiste et la science de la nutrition, nous pouvons ainsi parvenir à retrouver un chemin vers nous en équilibrant santé physique et bien-être psychologique. Car manger en conscience, c'est entreprendre une démarche holistique qui offre un équilibre dans notre existence pour revenir à cette vérité trop souvent oubliée de « manger pour vivre ». Mais pas seulement : s'aimer aussi, comme le démontre avec brio, humanité et bienveillance, ce précieux mode d'emploi dans cette aventure de « reconquête de soi » de Jenna Hollenstein.

Préface d'Aurélie Godefroy
Journaliste, animatrice, écrivain

QU'EST-CE QUE JE M'AIME DONC JE MANGE ?

J*E M'AIME DONC JE MANGE* ne vous aidera pas à perdre du poids. Vous n'y trouverez aucun conseil pour maigrir, tonifier vos muscles ou manger sainement. Ce livre ne vous dira pas comme éliminer les toxines, nettoyer votre organisme, adopter un régime sans gluten ou diminuer l'apport en sucres ou glucides.

Vous souhaitez poursuivre la lecture ?

Sachez simplement que, si cet ouvrage ne vous aidera pas à perdre du poids, il vous convaincra que rien, justement, ne vous y oblige. Il n'existe aucune corrélation entre le fait d'être heureuse, en bonne santé, avoir confiance en soi et le chiffre précis que vous voulez voir s'afficher sur la balance. Ce livre vous aidera à en finir avec la honte, l'incertitude, l'anxiété et la paranoïa qui tournent autour de la nourriture, quand elle touche votre image corporelle. Il contribuera à vous débarrasser de la souffrance que provoque la culture des régimes et il libérera votre corps et votre esprit de son emprise.

Ma mère, quand elle parlait du dîner qu'elle avait préparé pour quelqu'un, avait une façon bien à elle de décrire le bonheur de cette personne en train de savourer son assiette, « les yeux fermés et la tête en arrière, tout à son plaisir de manger ». À mes yeux, cela évoquait une joie toute naturelle. Cela impliquait forcément que le lien affectif à la nourriture, qu'il s'agisse du plat préféré de notre enfance ou d'une spécialité qui rappelle des souvenirs, était bien là. C'était la façon dont mon oncle Bob mangeait la potée de bœuf au chou de son enfance ou dont ma tante Min se délectait d'une assiette de *spaghetti con aglio e olio*. J'ai intitulé ma thérapie nutritionnelle *Je m'aime donc je mange* dans l'espoir d'aider à redécouvrir la joie de manger et d'être bien dans son corps. Ce n'est que par la suite que j'ai pris conscience que cette corrélation entre la nourriture et l'amour de soi avait un sens plus profond.

Pour nombre d'entre nous, manger est synonyme d'angoisse. Souvent, nous mangeons plus ce que nous *devons* manger, plutôt que ce que nous avons *envie* de manger. Tout ce qui est lié au désir est devenu source de danger, et comme l'a écrit Caroline Knapp dans son livre *Appetites* – « appétits » –, nous avons perdu le contact avec nos désirs. Le sens profond du *Plaisir de manger* est de faire en sorte que se nourrir soit un moyen de s'aimer et de prendre soin de soi, de choisir des aliments qui soient aussi source de plaisir et de sensations agréables – nous méritons d'éprouver ce bonheur, comme nous sommes.

Je m'aime donc je mange vous aidera à vous sentir bien dans votre corps. Tout ce que nous vivons entre la naissance et la mort est une longue expérience somatique – c'est-à-dire liée au corps. De nos besoins naturels en passant par l'orgasme, notre corps catalyse tous les événements de notre vie. Notre corps dit tout de nous – notre ethnie, notre classe sociale, notre genre, notre sexualité. Il évolue dans un monde qui impose des idéaux et des valeurs liés justement à ces critères. Par conséquent, tous les corps sont appelés à changer, selon la grille de lecture du monde dans lequel ils évoluent. À travers lui, nous éprouvons le plaisir et la douleur, la force et la faiblesse, la maladie et le bien-être, nous nous posons des questions existentielles, nous touchons à des significations profondes et nous pouvons atteindre l'illumination. Notre corps fait de nous un être unique, tout comme il nous relie aux autres. Et pourtant, d'une manière générale, les activités physiques excluent toute dimension spirituelle, et inversement, la quête spirituelle est souvent déconnectée du soma. *Je m'aime donc je mange* se base sur l'idée que le corps et l'esprit ne sauraient exister indépendamment l'un de l'autre.

Cet ouvrage est un appel à la raison, ainsi qu'à l'action. Il recrée le lien entre votre corps et votre esprit. Il comble le gouffre qui s'est créé entre votre intelligence et la satisfaction de vos désirs. C'est une approche de la nutrition et du corps qui vous connecte à tout ce que vous savez déjà, ainsi qu'à tout ce que vous avez oublié, trop occupées à compter les calories et à scruter non pas votre propre corps, mais votre balance. En refermant *Je m'aime donc je mange*, vous constaterez probablement une modification de votre état d'esprit et de votre comportement. Vous vous demanderez sans doute à quoi ressemblerait un monde dans lequel vous pourriez vivre quelle que soit votre corpulence, un monde dans lequel tous les corps, de tous les sexes, de toutes les formes, de toutes les couleurs, de tous les âges, valides ou invalides, seraient fêtés à l'unisson.

Je m'aime donc je mange fonctionne sur deux niveaux. Le premier niveau favorise l'attention, la bienveillance et le bon sens de votre relation avec la nourriture et votre propre corps par le biais d'une introspection, par l'analyse de vos pensées et de vos sentiments. Le second explore comment apporter plus de bienveillance dans votre relation aux autres et à vous-même, à travers des actions ciblées. Lorsque vous aurez introduit plus de douceur dans votre relation aux autres et dans votre relation à vous-même, alors le monde prendra tout son sens. Lorsque l'on écoute son cœur, que l'on se laisse aller à la curiosité, on finit par voir au-delà du prisme étroit de la culture des régimes. Plus vous serez curieuse de vous-même, plus vous aurez hâte de connaître les autres. Mieux vous vous comprendrez, mieux vous comprendrez les autres. Et plus vous vous aimerez, plus vous aimerez les autres.

Lire ce livre, pratiquer les méditations et faire preuve de bienveillance envers vous-même modifiera non seulement votre existence, mais également la vie de votre entourage. Dans cette culture obsédée par le poids, où tout n'est que prescription alimentaire et phobie des rondeurs, pratiquer la compassion et l'écoute de soi est un acte radical. Avoir confiance en son corps, dépasser la folie des régimes encourage ceux qui nous entourent à être eux aussi plus attentifs. Cela sème la graine qui leur permettra peut-être d'entamer leur propre programme. Cette émulation contagieuse distillera toujours plus de compassion dans le monde.

CE QUE PROPOSE CE LIVRE

Dans ce livre, vous allez vous rendre compte que tout ce que vous croyez connaître des régimes, des lipides corporels et de la santé est faux. Vous comprendrez que tout ce qui touche à l'alimentation et à l'activité physique et que notre culture occidentale a décrété comme étant la norme est en réalité nocif, absurde, anxiogène. Je vous montrerai pourquoi les rondeurs ne sont pas le problème, pourquoi les régimes ne sont pas une solution et pourquoi plus nous tentons de nous rapprocher de cet idéal de corps parfait, plus nous plongeons dans la souffrance et le chaos. Enfin, vous découvrirez pourquoi considérer votre corps comme un problème à régler sera toujours source de difficultés et de souffrance.

Vous explorerez ensuite quelle place peut occuper *Je m'aime donc je mange* dans votre vie : nourrir votre corps d'une manière qui vous permette de vivre (et d'aimer) votre vie et de vous connecter de manière plus authentique à votre univers. *Je m'aime donc je mange* est un exercice de méditation basé sur la respiration, appelé *Shamatha* ou « tranquillité de l'esprit ». Méditer, ou choisir de porter votre attention sur votre respiration, par exemple, est par essence un processus consistant à ressentir, vivre et accepter les choses telles qu'elles sont. La méditation nous permet d'être nous-mêmes. Nous domptons notre esprit et nous ouvrons notre cœur de façon à nous aimer nous-mêmes, sans changer qui nous sommes. Nous débarrasser de ce qui est mauvais pour nous et faire de la place pour ce qui nous fait du bien serait bien trop simple. Encore faut-il être honnête vis-à-vis de soi, à travers la pratique de la méditation et dans l'acceptation de ce que nous ne pouvons pas changer, sans minimiser ou amplifier quoi que ce soit. C'est à ce prix que nous développons une véritable harmonie avec nous-mêmes.

Sur la base d'exercices de méditation, *Je m'aime donc je mange* applique un ensemble d'enseignements bouddhistes appelés les six paramitas ou vertus transcendantes : la générosité, la discipline, la patience, l'effort, la méditation et la sagesse. Les six paramitas nous invitent à manger en toute tranquillité, sagement et durablement. Si vous découvrez tout juste la philosophie bouddhiste et la méditation, sachez que je présenterai le sens élémentaire de ces concepts avant de les aborder dans le contexte de la nourriture, du corps et de la prise en charge de votre personne. Si vous êtes déjà adepte de la méditation et que vous connaissez les six paramitas, sachez que cet ouvrage les aborde d'une manière susceptible d'accroître leur compréhension et d'élargir leur application.

Les six paramitas sont des piliers. Appuyez-vous sur la connaissance que vous avez de votre corps et non sur les forces externes – régimes et « experts ». Lorsque vous mangez avec plaisir, vous opérez des choix principalement basés sur des sensations physiques, telles que la faim, la satiété et ce que vous ressentez comme bienfaisant, intérieurement. Vous vous nourrissez dans un climat d'acceptation absolue, de plaisir et de joie. De ce fait, vous êtes présente au monde, claire, tout en étant flexible.

Tout au long de ce livre, je propose des méditations qui vous aideront à appliquer ces enseignements et exercices dans votre vie quotidienne. Leur pratique vous permettra de développer un nouveau langage, afin de décrire votre relation avec la nourriture et votre corps. Ce langage dépasse l'orthodoxie dictée par les adeptes de régimes ou de l'alimentation naturelle, il explore les peurs afin de mieux les dépasser, revisite les aspirations et les ambitions jusqu'ici laissées de côté. Cette nouvelle manière de penser vous aidera à tracer votre propre chemin et à partager votre expérience avec les autres.

À QUOI DEVEZ-VOUS VOUS ATTENDRE ?

Bien que chaque cas soit unique, certains stades peuvent être atteints assez tôt, tandis que d'autres prennent plus de temps.

Le premier stade de l'apprentissage du processus du plaisir de manger consiste à percevoir à quel point les promesses de l'alimentation miracle colportées par la culture des régimes sont mensongères, en quoi les régimes font prendre du poids sur le long terme, que nous sommes culturellement programmées pour avoir peur de grossir, et nombre d'entre nous cherchons la sécurité là où elle n'existe pas. Lorsque vous vous rendrez compte de tout ceci, vous mesurerez l'investissement à perte que représente tout dogme alimentaire. Faire le bilan des expériences vécues, du temps passé, de l'argent dépensé et tous les efforts fournis afin d'obtenir un corps différent n'est pas chose plaisante. Mais c'est à ce prix-là qu'on cesse de prêter allégeance à de fausses idoles et que l'on privilégie son intelligence.

À ce stade, vous commencerez à reprendre le contrôle de votre mode d'alimentation et de la manière dont vous ressentez votre corps. La réappropriation de ce pouvoir implique de vous débarrasser de toute privation, que vous vous l'imposiez vous-même ou que d'autres s'en chargent, de manger en ne vous imposant aucune interdiction, afin de découvrir quelles sont vos réelles sources de satisfaction. L'appétit conditionne ce que vous mangez, tandis que les sensations physiques de la faim et de la satiété déterminent, pour l'un, le moment où vous devez manger et pour l'autre, la quantité que vous devez ingérer. En mangeant régulièrement au cours de la journée et en nourrissant votre corps de façon à ressentir un plaisir unique, vous donnerez naissance à des sensations que vous ignoriez ou occultiez jusque-là et que vous apprendrez à reconnaître.

Dès que l'on surveille la sensation physique de la faim, on prend aussi conscience de son absence. Lorsque le désir de manger surgit en l'absence de signes physiques de faim, *il va falloir* choisir entre le besoin de manger ou celui de satisfaire des besoins émotionnels, sans recourir à la nourriture – c'est là qu'intervient *Je m'aime donc je mange.* Vous aurez toujours le choix, il n'y aura jamais aucun jugement. Comprendre vos mauvaises habitudes alimentaires vous permettra de mettre au jour des émotions et des besoins plus profonds et de choisir un mode de réponse adapté et bienveillant.

Les étapes suivantes incluront l'identification et la réponse à la sensation de satiété. Lorsque vous identifierez clairement toutes ces sensations, viendra le temps de vous réconcilier avec votre corps. Pour nombre de personnes, identifier et répondre de manière adaptée à la satiété est plus difficile que reconnaître la sensation de faim. Si vous avez fait beaucoup de régimes, vous savez ce que c'est que de limiter au maximum son apport calorique et donc, sa consommation globale. Mais quand vous sortiez d'un régime, cet apport remontait en flèche. Ces régimes vous ont également appris à veiller à la taille des portions, à peser vos ingrédients et à faire des calculs savants de compensation, au lieu de faire confiance aux sensations physiques de la satiété. En vous accordant la permission de manger, vous identifierez mieux la sensation d'avoir « assez mangé », c'est-à-dire ce qui se produit en fonction de vos besoins réels, sachant que cela peut évoluer d'un jour à l'autre.

La culture des régimes s'accompagne d'idées reçues sur l'exercice physique, condition *sine qua non* de la perte de poids, du maintien sous un certain seuil, ou d'une meilleure forme physique. Oui, faire du sport est excellent pour la santé, mais l'amalgame qui existe aujourd'hui entre activité physique, perte de poids et forme physique nous prive des plaisirs simples que l'on éprouve en faisant du sport, lorsqu'on danse ou que l'on joue. Le mouvement est généralement l'expression d'un moment de bonheur. Lorsque nous le remettons au cœur de notre existence, nous nous approprions pleinement notre corps et nous connectons à nous-mêmes et aux autres. Marcher, danser la salsa, être assis sur notre coussin de méditation ou faire l'amour, rien n'est possible sans acceptation de soi. Tous les corps sont dignes d'être aimés. Et tous peuvent procurer du plaisir.

L'avant-dernier stade de la méthode *Je m'aime donc je mange* consiste à accepter votre corps tel qu'il est aujourd'hui. Attention, il ne s'agit pas ici de résignation, bien au contraire. La culture des régimes se fonde sur la détestation du corps et sur la honte que nous devrions en avoir. Cette culture voudrait nous forcer à changer. À vrai dire, toutes ces injonctions nous rabaissent et font que nous nous sentons toujours plus mal. Soit l'exigence envers soi-même tourne à l'obsession, soit elle oblige à abdiquer. Il faut le rappeler : on ne prend soin que de ce que l'on aime, et cela vaut pour notre corps. Alors, au lieu de rendre les armes dans notre lutte contre lui, histoire de l'accepter tel qu'il est, et ainsi avouer notre défaite, nous pouvons aussi choisir de ne pas le combattre. *Je m'aime donc je mange* n'est pas un combat ; son objectif principal est de vous aider à renouer avec votre corps, de revenir en permanence à lui afin de savoir ce qu'il vous dit. Il est essentiel de toujours tenir compte des signaux que notre corps nous envoie. C'est là le début du processus d'acceptation. Et cette acceptation peut être très éloignée de vos attentes. Si vous vous engagez à l'accepter tel qu'il est, et à l'écouter, à répondre au mieux à ses besoins, il ne faut pas que cela se fasse au prix d'un énième sentiment négatif à son égard. Il n'existe aucune solution miracle pour y parvenir, et cette étape se franchira à votre rythme. Mais la récompense est profonde et durable.

Vous saurez que vous avez atteint votre but quand vous parviendrez à manger sans difficulté et lorsque vous éprouverez de la satisfaction face à vos choix alimentaires. Lorsque vous éprouvez vraiment du plaisir en mangeant, vous choisissez les aliments aussi bien pour l'émotion qu'ils vous procurent que pour l'état d'esprit dans lequel ils vous plongent, sans aucune culpabilité. Bien sûr, il s'agit là de la dernière étape de ce voyage, qui pour autant ne se terminera jamais, puisqu'il durera jusqu'à la fin de vos jours, au rythme des changements de votre corps.

Gardez en mémoire que tout est changement – de la naissance, à la croissance, à la puberté, en passant par les cycles menstruels pour les femmes, et pour certaines, la grossesse, l'allaitement. Puis les femmes passent progressivement au stade de la préménopause, puis de la ménopause. Nous connaissons d'innombrables blessures, des maladies, des guérisons et des cicatrices. Depuis nos tout premiers instants sur la Terre, notre corps est en métamorphose constante, ce dont nous ne nous rendons compte que plus tard. En prenant conscience de ces changements permanents et en nous acceptant dans tout ce que nous sommes, nous continuons d'approfondir notre connexion à notre corps, nous acceptons cette introspection et restons en phase avec ce que nous vivons.

Ce faisant, notre corps trouve son poids de croisière, celui qui ne varie pas, qui ne nécessite aucune frustration ni privation et qui répond avec précision aux sensations de faim, de satiété, de satisfaction et de goût. Vous aurez peut-être du mal à arrêter de vouloir contrôler votre poids – après tout, vous ne faites que ça, depuis si longtemps – mais lorsque vous analyserez ce que vous vivez, toutes vos certitudes sur la perte de poids évolueront. Bien qu'il s'agisse d'un processus très actif, nul besoin de faire *quoi que ce soit* pour trouver votre poids naturel. Votre corps se chargera de tout.

À QUI EST DESTINÉ *JE M'AIME DONC JE MANGE* ?

Je m'aime donc je mange s'adresse à quiconque a déjà connu des difficultés face à la nourriture, face à son miroir, à n'importe quel moment de sa vie. Que vous mangiez de façon angoissée ou inquiète, que vous fassiez occasionnellement ou régulièrement des régimes ou que vous souffriez d'un trouble alimentaire, ce livre vous aidera à renouer avec l'intelligence de votre corps et de votre cœur. Ceci dit, en fonction de votre parcours personnel, il existe différentes manières d'exploiter ce contenu.

REMARQUE À L'ATTENTION DES HOMMES : ce livre a certes été écrit pour les femmes, car ce sont elles les principales cibles et les principales victimes de la culture des régimes et de l'alimentation miracle. Elles ont une relation avec la nourriture et avec leur corps qui leur est propre. Cela ne signifie pas que les hommes ne sont pas touchés, mais dans la mesure où je suis une femme, et que je reçois beaucoup de femmes dans ma pratique, il m'a semblé naturel de privilégier leurs besoins et leurs expériences. En revanche, vu l'impact que la culture des régimes peut avoir sur notre rapport à la nourriture et à notre corps, tant pour les hommes que pour les femmes, il est évident que nombre d'exercices préconisés dans cet ouvrage s'adressent à tout un chacun.

Je m'aime donc je mange ne saurait remplacer un suivi médical approprié et personnalisé pour quiconque souffre, ou a souffert, d'un trouble alimentaire ou d'un autre trouble mental. Merci de voir en ce livre un outil complémentaire ; il ne saurait remplacer un médecin, un professionnel de la santé mentale et un nutritionniste. Si vous consultez actuellement des praticiens de ce type, intégrez *Je m'aime donc je mange* à leur protocole et voyez si un exercice de méditation et les six paramitas vous aident à renforcer votre cheminement personnel vers la paix, la santé mentale et la guérison. Si vous n'êtes aidée d'aucun professionnel de santé, et que vous savez que vous en auriez besoin, rendez-vous à la fin de l'ouvrage afin de trouver quelqu'un susceptible de vous épauler. Il est tentant de toujours se débrouiller seul, mais pour les personnes qui souffrent d'un trouble alimentaire ou d'un trouble de la personnalité en lien avec la nourriture, il est très dangereux d'essayer de modifier radicalement, par ses propres moyens, son approche de l'alimentation et de son image corporelle. Vous avez besoin d'aide, des personnes qualifiées sont là pour vous. Solliciter l'aide est un acte courageux, c'est le premier pas vers la libération. Je n'insisterai jamais assez sur cela : si vous souffrez d'un traumatisme aigu ou chronique, consultez immédiatement un professionnel de santé, et voyez, ensuite, si la méditation peut vous aider dans votre cheminement.

En revanche, si vous sentez que vous faites partie des personnes qui n'ont pas une relation apaisée avec la nourriture – vous faites des régimes, des cures détox, vous alternez entre de longues phases de canapé et des périodes d'acharnement à la salle de sport, vous expérimentez des programmes de trente jours de sevrage au sucre, ou vous êtes membre à vie d'un programme minceur –, *Je m'aime donc je mange* vous réorientera vers un moyen plus durable de prendre soin de vous. J'adore travailler avec des personnes plongées dans cette zone intermédiaire : celles qui ne répondent pas aux critères d'un diagnostic de trouble alimentaire, mais qui ont néanmoins une relation plus ou moins pathologique avec la nourriture et avec leur corps. Vos problèmes d'alimentation et d'image corporelle ne déclenchent peut-être pas les signaux d'alarme les plus... alarmants, et même si vous êtes passée toute votre vie sous les radars, les difficultés que vous connaissez ont peut-être un impact préjudiciable sur votre vie.

Quelle que soit la singularité de votre parcours, je suis ravie que vous ayez ouvert ce livre. Vous avez choisi une nouvelle voie, qui n'est pas toute-puissante, mais qui se veut respectueuse de ce que vous savez déjà. Cette méthode vous guidera vers une nouvelle relation apaisée, satisfaisante et pleine de joie avec la nourriture et votre corps.

Deux avertissements avant de passer aux choses sérieuses. Tout d'abord, je suis profondément inspirée par les enseignements bouddhistes et je ne peux m'empêcher de voir mes travaux à travers ce prisme. Le bouddhisme est une tradition qui encourage ses adeptes à mettre en application ses enseignements dans leur existence. J'ai donc naturellement pratiqué et enseigné le bouddhisme en lien avec la nourriture et le corps. Ces idées n'engagent que moi et j'espère vivement que je saurai les partager avec vous de façon limpide. Ensuite, en tant que femme blanche, mince, valide, instruite et appartenant à la classe moyenne, je jouis d'une quantité considérable de privilèges, dans notre monde. J'ai donc décidé de mettre à profit cette chance pour offrir un contenu utile au plus grand nombre. Du moins, j'ai sincèrement fait tout mon possible – j'apprends de nouvelles choses tous les jours, et je vous imagine, chères lectrices, chers lecteurs, dans cette même démarche de curiosité, prêts à partager avec moi tout ce qui peut contribuer à nous rendre meilleurs.

1

« TU NE SERAS JAMAIS ASSEZ BIEN »

AU DÉBUT

LORSQUE NOUS ÉTIONS DES BÉBÉS, il n'y avait rien de plus simple que de manger. Le menu était un plat unique, simplissime, il provenait d'un sein ou d'un biberon. Très vite, nos options se sont élargies, avec toute une palette de goûts et de textures, et ce fut le début d'une grande aventure sensorielle. Nous mangions quand nous avions faim, nous nous arrêtions lorsque nous en avions assez et nous savions ce que nous aimions et ce que nous n'aimions pas, même si cela changeait d'un instant à l'autre. Notre corps était un outil, ainsi qu'un terrain de jeux sans limites que nous explorions à loisir. Nous ne contrôlions ni les portions, ni les calories, et le gluten ou les OGM étaient le cadet de nos soucis. Nous vivions dans l'extase de ne pas savoir lire ni les chiffres sur une balance ni les tailles sur les étiquettes de nos vêtements. Nos joues rebondies et nos petites mains potelées donnaient envie à tout le monde de nous faire des câlins. Nous connaissions parfaitement nos besoins. Nous vivions instinctivement, et c'était très satisfaisant.

Puis quelque chose a changé.

Vers l'âge de 5 ans, nous avons commencé à jeter un regard différent sur la nourriture et sur notre corps. Il se peut que nous ayons entendu, au détour d'une conversation, nos parents, nos frères, nos sœurs ou leurs amis critiquer leur propre corps, évoquer ce qu'ils devaient et ne devaient pas manger. Nous avons peut-être également vu des personnes être félicitées pour leur minceur – associée, dans ce discours, à la beauté –, ou d'autres encore, critiquées parce qu'elles mangeaient trop, ou pire, raillées, humiliées car trop grosses. Les photos de femmes et de jeunes filles dans les magazines et sur les réseaux sociaux, dans les films et à la télévision (même dans les dessins animés), ainsi que nos poupées et nos jouets révèlent que notre apparence est au cœur de toute chose. La beauté et la minceur deviennent ainsi notre monnaie d'échange la plus précieuse. Malgré l'évolution des canons de beauté, la minceur reste la norme et le moindre faux pas est une menace, celle de prendre du poids.

Soudain, ce que nous mangions, ainsi que notre apparence corporelle, tout est devenu motif à raillerie dans la cour de récréation. Nous avons donc intériorisé ces critiques et cet idéal de minceur et nous avons commencé à nous observer dans la glace de manière préventive. Notre corps est devenu « un problème » : il a fallu se mettre à le surveiller, à le contrôler. Puis nous avons commencé à catégoriser les parties de notre corps : les zones que nous aimions bien – c'est-à-dire celles qui nous rendaient agréables à regarder pour les autres – et en partie que nous n'aimions pas – celles qu'il nous fallait modifier, dans l'objectif de, justement, se faire aimer. Des pensées telles que *Mes jambes sont musclées et me permettent de courir et de jouer* se sont transformées en *Mes jambes sont trop grosses.* L'autocritique est devenue comme une musique de fond, la bande-son de notre vie.

Manger est devenu synonyme d'incertitudes et de doutes. Nous avons remis en cause tout ce que nous tenions pour acquis, à propos de notre corps. Les sensations de faim, de satiété et de plaisir, autrefois si évidentes, sont devenues sujettes à examen. Nous avons remis en cause notre jugement sur les aliments, la périodicité des repas et la quantité ingérée. Pouvions-nous toujours avoir confiance en notre corps ? Nos plats préférés n'étaient-ils pas en réalité nocifs pour nous ? De là, nous avons commencé à détester tout ce qui pouvait provoquer une prise de poids quelconque.

Nombre d'entre nous ont essayé de modifier leur corps en ajustant leurs habitudes en matière de nourriture et d'exercice physique. Nous avons cessé d'écouter nos sensations internes et nous nous sommes tournées vers des éléments extérieurs – les régimes, les experts en nutrition et en perte de poids, ce que disaient les célébrités, les proches, les amis, les médecins et diététiciens bien intentionnés – pour obtenir des réponses. En réalité, quand nous parlions de nutrition, de régime et de perte de poids, ce que nous disions vraiment, c'était *Aimez-moi, acceptez-moi...*

Si votre relation avec la nourriture et votre corps est restée stable et satisfaisante pendant l'enfance ou l'adolescence, ce déraillement est peut-être intervenu au cours d'une autre phase de transition. Divers événements de la vie, aussi bien positifs que négatifs, nous poussent à l'obsession. Un divorce, une infidélité, des difficultés à trouver un équilibre entre vie professionnelle et personnelle – particulièrement en tant que maman –, le départ des enfants, la perception d'une concurrence avec des femmes plus jeunes, le mariage d'un enfant, le nouveau rôle de grand-mère, la prise en charge de parents âgés, la mort et le deuil, un changement professionnel, la retraite : tout au long de la vie, les femmes sont les cibles et les victimes d'un secteur d'activité qui les pousse à douter de leur propre image afin de leur vendre la solution.

Ce phénomène n'est pas nouveau. Le contrôle du corps des femmes fait partie de l'histoire du monde. À chaque fois qu'un progrès voit le jour pour les femmes, il se produit en réaction un contrecoup très brutal, qui porte atteinte à leur corps. Aux États-Unis, le droit de vote des femmes accordé par le dix-neuvième amendement, le 18 août 1920, a été suivi par le mouvement des garçonnes – poitrines comprimées par des bandages, traitements

« minceur » idéalisation de l'androgynie et du physique délié des préadolescents. C'est à cette même époque que le premier concours de Miss Amérique a été organisé à Atlantic City. À peu près au moment où a vu le jour le mouvement féministe de la seconde vague, dans les années 1960, est né Weight Watchers et le mannequin Twiggy (« Brindille ») a été présentée comme le canon de beauté absolu. Plus récemment, dans les années 2010, les États-Unis ont eu leur première candidate à l'élection présidentielle, personne la plus qualifiée – hommes et femmes confondues – à s'être jamais présentée pour occuper cette fonction. Mais nous avons préféré élire un homme sans aucune expérience, dont le seul titre de gloire n'était d'être une vedette de téléréalité et un prédateur sexuel. Ça ne s'invente pas ! À chaque victoire politique, économique et sociale pour les femmes, des représailles ont suivi. Le message est clair : n'oubliez jamais où est votre place.

Peu importe le moment où la machine destructrice des régimes et de l'alimentation miracle s'est mise en marche. Quand le phénomène s'est produit, nous ignorions que cela finirait par toucher chaque aspect de notre vie et que le prix à payer serait si lourd. Comment imaginer que fournir tant d'efforts pour changer de corps, afin d'être plus confiantes et plus heureuses, ne ferait, ironie de la chose, que nous priver, précisément, de ces deux choses-là ? Lorsque nous avons commencé à peser, à compter et à surveiller notre assiette et notre corps, à nous comparer à des idéaux de beauté, de minceur et de perfection impossibles à atteindre, nous avons renoncé à la joie et au plaisir. Avec les quelques kilos que nous avons perdus, au prix de tant de temps, d'efforts et de sacrifices, se sont en même temps envolés notre confiance en nous, nos espoirs et nos rêves – sans parler de notre argent. Lorsque la perte de poids a commencé à stagner, nous n'avons pas rejeté la faute sur le régime ou l'expert. Nous nous sommes désespérées de notre propre échec, enfouissant encore plus notre boussole intérieure sous des couches de culpabilité.

Toutes les femmes livrent la même bataille – sœurs, mères, tantes, filles et amies –, et pourtant, nous nous sentons toujours seules. Ce constat d'échec face à la nourriture est un secret bien gardé par chacune d'entre nous. Enfin, la confusion, la honte et l'isolement qu'implique cette lutte contre notre propre corps nous fragilisent toujours plus quand survient le régime suivant.

Nous nous sommes perdues en route.

MON HISTOIRE

Mon histoire de régimes a commencé, plutôt innocemment, à l'âge de 13 ans après avoir vu Robin Wright, qui joue le rôle de Bouton d'or, dans *Princess Bride*. À l'écran, Bouton d'or est grande et svelte. Ses longs cheveux blonds descendent jusqu'à la taille et forment une masse compacte autour de son torse fin. Lorsqu'elle est triste, elle ne dort pas et ne mange pas. Elle existe sans satisfaire aucun de ses besoins humains élémentaires et elle demeure éthérée et magnifique sans aucun effort. Dans la scène finale, elle saute d'une fenêtre du château et flotte au ralenti pour atterrir presque silencieusement dans les bras du géant Fezzik qui l'attend.

Je me souviens m'être dit : *Si je sautais d'une fenêtre pour atterrir dans les bras de quelqu'un, je l'aplatirais.* Alors que le générique se déroulait, j'ai regardé dans le miroir ma chevelure brune arrivant à hauteur des épaules et me suis demandé combien de temps il faudrait pour qu'elle descende jusque dans le dos (ce n'est qu'aujourd'hui que je me dis qu'elle portait probablement des extensions). J'ai inspecté mes épaules, mes hanches et mes jambes, j'ai attrapé l'arrière de mes cuisses pour les faire paraître plus fines. Je voulais qu'elles soient moins larges et moins musclées. J'imaginais qu'avec un corps moins massif, je ne souffrirais plus d'anxiété sociale, les garçons me désireraient et les filles m'admireraient. La voie du bonheur était toute tracée : devenir une personne plus frêle, plus mince et plus blonde.

Couleur des cheveux et stature mises à part, je me suis concentrée sur ce que j'estimais pouvoir contrôler et j'ai donc arrêté de manger. J'essayais de ne pas penser aux bons petits plats de ma maman et je me suis retrouvée à devoir vivre avec cette faim qui me tenaillait le ventre. Mais qu'importe, cette faim me transportait vers une existence assurément meilleure. Grâce à elle, j'allais devenir une autre personne. Cela durait rarement plus de vingt-quatre heures.

Bien entendu, Robin Wright fait 10 centimètres de moins que moi, a une ossature moins massive et nous sommes tout simplement deux personnes très différentes l'une de l'autre. Et les images sur lesquelles était basé mon sentiment d'infériorité étaient au sens littéral du terme un conte de fées – selon lequel la désirabilité de la femme est indexée sur sa beauté, sa capacité à se nourrir comme un moineau et une poitrine parfaite –, mais cela demeurait néanmoins un conte de fées. En m'évaluant par rapport à Bouton d'or, j'occultais toutes les vraies qualités qui me définissaient et je me concentrais uniquement sur l'apparence, partant du principe que la sienne était supérieure à la mienne. Soudain, j'ai pris conscience de ce que je soupçonnais depuis longtemps : ma taille et mon poids étaient les curseurs indicateurs de mon mérite et de mon aptitude à être aimée.

Je réalise aujourd'hui que ce conflit n'avait rien à voir avec mon poids, il s'agissait surtout d'un désir d'amour, d'intégration et de reconnaissance. Mais du haut de mes 13 ans, je ne pouvais pas le comprendre. Même après avoir cessé de désirer avoir les mensurations de Bouton d'or, j'ai continué de mener une lutte contre mon alimentation et mon corps pendant longtemps.

J'ai grandi à la fin des années 1980, j'affirmais mon autonomie en mangeant des cochonneries dans le dos de ma mère, elle, si soucieuse de mon alimentation ! J'étais plus grande que la plupart de mes amies, je me trouvais godiche et peu féminine. J'étais toujours voûtée, afin d'occuper le moins d'espace possible et j'évitais soigneusement de marcher sur les grilles des trottoirs, de peur qu'elles fassent du bruit sous mon poids. Au lycée, je faisais du sport, à contrecœur. Lorsque je rentrais des cours, je me préparais des sachets de pâtes lyophilisées au beurre et au fromage, en regardant *The Oprah Winfrey Show* et avant de repartir à l'entraînement de basket dans une salle glaciale.

Faire du shopping était devenu une véritable épreuve : je négociais avec ma mère pour qu'elle m'achète non pas la taille appropriée mais celle juste en dessous, dont je promettais qu'elle allait très bientôt m'aller. J'ai appris que le noir faisait paraître plus mince, contrairement aux rayures horizontales. J'ai appris à mettre en valeur les parties de mon corps les plus fines et à camoufler celles qui l'étaient moins. En écoutant ma mère raconter comment ses amies avaient réussi à perdre du poids, j'ai appris que l'une d'elles avait tellement minci que son derrière n'occupait plus toute la lunette lorsqu'elle s'asseyait aux toilettes. J'ai alors pris conscience que même dans les moments les plus intimes, je devais rester vigilante à la manière d'évaluer mon corps. Après ma première année d'université, j'avais atteint un poids record. J'avais régulièrement pris des kilos au cours des dernières années du lycée, puis s'étaient ajoutés ceux que l'on prend inévitablement en première année de fac. Cet été-là, j'ai suivi un régime draconien (avec ma mère) à base de préparations hypocaloriques industrielles sans goût. J'écoutais en même temps des cassettes destinées à vous aider à perdre du poids et je répondais à mes envies en reniflant à pleins poumons les parfums des aliments dès que je passais près de la cuisine – je prenais de grandes inspirations, ce qui faisait éclater de rire ma mère. J'avais l'impression de me sentir proche d'elle, même si j'avais vraiment hâte que ce régime se termine.

De retour à l'université en deuxième année (avec, comme matière principale, la nutrition), je savais parfaitement comment se remplir l'estomac de légumes, pourquoi renoncer aux soirées pizzas et je savais tromper mes envies à coups d'édulcorants et d'aliments de régime. Je perdais du poids grâce à des comportements complètement anarchiques, mais j'attirais l'attention. Ce qui signifiait clairement, à mes yeux, que le jeu de la perte de poids en valait vraiment la chandelle. Par la suite, une fois mon diplôme en nutrition décroché à l'université Tufts, je me suis retrouvée seule, dépressive et au summum de l'anarchie alimentaire. Je buvais trop de vin bon marché en cubi et compensais cet apport calorique en me gavant de légumes vapeur et de laxatifs. Ma meilleure amie disait de moi que j'étais, comme une robe des années 1950, « ajustée et évasée », à cause de mon penchant pour les robes démodées mais flatteuses qui soulignaient ma taille tout en dissimulant mes hanches.

Pendant toute ma carrière d'adepte des régimes, j'ai essayé le régime à base de pamplemousse, le régime à la soupe aux choux, le régime détoxifiant, les régimes pauvres en graisses, les régimes pauvres en glucides, SlimFast, Jenny Craig, Weight Watchers, Atkins, South Beach, les régimes détoxifiants à base de jus de fruits, les jeûnes et la bonne vieille restriction. J'ai appris à restreindre mon apport calorique en buvant beaucoup d'eau, à mettre dans une boîte, au restaurant, la moitié de mes plats dès que j'étais servie, à opter pour la version allégée de produits de qualité, à peser mes aliments et à grimper de façon compulsive sur ma balance, et surtout, j'ai appris à ne pas écouter mon corps. Ce que j'ignorais à l'époque, tout comme la communauté médicale et nombre de diététiciens, c'est que les régimes sur la durée sont voués à l'échec, pour tout un tas de raisons biologiques et émotionnelles et que, en définitive, ils font plus de mal que de bien.

L'ALIMENTATION MIRACLE ET LA CULTURE DES RÉGIMES

Dans une parabole rendue célèbre par David Foster Wallace et inspirée certainement de la pensée confucéenne, deux jeunes poissons nagent côte à côte lorsqu'ils tombent sur un vieux congénère qui nage dans le sens contraire. Le vieux poisson leur fait un signe de tête et leur dit : « Bonjour les garçons. Comment est l'eau ? » Les deux jeunes poissons continuent de nager pendant quelques instants jusqu'à ce que l'un d'eux finisse par se tourner vers l'autre et lui dire : « Mais c'est quoi, cette eau dont il parle ? » Autrement dit, on ne prend conscience de ce qu'est de l'eau que lorsque l'on quitte son bocal.

Cette eau, c'est la culture des régimes dans laquelle nous évoluons tous. Elle nous dit que nous serons plus heureuses, en meilleure santé et plus désirables en perdant du poids ou en trouvant le bon régime. Dans 99 % des cas, le symbole de la beauté est une personne blanche, mince et hétérosexuelle, dont le genre correspond à son sexe biologique. C'est la culture des codes de la mode qui se ferme la possibilité de recettes potentielles (cela se chiffre en plusieurs milliards de dollars) en se coupant du segment composé de millions de femmes dont les mensurations sont dans la moyenne ou au-dessus de la moyenne. Pourquoi refuser cette manne financière ? Car il est important de ne vendre que jusqu'à la taille 38 afin de conserver à une marque son aura d'exception, en faire un objet inaccessible, afin d'en susciter le désir, sans provoquer sa dilution, sa banalisation. C'est la culture de l'observation permanente des actrices, à l'affût de corps trop gros ou trop maigres, d'une prise de poids excessive lors d'une grossesse (*elle a intérêt à faire attention !*), d'une prise de poids insuffisante lors d'une grossesse (*elle est tellement obsédée par son image !*), d'une perte de poids trop rapide ou trop lente après l'accouchement, d'une opération esthétique, de l'absence d'opération esthétique, d'une façon de s'habiller qui fait paraître trop vieille ou trop jeune. C'est une culture qui surveille le moindre kilo perdu ou pris par Oprah, Jessica Simpson, Kirstie Alley, Britney Spears, Kim Kardashian et Kelly Clarkson. C'est une culture qui élève au rang de pathologie la restriction alimentaire, le surentraînement physique et l'obsession pour un corps trop maigre, mais qui encourage et qui félicite toutes les personnes en surpoids dès qu'elles décident de se lancer dans la course. C'est une culture où l'on n'hésite pas à humilier les gros, insidieusement et constamment, même dans les livres pour enfants et les bandes dessinées. C'est une culture des émissions de téléréalités de coaching extrêmes, de documentaires chocs, tels que *Supersize Me*. C'est une culture obsédée par la nourriture, avec des programmes tels que *Top Chef*, *Le Meilleur pâtissier*, *Masterchef*, *Cauchemar en cuisine* et j'en passe. C'est une culture qui fait ses gros titres sur l'obésité, avec des images de corps en surpoids, mais qui ne manque pas une occasion de mettre en avant les bienfaits du vin ou du chocolat sur la santé. C'est une culture qui publie des études qui ne prouvent rien des effets du surpoids sur l'origine de maladies chroniques, mais qui concluent qu'il est « tout de même plus sage de ne pas être en surpoids, pour des raisons de santé ». C'est la culture qui a érigé la chirurgie bariatrique comme la seule réponse à apporter aux obèses qui manquent de volonté, même si cette intervention fait courir le risque de décès, de complications postopératoires, d'interventions chirurgicales à répétition, de malnutrition, de carences en micronutriments, d'alcoolisme, de dépression et de suicide. C'est une culture qui proclame que cette intervention dangereuse est la solution suprême, sans tenir compte de l'être humain qui se trouve sous le bistouri. Et c'est une culture pour laquelle il est acceptable de faire de la discrimination à l'encontre des personnes en fonction de leur taille de vêtements et de leur refuser du même coup l'égalité face à l'emploi, la santé, l'éducation et les avantages sociaux, arguant du fait qu'être gros serait un choix personnel.

À l'instar de ces deux jeunes poissons, nous sommes entièrement plongés dans la culture des régimes. Il est impossible de se soustraire au flot d'images en continu, provenant des médias traditionnels et des réseaux sociaux, de campagnes marketing et publicitaires et de brochures médicales mensongères qui nous gavent de conseils pour perdre du poids, sous peine de contracter de graves maladies. C'est parce que nous nageons au milieu de ces messages depuis tellement longtemps, et dès le plus jeune âge, que nous en venons à les considérer comme une vérité. Et dans la mesure où l'on nous assure que nous sommes capables de faire évoluer notre corps uniquement grâce à notre volonté, nous nous retrouvons prisonnières d'un cycle au cours duquel nous privons notre corps d'énergie et de plaisir dans le seul but de perdre du poids. Enfin, les régimes ne sont pas tenables sur la durée, car nous finissons par atteindre un palier au-delà duquel on ne perd plus de poids. Alors, nous nous rebellons contre la privation. C'est ce que l'on appelle un retour de manivelle. Nous nous jetons sur tous les aliments interdits et nous renonçons à l'hygiène de vie adoptée pendant le régime. Nous reprenons tout le poids perdu, avec en prime quelques kilos supplémentaires.

Nager dans la culture des régimes provoque ce que j'appelle « l'alimentation miracle » : la quête du régime qui apportera la paix, le bonheur éternel et la fin de nos souffrances. Il existe différentes sortes d'alimentations miracles. La personne qui surveille sans arrêt son poids revient sans cesse au système qui a « marché » pour elle par le passé, même si elle a enregistré une prise de poids progressive après chaque programme. Vous avez aussi celle qui a tout essayé et qui est prête à tout. Elle a suivi les principes de base « manger moins, bouger plus » mais elle guette la prochaine combine qui l'aidera à résoudre pour de bon son « problème » de poids. L'obsédée de la nutrition prône le bio, les produits sans OGM et ce qui permet d'éviter le syndrome de fatigue surrénale. Elle est capable de mettre la moitié de son salaire dans les produits naturels. La jusqu'au-boutiste fait tout à fond. Sa préparation physique rivalise avec les programmes d'entraînement et son régime consiste à gommer les muscles et à supprimer la graisse. La végane contrôle avant tout son corps avec des menus minimalistes et hyper calibrés, signe de grande anxiété alimentaire. L'adepte des changements de mode de vie a eu une révélation dans le cabinet d'un médecin, à la suite d'une analyse de sang indiquant une forte glycémie et une douleur à un genou ; elle promet de faire attention de garder la ligne jusqu'à la fin de ses jours. Vous trouverez la grande angoissée du menu de restaurant ou du rayon épicerie, qui met des heures à choisir des aliments qui n'entraîneront ni prise de poids ni inflammation ni ballonnements.

Les personnes les plus convaincues de l'alimentation miracle sont aussi celles qui acceptent le plus docilement de vivre dans la culture des régimes. Lorsque nous intégrons ces injonctions, ce sont tous nos modes d'expression et notre façon de traiter les autres et nous-mêmes qui sont impactés. Nous nous retrouvons à faire malgré nous la promotion de l'industrie des régimes – implicitement et explicitement –, de sorte qu'il est pratiquement impossible de la rejeter. En tant que femmes modernes, notre pouvoir d'achat nous permet même de soutenir le système qui, précisément, nous opprime. La boucle est bouclée. Résultat, nous finissons par dépenser plus d'argent dans les cosmétiques que dans la culture. Malheureusement, à cause de ces croyances en une alimentation miracle, nous souffrons plus fréquemment de dépression, d'anxiété, d'habitudes alimentaires anarchiques (et, dans certains cas, de troubles alimentaires), d'une baisse de la confiance en soi, d'un manque d'ambition, d'une perte de facultés cognitives et d'un sentiment d'échec. C'est exactement ce que l'on obtient lorsque nous indexons la valeur de ce que nous sommes sur notre poids. Cela impacte nos pensées, nos sentiments, nos comportements et notre manière de vivre notre existence.

Intégrer dans sa vie l'alimentation miracle et les valeurs propres à la culture des régimes compose une petite musique de fond jouée en permanence dans notre esprit, parfois à plein volume, parfois de manière à peine perceptible, mais elle est toujours là. Elle façonne notre image de soi et conditionne nos choix. Elle rétrécit le champ de notre attention, de sorte que nous pensons toutes à ce que nous devrions manger, à la manière de résister à ce qui nous fait envie, à la façon de brûler un maximum de calories et à trouver une solution à ce qui ne tourne pas rond dans notre corps. Le fait que de telles pensées occupent une place disproportionnée dans notre espace mental finit par être intenable au quotidien. En d'autres termes, l'impact de ce rapport dysfonctionnel à la nourriture et à notre corps finit par jouer sur notre santé, physique et mentale.

Plus important, l'alimentation miracle influe sur nos priorités et sur ce que nous voulons offrir de nous-même au monde. Elle modifie nos apprentissages, joue un rôle dans le choix de notre métier, de nos amis, de notre partenaire et de notre perception de la manière dont nous estimons être traités par les autres. Elle conditionne le temps, les efforts et l'argent consacrés aux régimes, au détriment de valeurs plus profondes. Elle détermine nos affinités – préférons-nous fréquenter des personnes qui partagent notre obsession autour du poids, ou aller à la rencontre d'individus auprès desquels réfléchir et grandir ? L'alimentation miracle pose une équation : chercher le bonheur à travers des choses simples qui nous procurent une joie authentique, contre différer sa satisfaction avec la promesse d'un bonheur plus grand, plus *mérité*, que nous obtiendrons à force de sacrifices.

Dans un documentaire de 2011 intitulé *Miss Representation*, Katie Couric affirme : « Si les femmes passaient un dixième du temps qu'elles consacrent à leur poids à réfléchir à la manière de résoudre les problèmes du monde... nous trouverions des solutions en l'espace de quelques mois. » La dissonance entre cette notion d'alimentation miracle et nos véritables valeurs a des répercussions dans tous les domaines, notamment sociologiques : nous continuons d'être objétisées et d'accepter la violence qui nous est faite. Bien que les femmes constituent 50 % (49,6 %, pour être précise !) de la population mondiale, dans le monde, les gouvernements sont en moyenne composés de 20 % de femmes. Dans ce domaine, nous ne sommes pas que les victimes, nous sommes également responsables, en votant pour le maintien de ce déséquilibre. Tant que nous n'aurons pas admis que nous contribuons à notre propre oppression, autant au sein du système politique que de la culture des régimes, les plus grands freins à la progression de la place des femmes dans le monde seront les femmes elles-mêmes.

Comme l'écrit Lindy West dans son roman autobiographique *Shrill*, « Lorsque nous sommes élevées dans l'idée que nous ne sommes rien, que nous sommes brisées, que nous sommes malades et que la seule solution consiste à s'affamer, à se restreindre, à se faire toute petite, lorsque l'on dresse les femmes les unes contre les autres, que l'on nous enchaîne à notre honte et à notre faim, à ruminer tous nos défauts au lieu reconnaître notre puissance, lorsque l'on exploite tout ceci afin de miner nos moyens financiers et notre temps, cela trace la carte du monde. Cela mène l'humanité à plus de conservatisme, elle se met à ériger des murs, cela formate le goût des hommes et nous laisse à la dérive dans des eaux où la sécurité et l'humanité des femmes passent au second plan, derrière le plaisir et le bon vouloir de ces derniers. »

LES RÉGIMES NE FONCTIONNENT PAS

Une grande partie de ce que nous considérons comme du bon sens à propos des régimes est fausse. Le poids d'un corps ne saurait être réduit à l'apport et à la dépense caloriques, au fait de manger moins et de bouger plus ou à une simple question de volonté. Les régimes déclenchent souvent un phénomène de yo-yo. C'est ce mécanisme qui a des conséquences néfastes sur la santé, pas le fait de notre corpulence, comme on nous le fait souvent croire. En outre, les travaux de recherche montrent que, parmi les rares éléments sur lesquels nous avons le contrôle, c'est le comportement qui constitue le meilleur indice de prédiction du sentiment de bien-être global sur tout le spectre des gabarits. Pour illustrer cela, penchons-nous sur le scénario suivant.

CHERYL FAIT 1,70 MÈTRE et elle a, d'après elle, « toujours lutté contre mon poids ». Au lycée, elle pesait entre 68 et 70 kilos, ce qui représentait un poids supérieur à celui de ses amies. Cheryl était donc constamment au régime, venait d'en achever un ou était sur le point d'en entamer un autre. À chaque fois, elle commençait par perdre un peu de poids, mais finissait par reprendre les kilos perdus, ainsi que deux de plus. Lorsqu'elle ne suivait pas un régime particulier, Cheryl avait tendance à manger à l'excès les aliments qu'elle estimait la faire grossir. Aujourd'hui âgée de 35 ans, Cheryl est vice-présidente d'une grande société de marketing dans le domaine des soins de santé. On vient tout juste de lui demander d'être demoiselle d'honneur au mariage de sa meilleure amie, qui se déroulera dans huit mois.

Nous sommes lundi matin et Cheryl monte sur la balance : 83,4 kilos. Elle décide de ne pas dépasser 1 200 calories par jour et de faire de l'exercice physique cinq fois par semaine jusqu'à atteindre l'objectif de 68 kilos pour le mariage. Elle se sent motivée, elle contrôle et elle est enthousiaste à l'idée de ce qu'elle ressentira lorsqu'elle aura perdu du poids. Au petit déjeuner, Cheryl prend deux œufs durs, une pomme et du café noir. Lorsqu'un petit creux se fait sentir en milieu de matinée, elle l'ignore – elle estime qu'elle peut tenir jusqu'au déjeuner, lequel consiste en du poulet grillé accompagné de salade, mais sans pain, la sauce étant à part, ainsi que d'une bouteille d'eau aromatisée. Elle gère l'après-midi en prenant une tasse de café noir lorsque la faim la tenaille vers 15 heures. Elle décline les invitations à aller prendre un verre après le travail et se rend directement à la salle de sport, où elle brûle 600 calories sur un vélo elliptique (selon les chiffres indiqués par la machine). Cheryl rentre chez elle affamée et attrape un burrito surgelé à faible teneur en glucides, le place à l'intérieur du micro-ondes et le regarde impatiemment tourner, illuminé, sur le petit plateau en verre. Elle se brûle les doigts en ôtant l'emballage et dévore son contenu debout devant l'évier, remarquant à peine que c'était du poulet alors qu'elle avait l'intention de manger du bœuf. Satisfaite d'avoir fait preuve de modération, Cheryl se brosse les dents et s'effondre de bonheur dans son lit afin d'éviter de manger davantage, ce qui tombe bien, de toute façon, car elle est épuisée.

Le mardi et le mercredi ne sont guère différents, mis à part un « incident » avec le plateau de cookies qui a circulé lors de la réunion du mercredi après-midi. Après coup, Cheryl s'en veut pendant quelques heures mais décide de compenser en passant une demi-heure de plus sur le vélo elliptique. Le chiffre de 82,5 kilos qui s'affiche sur la balance lui donne du courage et lui prouve que son régime porte ses fruits.

Le jeudi matin, Cheryl se sent moins motivée et plus léthargique. Elle va bientôt être à court d'œufs et ne sait pas quand elle sera en mesure d'aller en racheter. Sa journée de travail se déroule péniblement, car elle est dans une sorte de brouillard et elle se demande comment elle va bien pouvoir boucler ses dossiers. Elle passe des coups de fil pendant sa séance de sport, en raccourcissant celle-ci de vingt minutes et rentre discrètement chez elle, particulièrement lasse, grignotant tout ce qu'elle peut trouver dans ses placards, car elle n'a même pas suffisamment d'énergie pour faire réchauffer un plat au micro-ondes.

Le vendredi matin, Cheryl se réveille plus tard, achète un sandwich en guise de petit déjeuner sur le chemin du bureau et saute le déjeuner pour compenser son écart. Elle rembarre un collègue de travail quand celui-ci lui demande son avis sur un compte qu'ils gèrent conjointement. Quand elle se retrouve avec des collègues pour prendre un verre en fin de journée, les margaritas sont accompagnées de nachos sur lesquels Cheryl se rue de bon cœur en les savourant à peine. Elle promet que ces nachos feront partie de son dîner. De retour chez elle, elle est un peu éméchée et se fait livrer un cheeseburger, des frites et un milk-shake au chocolat qu'elle engloutit sans y prêter attention tout en regardant Netflix. Elle est bien au-delà de la satiété. Le lendemain matin, elle se réveille sur le canapé, entourée des vestiges de son orgie et elle décide d'oublier son nouveau régime lors des deux prochains jours.

Le samedi et le dimanche, elle mange sans se restreindre, surtout les aliments auxquels elle a résisté toute la semaine : glace, pizza et son plat préféré : les macaronis au fromage. Cheryl ne se rend pas à la salle de sport ce week-end-là (en fait, elle ne sort même pas de chez elle). Elle annule les sorties avec ses amis et s'isole, elle se sent terriblement mal. Le dimanche, elle termine tous les aliments interdits qui se trouvent dans ses placards, avec la ferme intention de recommencer à zéro. Lundi matin, lorsqu'elle monte sur la balance, elle affiche le chiffre de 84,3 kilos.

Dans ce scénario simpliste mais courant, Cheryl commence par se ressentir un sentiment de contrôle total, tout heureuse à l'idée de perdre du poids. Elle respecte facilement les règles de son régime, comme de réduire au minimum son apport calorique et de brûler un maximum de calories. Ses choix alimentaires ne se font pas en fonction de ses goûts, mais ils répondent à des critères dont elle estime qu'ils provoqueront une perte de poids. Elle ignore les sensations naturelles de la faim et de la satiété qui se présentent. Elle opte pour le tout ou rien en jetant l'éponge au premier écart (programme qui n'était de toute façon pas tenable sur la durée).

Elle réagit à son échec en mangeant à l'excès les aliments qu'elle juge interdits, et pire, elle ne s'autorise même pas à en ressentir une satisfaction.

Cela illustre quelques-unes des répercussions physiques et émotionnelles graves que provoque une envie de perdre du poids. Pour fonctionner correctement, notre corps a besoin d'un apport énergétique régulier au cours de la journée. Cet apport est bien sûr fourni par la nourriture. Personne ne peut s'en passer. Le fait de ne pas manger suffisamment nous fatigue, nous rend irritables et nous déprime. Notre corps et notre système immunitaire sont mis à rude épreuve, cela occasionne des changements d'humeur, un sommeil de mauvaise qualité et des maladies. Lorsque l'apport calorique et nutritionnel est inférieur aux besoins de notre organisme, des mécanismes de compensation violents se mettent en branle pour aider notre corps à lutter contre ce qu'il perçoit comme une mort prochaine, par inanition. Nous avons extrêmement faim et la nourriture apparaît plus attirante, visuellement et olfactivement. Manger devient alors notre obsession et la nourriture occupe tout notre esprit. Une pulsion nous pousse à des envies de sucre et de lipides. Nous mangeons alors parfois trop vite, en passant à côté de la sensation de satiété – qui apparaît toujours progressivement –, au point de s'en rendre malade, sans éprouver aucun plaisir, ni satisfaction.

Plus on se restreint sur un aliment, et plus les chances sont grandes que nous nous jetions sur lui tôt ou tard, en masse. Un exemple : la peur du sucre et des glucides a poussé nombre de personnes à restreindre leur consommation des aliments qui en sont dotés, mais elles se retrouvent souvent à s'en goinfrer. Ce phénomène apporte de l'eau au moulin de tous ceux qui clament que le sucre et les glucides sont source d'addiction. Or les travaux scientifiques qui cherchent à prouver ce postulat sont biaisés. Principale faille de ces études, elles ne prennent pas en compte les effets de la privation. Si l'on n'exclut pas des panels les personnes qui se restreignent en aliments riches en sucre (ou même qui estiment qu'elles devraient le faire), il n'existe aucun moyen de prouver que le sucre crée une dépendance. Dans le cadre d'études célèbres, on a mis côte à côte deux clichés d'IRM fonctionnelle du cerveau : le premier est celui d'une personne au moment d'un shoot d'héroïne et l'autre d'une personne en train de consommer du sucre. Ces études affirment donc que, dans la mesure où les centres du plaisir s'illuminent sur les deux clichés, les deux substances agissent de la même manière sur le cerveau. Mais elles ne prennent pas en compte la façon dont l'IRM d'un cerveau s'illumine lorsque vous vous promenez dehors lors de la première belle journée de printemps, quand vous tombez amoureux ou lorsque vous avez un orgasme.

L'un des invariants du principe de l'addiction est la nécessité de se procurer la substance désirée, et ce sous n'importe quelle forme. Voilà pourquoi toute personne en sevrage alcoolique n'a pas le droit d'utiliser de bain de bouche à l'alcool. Mais si je place un bol de sucre en poudre devant un « accro au sucre », va-t-il se précipiter dessus, en proie soudaine à une crise de manque ? Est-ce que vous, vous feriez cela ?

Le fait de se priver d'aliments dont on a envie génère un tel sentiment de frustration que même les personnes les plus douces en deviennent agressives. Nous imposer autant de restriction va à l'encontre de notre tendance naturelle à proclamer notre autonomie, et cela se retourne inévitablement contre nous, lorsque la seule pensée qui nous obsède est l'interdit de manger. Cela peut se traduire par des compensations : on finit par s'empiffrer de façon revancharde et compulsive – on punit notre corps qui refuse de nous obéir, on maudit la sensation de privation, on se rebelle contre le patriarcat, etc. Les effets physiques et émotionnels de la restriction font non seulement qu'il est pratiquement impossible de respecter un régime, mais ils nous emprisonnent dans un cycle hyperphagie-restriction. Enfin, les régimes influent sur la relation que nous entretenons avec notre corps en termes d'activité physique. En rendant obligatoire la pratique sportive en vue de perdre ou de contrôler notre poids, nous finissons par oublier toute la joie que nous procure notre corps à chaque fois que nous faisons du sport uniquement pour le plaisir de bouger.

Si Cheryl avait suivi son régime pendant plus d'une semaine, voici ce qui se serait probablement passé. Elle aurait continué à perdre du poids pendant un temps. Après avoir obtenu une perte de 5 % environ et donc atteint le poids de 79,3 kilos, divers changements biologiques seraient apparus. Son corps se serait ajusté à ces nouvelles données, il aurait appris à vivre avec un apport calorique moindre, ce qui aurait entraîné une stabilisation de sa perte de poids. Face à ce palier infranchissable, Cheryl aurait choisi (A) de continuer son régime mais en éprouvant de la frustration et en étant perturbée de ne pas continuer à maigrir, (B) de se restreindre encore plus, renforçant les mécanismes de compensation, pour finir de toute façon par voir son poids stagner, (C) d'abandonner son régime et de reprendre ses anciennes habitudes alimentaires.

La capacité du corps à s'adapter à un apport calorique moindre est un phénomène lié à l'évolution. La survie de l'humanité est due, en partie, à sa capacité à stocker des lipides. De tout temps, lorsque des êtres humains traversaient une famine ou à des privations, ils ne mouraient pas. Bonne nouvelle ! Mais à part les situations de véritable pénurie de nourriture (ce qui dans ce monde n'est pas une chose rare, ce qui crée une ambivalence très difficile à gérer : comment faire cohabiter l'idée que des gens meurent de faim dans le monde lorsqu'e l'on s'assujettit à cette culture des régimes ?), et la seule « famine » que nous percevons aujourd'hui, dans nos sociétés d'ultra-consommation, est celle que nous nous imposons à nous-même. (Aujourd'hui, la minceur apparaît comme l'expression d'un privilège de classe, comparé aux lointaines époques où la corpulence était considérée comme désirable et enviée – mais je m'éloigne du sujet.) Et dans la mesure où le corps s'adapte à un apport calorique moindre, dès que l'on reprend un régime alimentaire riche en calories, le corps – qui décide qu'un corps averti en vaut deux – va stocker encore plus, en prévision de la prochaine « famine ». Si Cheryl avait choisi l'option C, le réveil aurait probablement été brutal.

Voici, illustré par l'image ci-dessous, comment les régimes nous font prendre du poids à cause d'un point de départ chaque fois plus élevé.

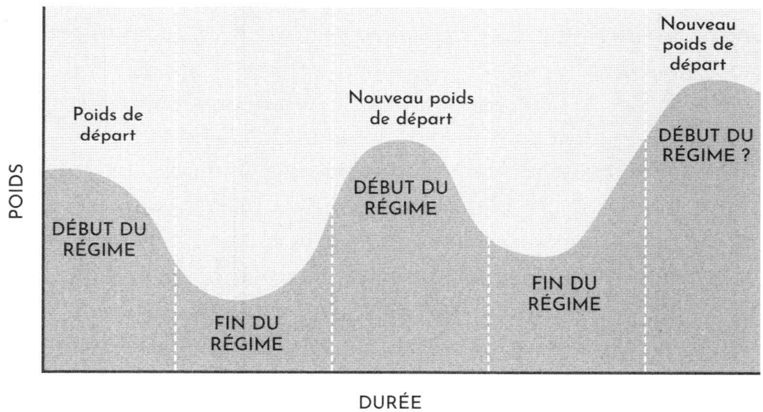

Ce phénomène a été traité en 2016 par un article de la revue *Obesity*. Les scientifiques ont constaté, au vu des changements corporels mesurés sur un panel de candidats à un jeu de téléréalité – chaque saison, celui ou celle qui perdait le plus de poids par rapport aux autres remportait la victoire –, que leur perte de poids avait ralenti leur métabolisme. C'est-à-dire que, même des années plus tard, le corps des participants s'était à tel point adapté aux régimes que maintenir un poids stable ne se faisait qu'avec moins de calories qu'avant l'expérience. Et tous avaient repris un nombre de kilos très important.

Il a été découvert que l'effet yo-yo, également appelé « variation cyclique du poids » par les scientifiques, a des effets plus négatifs sur la santé que le surpoids de départ. L'effet yo-yo prédisposerait davantage aux maladies cardiaques. Psychologiquement, la variation cyclique du poids provoque une détresse psychique, une idéalisation délirante de la minceur, un plus grand risque de souffrir de troubles alimentaires, d'hyperphagie, d'un manque de motivation à faire du sport, d'une plus faible estime de soi. L'inverse de ce que nous vendent toutes les publicités pour les régimes ! Quelle ironie que ces phénomènes soient le résultat d'un processus dans lequel nous nous sommes lancées au départ pour, justement, nous sentir mieux dans notre peau !

Dans le cas de Cheryl, lorsqu'elle a débuté son énième régime, son objectif était de faire le même poids qu'à l'époque où elle fréquentait le lycée. Chacune de nous possède un poids de croisière, ou une fourchette de poids, qui dépend de plusieurs données que nous ne contrôlons pas. Le premier de ces facteurs est génétique, et c'est aussi le plus puissant. Puis, la situation économique et géographie de l'individu, son accès aux soins, aux salles de sport ou autres équipements permettant de pratiquer une activité physique, sans oublier les habitudes alimentaires inculquées par la famille, toutes les croyances dont il aura hérité – positives ou négatives – en termes d'alimentation et d'image corporelle. Nombre de personnes ayant été au régime pendant une grande partie de leur vie et qui regardent des photos de leur jeunesse se souviennent de ce sentiment de malaise et de leur envie de perdre du poids, à l'époque. Elles se demandent aujourd'hui, *Mais qu'est-ce que j'avais dans la tête ? J'étais vraiment mignonne !* ou, comme l'a dit l'une de mes clientes, *J'aimerais aujourd'hui être aussi grosse que la première fois où cette idée m'a traversé l'esprit.*

Lorsque l'on examine tous les obstacles génétiques, physiologiques, émotionnels et économiques à la perte de poids sur le long terme, on constate que l'on se fourvoie en croyant que le succès est seulement une question de volonté. Réfléchissez : si les programmes Weight Watchers étaient efficaces, cela reviendrait à scier la branche sur laquelle cette multinationale est assise. Au lieu de cela, leurs campagnes ciblent les adolescents afin de toujours remplir – voire d'excéder – leurs objectifs de bénéfices pour l'année suivante. Des sociétés comme Weight Watchers sont prospères grâce à un business model très intelligent : les adeptes de régimes reviennent sans arrêt acheter leurs programmes. Lorsqu'ils parviennent à perdre quelques kilos, ils attribuent leur réussite au régime et ses concepteurs sont très heureux de s'en attribuer le crédit. Lorsque les régimes ne portent pas leurs fruits, ce qui arrive environ 90 % du temps, le client rejette la faute sur lui-même et les concepteurs dudit régime s'empressent de montrer du doigt ses failles et défauts (et lui offrent une réduction de 50 % sur la prochaine souscription). Ne pas réussir à perdre du poids à la suite d'un régime fait que l'on devient obnubilées par nous-mêmes. Nous pensons que nous sommes des ratées et notre corps qui refuse de maigrir devient notre ennemi. Lorsque nous entreprenons de trouver un nouveau régime, nous donnons raison à Einstein, qui disait que la folie, c'était de répéter les mêmes erreurs en espérant des résultats différents.

LE PROBLÈME N'EST PAS D'ÊTRE GROS, MAIS DE STIGMATISER LES GROS

Une grande partie de la culture des régimes et de l'alimentation miracle est fondée sur la peur de devenir gros. Cela débouche sur une stigmatisation, des préjugés et un phénomène qui s'appelle la grossophobie. Mais avant d'aborder cette problématique, j'aimerais parler du terme « gros ».

Pour nombre d'entre nous, le mot « gros » a une connotation négative. Je vais vous expliquer pourquoi il est plus honnête que des termes politiquement corrects, tels que « ronde », « aux formes généreuses », « en surpoids » ou « obèse ». Dire d'une femme qu'elle est ronde, ou que ses formes sont généreuses, met l'accent sur ce que nous considérons, de mauvaise grâce, comme les aspects positifs d'une structure bien enrobée, sexuellement attirante – des gros seins, des hanches larges. Lorsque l'on est dans la catégorie « en surpoids » ou « obèse », on tombe dans la catégorie médicale qui indique qu'il existerait un poids standard à ne pas dépasser. Le mot « gros », dépourvu de toute connotation, n'est ni positif ni négatif. Il ne s'agit pas par essence d'une insulte, tout comme « maigre » n'est pas un compliment. C'est un terme utilisé pour décrire un corps doté de plus de tissus adipeux que le corps d'à côté. Contre-culture ou pas, nous avons le choix de revendiquer le terme « grosse » en ce qui nous concerne, si notre corps présente plus de tissus adipeux qu'un autre. Il faut juste avoir conscience du fait. Pour nombre de personnes, il est choquant d'appeler un chat un chat. Le fait de revendiquer ce mot et de vous approprier votre corps est plus une forme d'activisme. Le mouvement de lutte contre la grossophobie, né dans les années 1960, était alors étroitement lié au mouvement féministe et il s'est aussi déclenché par vagues.

Pourquoi la plupart des gens considèrent-ils aveuglément qu'être gros est mauvais pour la santé – « être gros, c'est mal ! » – et qu'être maigre est une bonne chose – « être maigre, c'est bien ! » Faire un régime pour perdre du poids, être en forme et améliorer sa santé n'est pas simplement admis par notre société, mais c'est également vivement encouragé par la communauté médicale. Après les familles, les médecins encouragent la grossophobie. Mais dans un article publié en 2011 dans le *Nutrition Journal* et dans leur ouvrage sorti en 2014 et intitulé *Body Respect*, Linda Bacon et Lucy Aphramor ont montré que nombre de messages délivrés par la sphère médicale, et dont nous avons tous été abreuvés, sont faux.

1. Le fait d'être gros n'est pas un facteur de diminution de l'espérance de vie. Des études ont montré que les personnes considérées en surpoids ont une espérance de vie plus longue que celles ayant un poids normal et que celles qui présentent une obésité légère ou modérée vivent au moins aussi longtemps que celles ayant un poids normal.
2. Le rôle des graisses et leur impact sur la santé sont exagérés. Bien que l'on ait constaté que certaines maladies se déclarent plus souvent chez les personnes de forte stature, cela ne signifie pas que les graisses sont *à l'origine* de ces affections. Ce phénomène peut s'expliquer par le degré de forme physique générale, la variation cyclique du poids et, comme je le montre plus loin, la discrimination.
3. L'indice de masse corporelle n'est pas un indicateur de santé. L'IMC est un rapport poids/taille relativement arbitraire, créé par des épidémiologistes afin d'étudier des populations et non afin d'organiser un classement d'individus selon leur corps.
4. En termes de durabilité, la science ne peut pas prouver que l'exercice physique et les régimes alimentaires soient des méthodes efficaces pour une perte de poids sur le long terme (comme je l'ai déjà évoqué à travers l'exemple de Cheryl).
5. Rien ne prouve que la perte de poids ait une incidence positive sur la santé. Des études ont montré que les comportements tels que l'exercice physique et la consommation d'aliments nutritifs améliorent le bien-être indépendamment d'une évolution du poids.
6. Enfin, nous ne contrôlons pas les facteurs qui influent le plus sur notre santé, lesquels englobent la génétique, notre situation économique et sociale et l'accès aux soins.

Je sais que ces six points peuvent être difficiles à digérer, mais il est important de bien comprendre qu'une grande partie des vérités auxquelles nous adhérons en ce qui concerne le poids et la santé repose sur des preuves scientifiquement mal étayées. Il est essentiel de travailler à détricoter tous ces mythes un par un, et certains s'y sont déjà attelés. Mais dès qu'un mauvais génie est sorti de sa lampe, il a toujours été presque impossible de l'y faire rentrer. À titre personnel et professionnel, j'ai lu quantité d'études, et j'ai constaté de mes yeux les ravages causés par les régimes. Et pourtant, aucune donnée scientifique qui prouverait que les graisses n'ont que peu d'incidence sur la santé et que les régimes ne fonctionnent pas, aucune de ces études ne parviendra à convaincre les chercheurs les plus qualifiés que ce qu'ils pensent est biaisé.

Faire du surpoids et de l'obésité une pathologie a contaminé le jugement de nombreux professionnels de santé, au point que nous ne pouvons pas toujours compter sur eux pour nous guider correctement et objectivement à prendre soin de notre corps et à lui offrir une bonne alimentation. Il est important de le reconnaître, car cela fait ressortir le fait que nous avons tous – y compris les scientifiques, médecins et diététiciens – des préjugés. Et dans nombre de cas, un préjugé contre les gros influe sur notre capacité à apporter un soutien impartial et approprié à toutes les personnes. Ajoutez à cela l'appartenance à un groupe marginalisé – femmes, non-blancs, handicapés, homosexuels, transsexuels ou personnes de genre non binaire –, et la grossophobie est amplifiée.

J'ai également observé (de manière non scientifique) que parfois, il n'y a pas plus grossophobe qu'un ancien gros. Ceux qui ont été capables de perdre du poids et qui, parce qu'ils en ont fait un job à plein temps, n'ont pas regrossi, peuvent se montrer assez vindicatifs. S'il est vrai que certaines personnes perdent définitivement du poids, ce phénomène est statistiquement très rare et nous ne comprenons tout simplement pas tous les facteurs ayant rendu cela possible pour quelques-uns, mais pas pour la majorité. Et quand cette démarche est efficace, les efforts extrêmes – obsessionnels – que cela exige, en termes d'exercice physique et de privation, amènent à se demander si l'individu n'a pas développé un trouble du comportement encore plus préjudiciable pour lui. Cependant, l'expression consacrée, « si je suis arrivé à le faire, c'est à la portée de n'importe qui », a servi à vendre des tonnes de papier sur les régimes et à répandre ainsi la honte et les préjugés sur les gros.

Dans la mesure où notre culture valorise la minceur, ce prisme détermine notre façon d'exister, ainsi que notre relation à l'autre, nos idées, nos idéaux. L'effet de ruissellement fait que nombre d'entre nous ont intériorisé, intégré, cette notion et la projettent sur eux-mêmes et sur les autres, même si elle ne repose sur aucune preuve scientifique, et même si elle provoque de la souffrance, physique et mentale. Comme les médias nous bombardent de photos de mannequins retouchés pour les faire paraître extrêmement minces et que nous considérons ces idéaux de minceur comme absolument désirables, nous avons développé un préjugé culturel collectif contre les gros. Ce préjugé, analogue au sexisme, au racisme et à l'homophobie, est pourtant totalement socialement acceptable. Il véhicule l'idée que non seulement les gros ne sont pas séduisants, mais également qu'ils ont fait le choix de ne pas être minces. Les personnes corpulentes ont moins de chances de décrocher un emploi, d'être traitées équitablement et avec respect et d'être perçues (et objectivement diagnostiquées) comme des individus à part entière par les professionnels de santé.

Dans un article du *Journal of Obesity* de 2014 portant sur une approche de la santé qui accorde la priorité au bien-être et non au poids du patient, le docteur Tracy Tylka et ses coauteurs définissent la grossophobie comme « des attitudes et des croyances négatives à propos du poids, qui donnent lieu à des stéréotypes, à un rejet, à des préjugés et à une discrimination envers les personnes qui affichent un poids important ». Elles ajoutent que ces préjugés s'accompagnent, chez la victime, de la honte et de l'insatisfaction vis-à-vis de son corps, de troubles alimentaires chez les femmes, d'une alimentation chaotique chez les hommes. La grossophobie peut faire naître à elle seule des comportements dangereux pour la santé. Si les personnes qui pèsent plus que la normale ont le sentiment d'être automatiquement perçues comme en mauvaise santé, elles peuvent abdiquer toute conduite positive – médecine préventive, la consommation d'aliments nutritifs, l'activité physique agréable et la prise en charge de leur santé mentale. Une autre étude a révélé que suivre des émissions de téléréalité dont le but est de faire perdre du poids à ses candidats renforce la grossophobie, décourage de toute activité physique et conforte les stéréotypes négatifs que les personnes grosses éprouvent vis-à-vis d'elles-mêmes. Voilà pourquoi notre façon de percevoir le poids influe sur ce dernier. Si nous considérons le poids comme une donnée parmi d'autres, sur laquelle nous n'avons aucun contrôle, à l'instar de la couleur de nos yeux ou de nos cheveux, peut-être découvrirons-nous tout le plaisir que ce corps peut nous procurer, à travers ce que nous mangeons, les endroits où il nous conduit, les sensations qu'il nous permet d'éprouver. Peut-être serons-nous alors plus disposées à en prendre soin, simplement parce qu'il est précieux et qu'il mérite toute notre attention.

Une autre approche admet volontiers que santé et bien-être sont accessibles quel que soit le gabarit de l'individu et que la perte de poids obtenue à la suite d'un régime présente une multitude d'effets indésirables sur la santé. Lorsque la honte et l'impuissance provoquées par la grossophobie sont retirées de l'équation, les gens sont alors libres de se concentrer sur les facteurs internes qui leur indiquent quoi, quand manger et en quelle quantité, quelle activité physique pratiquer. En deux mots, une fois libérés de la grossophobie, tous les types de corps sont en mesure de connaître santé et bien-être.

Les régimes occupent malgré tout une place colossale dans la culture. Environ la moitié de la population américaine tente actuellement de perdre du poids (ce qui fait pratiquement 180 millions de personnes) et elle dépense beaucoup d'argent pour y arriver

(66 milliards de dollars en 2017 selon un rapport Marketdata). On pourrait en conclure qu'aux États-Unis, les régimes alimentaires sont devenus le sport national, avant le base-ball. Pourquoi ?

Les régimes séduisent. Ils promettent des choses qui attirent les gens. Même si nous avons presque toujours fait notre poids actuel, les régimes promettent de réaliser notre rêve d'être plus maigres en l'espace de quelques jours. Tout le monde sait, que lorsque c'est trop beau pour être vrai, eh bien c'est que c'est faux, et les régimes n'échappent pas à la règle. Sans surprise, les publicités pour les régimes vantent de manière irréaliste l'efficacité de leurs produits, elles mettent en avant des photos avant/après spectaculaires, mais indiquent en tout petit, au bas de l'écran ou de la page du magazine que *les résultats peuvent varier d'une personne à l'autre.* Une partie d'entre nous sait que l'on nous ment ou que, tout du moins, on nous manipule, mais nous souhaitons tellement y croire que nous occultons tous ces signaux. Ce dont nous avons parfaitement conscience – « je sais que c'est un tissu de mensonges » – et ce que nous appelons de nos vœux – « je vais perdre du poids » ne fait qu'ajouter à notre confusion et crée une réelle dissonance cognitive.

Les régimes ont également changé de forme au fil des ans. Dernièrement, vu le marché florissant du bien-être et de la pleine conscience, des entreprises qui commercialisent des produits minceur se sont approprié un langage inventé précisément par les mouvements anti-régimes qui prônent le *body positive.* Ainsi, leurs produits ou services n'ont plus l'apparence d'un régime. Mais je suis catégorique : si quelqu'un ou quelque chose vous dit quoi, quand ou comment manger ou faire de l'exercice, avec évidemment, l'amour de soi en ligne de mire, il s'agit bien d'un régime.

Pour savoir de quoi sera fait l'avenir, il suffit de regarder le passé : malgré toutes les preuves scientifiques et empiriques sur l'inefficacité des régimes, nous ne pouvons pas nous empêcher d'espérer l'arrivée d'une nouvelle méthode pour perdre du poids. Bien que les scientifiques continuent de rentrer bredouilles de leurs enquêtes sur une soi-disant addiction à la nourriture ou au sucre, ce sont bien les régimes eux-mêmes qui deviennent une addiction. Prenez un individu en pleine forme, faites-lui comprendre que seuls les corps minces sont désirables et méritent d'être aimés, et que son corps est un ennemi. Dès le premier régime, il va vite se retrouver prisonnier du cycle hyperphagie-restriction. Cette personne estimera qu'elle a besoin d'un régime pour résoudre le problème créé au départ par… un régime. Un sous-ensemble du mouvement de lutte contre la grossophobie, groupe féministe connu sous le nom de The Fat Underground, a inventé ce merveilleux adage : « Un régime, c'est un remède qui ne fonctionne pas, pour une maladie qui n'existe pas. »

Souvent, lorsque nous éprouvons quelque chose de positif, d'agréable ou source d'extase, dans notre cerveau, le centre du plaisir est activé. La séduction et l'attente associées au régime, particulièrement au début, couplées à ce noble sentiment qui accompagne les grandes décisions, sont tous à l'origine d'un grand plaisir – si ce sentiment d'élévation n'existait pas, nous n'y reviendrions pas sans cesse. Notre cerveau, de même que tous les messages publicitaires, nous dit que la fin de nos problèmes corporels et un bonheur durable sont à portée de main. C'est ainsi que notre quête se poursuit. Même les scientifiques et les médecins raisonnent ainsi. Plutôt que de réfléchir à la manière de nous sentir bien avec les corps nous disposons (approche pragmatique, vérifiable, qui repose sur le bien-être et non sur le poids), ils continuent de chercher des moyens de perdre du poids toujours plus efficaces, même s'ils sont dangereux – la chirurgie bariatrique, par exemple.

Enfin, ne sous-estimons jamais le pouvoir de l'alimentation miracle comme instrument de l'oppression systémique des femmes. Les femmes sont matraquées à longueur de temps de ce message – les régimes sont bons pour vous, ils sont bons pour l'économie, pour le système de santé et pour les autres –, si bien que commencer un régime devient pour elles quasiment une obligation sociale et morale. Lorsque l'on vous dit que vous ne vaudrez rien tant que vous ne serez pas maigre, de quel choix disposez-vous vraiment ? Voilà comment se mettre au régime devient une forme de survie. Si vous êtes grosse, vous devez devenir maigre. Si vous êtes mince, vous devez tout faire pour ne pas devenir grosse. Quelle que soit notre corpulence ou la forme de notre corps, nous finissons toujours par intégrer cette oppression comme normale, consciemment ou inconsciemment. Cela aggrave notre phobie de grossir, ce qui nourrit la grossophobie, et ainsi de suite...

L'ALIMENTATION MIRACLE NE VOUS SAUVERA PAS

Manger est une activité par essence sacrée. Nous prenons un élément extérieur à nous, pour l'ajouter à ce que nous sommes, l'intégrer à notre corps. C'est à la fois universel et très personnel. Mais de plus en plus, nos habitudes alimentaires et les aliments qui ont notre préférence ou que nous évitons semblent avoir beaucoup d'importance à nos yeux. Ils illustrent la perception générale que nous avons de nous-mêmes et de notre corps, l'influence que nos choix ont et auront par la suite sur nous, ce qui est par essence bien et mal. Il est essentiel que la nature sacrée de l'alimentation, fondée sur une connexion à notre corps, soit protégée, il est temps de faire barrage aux forces extérieures qui cherchent à orienter nos décisions.

Au cours de ce que j'appelle ma phase d'ignorance bienheureuse – période de ma vie d'avant mon premier régime –, il ne m'était pas encore venu à l'esprit que quelque chose n'allait pas dans mon corps. À un moment, je me souviens d'avoir entendu ma mère se plaindre de son poids, elle craignait que ses talents de cuisinière fassent grossir aussi ses enfants. Un soir au dîner, ma mère a dit : « Et si on essayait tous de perdre un peu de poids ? »

« Tu peux me passer les pommes de terre, s'il te... hein ? Tu as dit quoi ? »

Petite, j'étais bombardée de messages contradictoires : on m'aimait pour qui j'étais, mais être mince et jolie me rendrait encore meilleure. Il aurait mieux valu qu'on me donne un sentiment de sécurité, d'acceptation de soi, car c'était de cela dont j'avais envie, et besoin, tout comme le reste de l'humanité, d'ailleurs. Au lieu de manger en fonction de la faim, de la satiété et de la satisfaction, j'avais le sentiment que l'on mettait plus l'accent sur ce que je pouvais me permettre de manger à partir du moment où cela ne me faisait pas grossir. Il me fallait aussi remplacer les aliments dont j'avais vraiment envie par des produits peu caloriques. Cela avait bien évidemment pour effet de classer les aliments dans la catégorie *bons* ou *mauvais*. Les aliments les moins agréables étaient ceux qui faisaient maigrir et ceux qui procuraient du plaisir étaient censés faire grossir. Je pense qu'il y avait des comportements s'apparentant à des troubles alimentaires dans ma famille, mais quoi qu'il en soit, le message implicite était que nous pouvions toujours être un peu plus maigres et plus jolies. Il m'a fallu beaucoup de temps, de séances de thérapie et de recul pour percevoir les inconvénients de ce concept séduisant mais dangereux du « jamais assez bien ». Cette violence insidieuse nous empêche de nous voir telles que nous sommes. Cela peut être un frein à la pratique d'activités que nous aimons, à la découverte de nouvelles expériences et à la vision respectueuse du corps qui est le nôtre. Au lieu de vivre pleinement notre existence et d'apprécier l'instant présent, nous concentrons toute notre attention, notre énergie et nos espoirs sur un avenir incertain, aveugle à tous les bonheurs à venir. La croyance axée sur le « jamais assez bien » occupe une place centrale de notre alimentation miracle et s'avère d'une très grande nocivité, car elle laisse entendre que nous pouvons toujours perdre un kilo de plus, raffermir légèrement nos cuisses et bras ou rendre notre alimentation encore plus saine et parfaite. Ces aspirations ne sont pas sans conséquences graves.

Les médias véhiculent des messages à travers la surexposition des personnes minces. Certains sont subtils, mais d'autres le sont beaucoup moins. Ils concernant la jeunesse, la beauté et le sex-appeal, ainsi que notre rapport au pouvoir, au contrôle et à la santé. Si nous étions minces, si nous pouvions trouver le régime idéal, nous souffririons moins, nous vivrions une existence meilleure et serions plus heureuses. On nous dit également que nous avons le contrôle total de notre poids, qu'il est possible pour tout le monde d'être mince et que si vous ne l'êtes pas, c'est parce que vous ne faites pas suffisamment d'efforts. Voilà pourquoi on tente aujourd'hui de nous vendre les régimes comme une sorte de pratique spirituelle.

Lorsque vous pensez à la spiritualité, vous imaginez peut-être un ensemble de règles qui vous guideraient vers la voie de la paix intérieure, vers la fin de vos souffrances, voire comme un moyen d'éviter la mort, et vers un état de bien-être. Le revers de la médaille est simple : qui dit règles dit transgression, et donc culpabilité, ainsi qu'une impossibilité de remettre le dogme en question, l'obligation d'adhérer aveuglément à un mythe, et la peur d'éprouver du plaisir.

De tout temps, les gens ont tenté de cerner le monde par le biais de la spiritualité et de la religion. En dehors des conseils sur la manière de bien vivre et d'entretenir des rapports avec autrui, nombre de religions possèdent des lois et des pratiques traditionnelles ainsi que des restrictions alimentaires. Les catholiques évitent de manger de la viande le vendredi pendant le Carême, les juifs qui mangent kasher ne consomment jamais de porc, de fruits de mer et ne mélangent pas viande et produits laitiers. Pendant le ramadan, les musulmans jeûnent entre le lever et le coucher du soleil. La nature de la nourriture et le moment où sont pris (ou non) les repas font souvent partie de la manière dont les gens s'identifient, affichent leurs croyances et pratiquent leur foi.

Alors que les Américains sont de moins en moins religieux, on assiste à une hausse spectaculaire des personnes qui reconnaissent leur allégeance à tel ou tel régime ou un mode d'alimentation. Il existe de nombreuses similitudes entre les habitudes alimentaires religieuses et la ferveur qui entoure aujourd'hui nombre de régimes : ces derniers sont régis par la croyance et la morale et véhiculent un sentiment identitaire et communautaire. Même le vocabulaire employé pour décrire la nourriture et l'alimentation est emprunté à la religion. Nous évitons ce qui est *péché* ou *tabou*, nous nous sentons *coupables* de céder à la *tentation*. Les astuces pour perdre *miraculeusement* du poids suscitent notre intérêt. Dans notre quête de *pureté* alimentaire, nous avons des *rituels* quant aux lieux où se procurer nos aliments et comment les préparer. Nous *purifions* et *mangeons sain* pour débarrasser le corps des *impuretés*. Même les mots *bons* et *mauvais*, quand ils sont appliqués à la nourriture, sont une interprétation marquée de l'adage « vous êtes ce que vous mangez ».

La quête de la minceur par le biais des régimes s'apparente à notre volonté de nous connecter au divin, car elle donne un sens à notre vie. Les régimes offrent une philosophie à laquelle on adhère et un code moral que l'on doit observer. Ils organisent nos journées, nos semaines, nos mois et nos années par l'intermédiaire d'un cadre et de rituels sécurisants. Mais surtout, les régimes invitent à faire partie d'une communauté, ils apportent un sentiment d'appartenance et de connexion aux autres.

Être mince devient presque une dévotion et c'est souvent la motivation première, même quand les adeptes de régimes affirment que leurs choix alimentaires répondent à une volonté d'être en bonne santé et non de se soucier de leur poids. En fait, le nombre de personnes qui avouent suivre un régime a baissé ces dernières années. Il y a donc probablement plus de personnes qui « font attention » à ce qu'elles mangent, afin de prendre soin de leur santé et non de perdre du poids. Attention, scoop ! Un changement de mode d'alimentation et de vie reste bel et bien un régime.

Prenez le régime paléo, qui ne consiste à manger que des aliments que consommaient nos ancêtres du paléolithique dans un passé situé entre 2,5 millions et 10 000 ans avant notre ère.

Les partisans de ce régime affirment que notre corps a été conçu pour que nous ayons ce type d'alimentation avant l'avènement de la société civilisée, de l'industrie et des maladies modernes telles que l'obésité, les maladies cardio-vasculaires, le diabète de type 2 et le cancer. Le régime paléo est constitué d'aliments qui pouvaient être chassés ou cueillis, tels que la viande, le poisson, les oléagineux, les graines, les baies, les racines et les tubercules. Il évite les produits laitiers, les céréales, les lentilles, les haricots, les pois, les cacahuètes et autres légumineuses qui n'existaient pas à cette époque.

Les adeptes de ce régime peu exigeant disent qu'ils ne se sont jamais sentis aussi bien et qu'il guérit de tout, de l'acné à l'arthrite. Mais ces arguments sont invariablement éclipsés par l'accent mis sur la perte de poids. Sur la Toile, les forums portant sur le régime paléo offrent une plateforme permettant de partager des photos avant/après du ventre et des muscles de l'abdomen, des bras et des jambes qui ont fondu et se sont progressivement dessinés. En attendant, les adeptes cherchent en permanence des moyens de recréer leurs féculents préférés : nouilles zucchini, courges spaghettis à la place des spaghettis (mon conjoint sicilien en ferait une attaque), brownies à base de farine de noix, d'huile de noix de coco et d'agave et adaptations interminables à partir du chou-fleur pour reproduire le riz, la purée de pomme de terre, la pâte à pizza, le croque-monsieur au fromage et même la glace.

Personnellement, je n'ai rien contre le régime paléo. Il a de nombreux adeptes – tout du moins ceux qui ne se goinfrent pas en réaction aux restrictions qu'il impose –, et consommer moins d'aliments industriels et plus d'aliments non transformés riches en nutriments a de très bons côtés. Mais suivre ce régime, c'est se fourvoyer à plus d'un titre. En évitant les aliments produits par l'agriculture et l'industrie, les adeptes du régime paléo négligent nombre de nutriments, dont le calcium contenu dans les produits laitiers, les fibres et minéraux que renferment les céréales complètes et les protéines végétales présentes dans les légumineuses. L'argument selon lequel les adeptes du régime paléo reproduisent le régime alimentaire de leurs ancêtres n'est pas seulement faux, mais également impossible. C'est au mieux vaguement ce que nos ancêtres les hommes des cavernes mangeaient, car si nous avons évolué, il en va de même pour la composition en nutriments des plantes et produits animaliers autorisés par ce régime. Et les affirmations selon lesquelles notre santé peut s'améliorer grâce au régime paléo sont biaisées. Des études ont montré que même nos ancêtres du paléolithique pouvaient avoir du cholestérol et que l'espérance de vie dont nous jouissons aujourd'hui, et qui continue de s'allonger, est due à 10 000 années de progrès et d'évolution.

D'autres régimes se justifient par des arguments pseudo-scientifiques, qui laissent de côté certaines preuves, qui les interprètent de manière erronée ou qui les déforment, qui raccourcissent des concepts complexes en phrases simplistes afin de mieux se vendre. Mais l'aspect le plus séduisant de ces régimes à la mode, ceux censés avoir révolutionné la vie des gens, est peut-être la promesse qu'ils font de nous sauver. Sans le dire de but en blanc, voici ce qu'ils laissent entendre : *en mangeant ces aliments autorisés, vous souffrirez moins, vous éviterez les maladies et apprécierez la paix et le bonheur éternels naturellement associés au fait d'être mince, en bonne santé, de faire les bons choix et d'être quelqu'un de bien.*

Si tout ceci ne suffit pas à vous convaincre, l'alimentation miracle – qui englobe toutes ces tentatives de contrôle de notre mode d'alimentation – offre un cadre, un sentiment d'appartenance et d'identité. La supériorité morale dont les adeptes des régimes font preuve, leur attitude vertueuse face à la nourriture les pousse au prosélytisme. Ils n'hésitent pas à se faire les apôtres du régime qui a réglé tous leurs problèmes, leur a insufflé une nouvelle énergie, a donné un sens à leur vie et leur a offert une paix durable.

Notre ferveur religieuse pour l'alimentation miracle cache bien plus qu'une obsession pour la minceur. À l'instar des religions du passé, l'alimentation miracle est devenue notre façon de donner un sens à un monde déroutant, incertain et chaotique. Tout le monde souhaite mener une vie heureuse et pleine de sens. Mais comment y parvenir ? Comment savoir si nous sommes sur la bonne route ? Avec qui nous comparer ? Comment se mesure la progression ?

La pensée binaire qui accompagne l'alimentation miracle et la foi aveugle qu'elle requiert sont la clé du succès. Nous pesons nos aliments et notre corps afin de déterminer si nous sommes sur la bonne voie. En suivant les règles, nous sommes assurés de nous améliorer en permanence, de vivre une élévation de notre âme et de suivre le bon cap. Pétris de nos certitudes, nous avons le sentiment de reprendre le contrôle, d'être en sécurité.

Malheureusement, il s'agit d'une paix de façade. Personne ne peut contrôler véritablement son environnement, la souffrance et l'incertitude sont inévitables. Toute tentative de contrôler l'incontrôlable, avec l'alimentation miracle, se soldera rapidement par un échec, ou provoquera des dégâts : troubles alimentaires, alimentation chaotique, cycle hyperphagie-restriction, variation cyclique du poids. Résultat, le besoin de contrôle se solde souvent par une descente en roue libre.

BROOKE SE DÉCRIVAIT comme une enfant « potelée ». Sa famille s'amusait de la voir manger du beurre à la cuillère, directement dans le beurrier, lorsqu'elle était dans sa chaise haute. Après une rupture difficile au lycée, Brooke a rencontré des problèmes digestifs, elle alternait entre diarrhées et constipation. Face à ces problèmes gastro-intestinaux d'origine non diagnostiquée, Brooke et sa famille se sont beaucoup inquiétées, la jeune fille a ainsi commencé à développer des attaques de panique. Sa perte d'appétit a entraîné une perte de poids importante, soudaine et involontaire, et son entourage s'est mis à lui accorder plus d'attention. Lorsque l'on a diagnostiqué à Brooke un syndrome du côlon irritable, elle a fait le lien entre le fait d'être plus mince et le sentiment d'être plus aimée et écoutée. Brooke a adopté un régime alimentaire pratiquement sans aucune graisse afin de pouvoir contrôler son corps. Vingt ans plus tard, elle élevait deux enfants et travaillait comme cadre au service communication d'une société spécialisée dans la mode féminine. Lorsqu'elle est venue me consulter, elle m'a raconté qu'au fil des ans, son rapport à la nourriture avait connu des hauts et des bas. Ses troubles alimentaires ont réellement commencé à être envahissants à la naissance de son fils à l'époque, les médecins avaient diagnostiqué une forme de cancer infantile très rare à sa fille. Cette dernière était désormais en rémission, mais l'alimentation et le programme d'exercice physique de Brooke étaient devenus plus stricts et régissaient entièrement sa vie. Sa fixation sur les dangers des lipides avait basculé sur le piège que représentaient les glucides et elle fréquentait très assidûment une salle de sport spécialisée dans l'entraînement fractionné de haute intensité. Son mari avait l'impression qu'elle était toujours à la salle de sport. Il trouvait ironique qu'elle soit à ce point obnubilée par son corps, alors qu'il n'avait plus si souvent l'occasion de le voir, tant leurs rapports sexuels étaient rares. Au cours des repas, Brooke mangeait différemment du reste de la famille et cela n'avait pas échappé à ses enfants. Sa fille a commencé à montrer des signes de refus alimentaire, de même qu'elle s'est mise à exprimer sa peur de devenir grosse. Bien que réfractaire dans un premier temps, ne souhaitant se concentrer que sur la nourriture, Brooke a fini par accepter de travailler avec une thérapeute spécialiste de l'anxiété et des troubles alimentaires. Un peu plus d'un an après le démarrage de cette collaboration à trois, Brooke a fait le lien entre ses émotions et les dysfonctionnements de son alimentation et sa pratique d'activités physiques. Lorsqu'elle s'est mise progressivement à accepter de ressentir les émotions qui lui faisaient le plus peur – celle bien sûr de perdre son enfant, sa colère de devoir accepter son impuissance, sa tristesse face à l'absence de temps passé auprès de sa famille lorsqu'elle respectait à la lettre son régime –, elle a constaté qu'elle pouvait lâcher prise sur l'alimentation et sur son corps, afin de se permettre d'être plus souple et plus présente et de s'approprier enfin ses belles imperfections.

Notre désir de donner du sens au monde est une quête légitime, mais essayer d'y parvenir en manipulant notre corps se retournera toujours contre nous. Croire que les régimes nous rendront plus heureuses, qu'ils nous connecteront aux autres ou nous permettront de retrouver confiance, ne fera que nous éloigner de ces objectifs mêmes. Un peu à la façon d'une bête de somme qui marche indéfiniment vers la carotte que son maître agite sous son museau sans jamais la lui donner, nous nous investissons à fond, nous montrons aux autres que nous les aimons, nous voulons éprouver joie et confiance en notre corps et en notre monde – autant de carottes qui nous sont promises, et que nous espérons croquer le jour où nous aurons changé, c'est-à-dire le jour où nous en serons dignes.

Au lieu de nous libérer et de vivre pleinement dans le monde qui nous entoure, l'alimentation miracle nous emprisonne. Au lieu de nous permettre de nous tourner vers nos proches et notre communauté, elle nous isole et nous pousse à nous renfermer. Au lieu de nous permettre de vivre une existence meilleure, plus heureuse et plus épanouissante, l'alimentation miracle la restreint et la vide progressivement de sa substance.

Je suis certaine que vous avez plein d'idées originales, mais celle qui vous dit que votre corps est imparfait et qu'il faut remédier à cela n'en est pas une. Cette pensée a été programmée dans votre esprit par le mercantilisme patriarcal de la culture des régimes, par votre entourage (ceux en qui vous aviez confiance, que vous admiriez, que vous copiiez, ceux à qui vous demandiez des conseils et qui sont programmés de la même manière) et enfin par vous-même lorsque vous avez intégré cette notion du corps en tant que problème. Mais n'ayez aucun regret, car vous le percevez clairement aujourd'hui, vous avez ouvert les yeux après des années d'illusions et cela signifie qu'il est désormais possible d'aller de l'avant en étant présente, sincère et bienveillante.

Lindy West termine *Shrill* en parlant des « activités fondatrices ». Elle décrit comment le fait de renoncer à la haine de son corps, au désir de plaire aux autres et à cette focale réglée sur la nécessité de changer son corps et non sur les besoins de l'humanité sont autant de résolutions propices à un monde meilleur. Voilà pourquoi nous sommes ici. Ceci est une invitation ainsi qu'un grand potentiel. Vous vous afficherez enfin telle que vous êtes, à vos enfants, à votre partenaire, à votre communauté et, surtout, à vous-même : c'est ainsi que nous pouvons rendre le monde meilleur. « Nous sommes tous en train de rebâtir le monde en ce moment même, en temps réel », écrit-elle. « Reconstruisons-le, en mieux. »

2

UN PROBLÈME SPIRITUEL APPELLE UNE RÉVOLUTION SPIRITUELLE

CHANGER DE RÉGIME ou modifier la forme de notre corps ne nous offrira jamais les résultats spirituels que sont le bonheur et la paix, lesquels ne peuvent s'obtenir qu'en travaillant sur notre cœur et notre esprit. Le plus grand paradoxe propre à l'alimentation miracle, c'est l'utilisation disproportionnée de ressources sur lesquelles nous n'avons aucun contrôle pour essayer de façonner notre physique. Notre corps ne peut évoluer qu'en fonction de notre constitution génétique, les effets à long terme d'un régime et de nombreux autres facteurs sont par essence impossibles à contrôler. En revanche, nous passons très peu de temps à réellement réfléchir à notre rapport à la nourriture, à l'alimentation et à notre corps, alors que notre intelligence, elle, ainsi que notre pensée, est plastique, mobile, perfectible. Notre esprit est une matière bien plus exploitable, et ce de manière plus efficace, plus fructueuse, son capital est source de bien plus de gratifications.

À l'époque où il ne vous venait pas à l'esprit de savoir si quoi que ce soit clochait avec votre corps, il était parfait comme il était, vous n'aviez pas peur de manger. La gentillesse et la compassion avaient bien plus d'importance à vos yeux qu'avoir des abdominaux en béton ou de suivre un régime pauvre en glucides. Bien qu'on ne puisse pas revenir en arrière, nous avons la possibilité de nous reconnecter à l'intelligence de notre corps, à travers les soins que nous lui prodiguons, la confiance en soi et le plaisir. Nous possédons la faculté de percevoir les choses différemment, d'accorder moins d'importance à des pensées parasites qui nous tirent vers le bas et de mettre l'accent sur celles qui nous élèvent. Pour ce faire, il faut nous accepter telles que nous sommes, nous départir de tout jugement, savoir être curieuses et apprendre de tout ce qui se produit autour de nous. Lorsque nous prenons le temps d'agir ainsi et de nous éveiller au monde, notre propre discernement devient notre boussole la plus efficace. Ce cheminement s'effectue sur la durée, et vingt fois sur le métier il faudra remettre votre ouvrage, jusqu'à la fin de vos jours. Et l'idéal pour renforcer au mieux cette évolution est de pratiquer la méditation.

Mon propre voyage a débuté environ un an après que j'ai arrêté de boire, à l'âge de 33 ans. Depuis mon adolescence, je buvais afin d'agir sur la vision que j'avais de moi-même, ainsi que ma peur du regard de l'autre. Lorsque je me sentais maladroite en société, la boisson apaisait mon anxiété. Lorsque je devais affronter la peur, la colère, la solitude ou que j'éprouvais un grand chagrin, le fait de boire diminuait ma souffrance, même si ce n'était que temporairement. Lorsque je me détestais, je m'abritais derrière le masque de l'alcool. Il est facile de confondre « se saouler » et « s'amuser », même si les conséquences sont destructrices. Mais quelle que soit la forme qu'elle prend, l'incapacité à supporter un désagrément est toujours suspecte.

Quand j'ai eu 30 ans, je me suis demandé si l'alcool ne nuisait pas à ma vie au lieu de l'améliorer. Je savais qu'en essayant d'offrir aux autres l'image d'une personne enjouée, je faisais de l'automédication. En faisant semblant d'être moins grave, moins sensible et moins émotive, à savoir être ce que j'imaginais que les autres voulaient que je sois, je n'étais pas moi-même. L'alcool ne me transformait pas en cet autre moi-même ; au contraire, il révélait la pire facette de ce que j'étais. Quand je buvais, je blessais les gens et j'étais déconnectée. Bien que j'aie pu penser à une époque que boire me rendait plus intéressante, ce n'était pas non plus le cas. Cela m'a transformée en une petite chose terrifiée, car cela a fait naître la croyance qu'il y avait vraiment quelque chose qui n'allait pas chez moi. La sobriété, mes débuts dans la méditation et l'étude du bouddhisme m'ont appris que ma maladresse, mon anxiété et mes émotions fortes n'étaient en rien néfastes et qu'il ne fallait pas essayer de les gommer. Je n'étais pas obligée de modifier mes émotions ou de changer pour être une personne plus heureuse ou plus digne d'être aimée. Ce qu'il fallait changer, c'était mon rapport à cette difficulté. En fait, c'est ce qui a fait toute la différence. J'étais adepte des régimes depuis tellement longtemps, j'ai commencé à percevoir le lien entre la manière et les raisons pour lesquelles j'avais recours à l'alcool et aux régimes : afin de modifier ce que je ressentais, de changer qui j'étais, afin d'être perçue de manière positive par les autres, d'être en conformité avec les normes du bonheur édictées par la société.

Lorsque nous nous rendons compte que nous sommes notre propre bourreau, que toute cette confusion quant à ce que nous devons manger et à notre anxiété vis-à-vis de notre corps est une chose que nous avons créée nous-même, comment ne pas avoir le sentiment d'être perdue ? Un sentiment d'inadéquation nous anime en permanence. Nous croyons ne pas être bien comme nous sommes, devoir régler des problèmes que nous incarnons. À cause de ce mécanisme qui nous pousse à nous sentir toujours imparfaites, nous souhaitons nous débarrasser de ce sentiment profond de malaise. Incapables d'en identifier la source exacte, nous reportons la faute sur des problèmes plus tangibles : nous ne vivons pas au bon endroit, ni dans la bonne région, nous n'avons pas choisi le bon partenaire, nous n'avons pas assez d'argent, ni le bon travail, ni le bon logement. Ces problèmes paraissent moins existentiels, mais ils ont l'avantage d'être plus concrets. Remédier à notre malaise est donc concrètement envisageable, il suffit de déménager, de tout changer, de divorcer… Dans un autre cas de figure, nous déplaçons cette fixation sur les imperfections de notre corps : nous jugeons certaines parties trop grosses ou trop petites, pas assez dessinées ni assez musclées, trop différentes de l'idéal culturel ou du corps que nous avions à l'âge de 17 ans. Nous faisons de notre corps un projet, en nous focalisant sur ce qui ne va pas et sur les zones à améliorer. Surveiller les chiffres qui s'affichent sur la balance ou les grammes de glucides consommés nous offre quelque chose de concret sur quoi nous concentrer. Nous pensons : *Si je pouvais simplement ramener le chiffre sur ma balance à X, ma consommation de glucides à X grammes, manger un peu plus sain, ma vie serait meilleure, plus facile et je ne souffrirais plus autant.* Et les sociétés qui commercialisent l'alimentation miracle, qui confortent cet état d'esprit en fournissant une gamme interminable de systèmes, d'outils et de programmes, nourrissent ainsi l'espoir d'une solution à portée de main. Vous ne l'avez tout simplement pas encore trouvée, vous n'êtes pas allée assez loin et n'avez pas fourni suffisamment d'efforts.

Penser qu'il faut plus de volonté – supprimer le gluten ou nous « détoxifier » jusqu'à nous mettre en danger – est une interprétation erronée de la situation difficile dans laquelle nous nous trouvons. Façonner notre corps ou revoir notre régime alimentaire ne nous apportera jamais de véritable satisfaction spirituelle. Vous aurez beau développer au maximum ce processus, il y aura toujours plus à faire. Si, en revanche, dans ce monde chaotique et en perpétuelle évolution, nous sommes capables de travailler sur notre esprit et notre cœur – notre perception de ce que nous vivons, notre mode de pensée, notre façon d'opérer des choix et de prendre des mesures en accord avec nos valeurs profondes –, nous finirons peut-être par voir que nous sommes parfaites… telles que nous sommes. En bref, la réponse à notre mécontentement vis-à-vis de nous-mêmes ne consiste pas à changer de corps, mais à transformer la perception que nous avons de celui-ci. Il ne s'agit pas de repousser toute pensée et sentiment négatif, mais d'avoir un rapport différent à ceux-ci. C'est la base même du cheminement spirituel.

Un cheminement spirituel est une exploration permanente qui implique de prêter attention à l'instant présent, au sol que nous foulons. Le terme « spiritualité » peut déclencher une réaction brutale. Certains pensent qu'il est lié à la religion, tandis que d'autres l'associent au développement personnel de type New Age. Ma notion de spiritualité ne correspond pas à ces concepts. Elle n'exige aucune ascèse, aucune profession de foi ni aucune abjuration, elle cohabite pacifiquement avec vos convictions religieuses personnelles, même s'il s'agit d'une absence complète de croyances religieuses. La spiritualité est votre façon d'exploiter vos pensées et vos émotions, d'utiliser votre esprit et votre cœur, de vivre votre existence et d'entretenir un rapport à vous-même, aux autres et à votre environnement.

Bouddha a lui aussi cherché une réponse au malaise qu'il ressentait. Né sous le nom de Siddhartha Gautama, l'homme qui est devenu Bouddha était un prince indien. Son père le préservait de toutes les causes de souffrance. Bien qu'uniquement entouré de beauté et de plaisir, il se prit d'intérêt pour ce qui existait au-delà des murs du palais familial et se mit à insister pour voir le monde de ses yeux. Une fois exposé à la souffrance, à la maladie et à la mort, une profonde détresse s'empara de lui ; il se sentit obligé de rechercher la sérénité au milieu de cette réalité. Il vit un moine paisible et décida de tourner le dos à tous ces plaisirs et biens matériels afin de rechercher l'*éveil*, la capacité à voir la réalité tout en restant apaisé. Au début, il plongea dans l'ascétisme, pratiqua une autodiscipline sévère et opta pour la renonciation à toutes les formes d'hédonisme, mais il faillit mourir de faim. Il se rendit compte qu'agresser son corps et lui imposer des privations ne le mènerait pas à l'éveil. Et une fois suffisamment remis, il s'assit sous l'arbre de la bodhi et médita, se contentant d'*être là avec* ses pensées et sentiments, jusqu'à ce qu'il comprenne la nature de la réalité.

Une partie de cette réalité est que la vie renferme trois aspects fondamentaux que Bouddha a baptisés les trois marques de l'existence. Il s'agit de (1) la vérité de la souffrance, à savoir que la souffrance est une composante naturelle inévitable de notre existence, (2) l'impermanence, à savoir que rien n'est stable ni solide et que tout est soumis au changement perpétuel et (3) le non-soi, à savoir que tout est connecté et qu'il n'existe pas de réelle séparation entre « moi » et « vous ».

Dans *Le cerveau de Bouddha : bonheur, amour et sagesse au temps des neurosciences*, le neuropsychologue et professeur de méditation Rick Hanson explique en quoi ces composantes trouvent leur parfait écho inversé dans les stratégies de survie naturellement mises en œuvre par notre cerveau. Ces stratégies de survie sont la quête du plaisir et la fuite du déplaisir, l'envie d'immobiliser ce qui change constamment et la tendance à créer des catégories ; à « mettre des choses dans des boîtes » afin de mieux les cerner. Cela signifie que notre cerveau est programmé pour exécuter des tâches qui garantissent notre survie et notre sécurité, dans l'espoir qu'une fois ces choses accomplies, nous serons heureux. Et c'est ce qui est précisément à l'origine de nos souffrances. Cela peut donner envie de renoncer immédiatement, mais il est essentiel de prendre du recul. Une fois que nous percevons comme naturel et normal d'essayer de résister aux trois marques de l'existence, nous pouvons enfin porter un regard apaisé sur cette réalité : admettre que la souffrance est inévitable et faire le nécessaire pour s'y adapter, reconnaître l'existence de l'impermanence et cultiver une certaine gratitude envers l'instant présent sans en être prisonnier, voir en quoi nous sommes tous connectés et développer un sentiment de compassion les uns envers les autres, car nous sommes tous soumis à cette même réalité.

Bouddha a découvert que s'amuser en permanence, vivre dans un milieu protégé et bénéficier des privilèges de la royauté n'était pas un gage de bonheur parfait et durable. Il comprit aussi que renoncer à tous les plaisirs, vivre dans l'ascèse la plus complète n'était pas une stratégie beaucoup plus efficace. Ces deux situations extrêmes représentaient des moyens *manifestes* de résister aux trois marques de l'existence. Bouddha a plutôt cherché à trouver un équilibre, ou *voie du milieu*, qui lui permettrait de parcourir tout le spectre de l'expérience humaine et de maintenir une constance, ne pas maîtriser ou contrôler sa vie, mais vivre l'existence au fil de ses changements. C'est également notre objectif : observer les millions de variantes entre les deux extrêmes, comprendre ce qui nous oriente vers telle ou telle extrémité et œuvrer à la découverte de notre propre voie du milieu.

Les enseignements de Bouddha, connus sous le nom de *dharma*, nous aident à découvrir la voie du milieu en mettant l'accent sur l'utilisation de notre esprit, la source de notre souffrance, et en apprenant à exploiter le cours de nos pensées au quotidien. Le *dharma* nous connecte aux valeurs fondamentales, il crée un espace autour de croyances profondément ancrées et nous aide à développer de nouvelles manières de les percevoir. Pour ces raisons et pour bien d'autres, le *dharma* est applicable à notre rapport à la nourriture et à notre corps.

En dehors de la désignation des enseignements de Bouddha, le terme « dharma » signifie également *le chemin* et *la vérité*. Contrairement à certaines religions (et formes d'alimentation miracle), qui exigent une foi aveugle, le *dharma* est destiné à être étudié, remis en question et testé. Rien ne peut être considéré comme véridique tant que vous ne l'avez pas essayé dans votre existence et que vous n'en avez pas observé les résultats par vous-même. Et cela s'effectue grâce à la méditation. En restant simplement assise en compagnie de vos pensées et de vos sentiments tels qu'ils sont, vous possédez vous aussi le potentiel de découvrir la nature de la réalité.

La méditation est extrêmement importante pour considérer les choses telles qu'elles sont, car elle modifie la structure et le fonctionnement du cerveau. La méditation ralentit le vieillissement de certaines zones du cerveau : le cortex cingulaire antérieur, qui contrôle l'autorégulation, l'attention et la flexibilité cognitive, le cortex préfrontal qui régit la fonction d'exécution, la planification, la résolution des problèmes et la régulation émotionnelle et l'hippocampe, la partie du système limbique qui intervient dans l'apprentissage et la mémoire et qui est très sensible au stress. La méditation diminue également le volume des neurones dans l'amygdale, partie du cerveau qui contrôle notre réaction face au stress, et affaiblit son lien avec le cortex préfrontal, ce qui se traduit par une réactivité moindre. Sur le plan fonctionnel, le lobe frontal, région la plus évoluée du cerveau, est moins sollicité. Le traitement sensoriel du lobe pariétal ralentit. Le thalamus ralentit l'afflux d'informations sensorielles et une partie du cerveau connue sous le nom de formation réticulée diminue l'éveil. Résultat, le cerveau est plus en éveil, tout en étant moins réactif et ses réponses sont plus adéquates. Les changements résultant de la pratique de la méditation que nous percevons ne sont pas limités aux moments passés sur notre coussin de méditation, mais bénéficie net à tous les pans de notre vie lorsque nous la pratiquons assidûment.

À noter que notre mode d'exercice de la méditation s'effectue les yeux ouverts. Cela renforce la stabilité et la sincérité, car nous ne nous replions jamais sur nous-mêmes, mais restons inébranlables au sein de notre environnement quotidien. Être assise les yeux ouverts est par essence un exercice d'éveil propice au développement d'une relation apaisée avec la nourriture et son corps.

Bouddha voyait les choses telles qu'elles étaient grâce à la méditation. De même, lorsque vous démarrez votre plongée dans *Je m'aime donc je mange*, votre principal outil pour travailler sur la situation telle qu'elle est sera la méditation. Bien qu'approfondissant la méditation au chapitre 7 (voir p. 229), je vais maintenant vous donner quelques directives élémentaires, et ce pour plusieurs raisons : afin que vous compreniez la définition que je donne de la méditation tout au long de ce livre, que vous puissiez commencer à employer cette technique et que vous cerniez bien que ce sont les fondations sur lesquelles reposent tous les autres enseignements.

LA MÉDITATION SHAMATHA

La méditation Shamatha renferme trois aspects : la pleine conscience du corps, la pleine conscience de la respiration et la pleine conscience de l'esprit.

Pour la *pleine conscience du corps*, lorsque vous prenez une position assise confortable, vous mettez l'accent sur la dignité d'un moment, celui de faire une pause dans l'effervescence du monde afin de travailler sur votre esprit. La posture de méditation est à la fois détendue et inspirante. Si vous prenez place sur un coussin à même le sol, croisez les jambes devant vous de manière relâchée. Si vous êtes sur une chaise, vos pieds doivent être à plat sur le sol.

Que vous choisissiez un coussin ou une chaise (les deux sont dotés du même caractère spirituel), sentez comme votre corps est en contact avec ce support sur lequel vous êtes assise. Laissez votre corps reposer de tout son poids dessus. Veillez à occuper pleinement l'espace et non à vous rapetisser. Du bas vers le haut, alignez bien vos bassin, colonne vertébrale, épaules et tête sur le plan vertical. Le bassin doit demeurer dans une position neutre, basculé ni vers l'avant ni vers l'arrière. La colonne vertébrale est droite, elle respecte sa courbure naturelle, la nuque est bien étirée et le sommet du crâne est orienté vers le ciel. La face avant du corps est ouverte, souple et réceptive. Laissez votre ventre se détendre et cessez de le serrer ou de contracter les abdominaux. La poitrine et le cœur peuvent également rester souples. Vos épaules doivent se détendre vers le bas et les bras être parallèles au torse. Placez la paume de vos mains sur vos cuisses. La position de vos mains doit être telle qu'elles ne poussent pas et ne tirent pas sur le haut du corps. Essayez de laisser pendre vos mains le long de vos flancs en pliant légèrement les coudes et placez-les sur les cuisses. Les mains doivent être détendues.

Relâchez les muscles du visage et de la gorge. Bouche fermée, les mâchoires sont détendues, les lèvres et les dents légèrement entrouvertes et le bout de votre langue repose contre l'arrière de vos dents au niveau de la voûte du palais. Respirez naturellement et normalement par le nez, aussi bien à l'inspiration qu'à l'expiration. Aucune technique spéciale n'est nécessaire. Gardez les yeux ouverts, car il s'agit d'un exercice d'éveil qui consiste à être en phase avec ce qui se produit dans votre vraie vie. Votre regard reste dans le vague, vers une zone située à environ deux mètres devant vous. Vos yeux ne se concentrent pas sur un point précis. Vous pouvez par exemple imaginer que vos yeux se détendent dans leur orbite ou que vous regardez un point situé à mi-distance devant vous.

- Pour la *pleine conscience de la respiration*, portez votre attention sur les caractéristiques physiques et sensorielles de la respiration : la sensation de l'air sur la partie extérieure des narines ou qui pénètre à l'arrière de la gorge, la poitrine ou le ventre qui se soulève et s'abaisse ou la sensation provoquée par le mouvement de vos vêtements contre votre peau. Sentez comme chaque inspiration se produit sans que vous ayez besoin de la provoquer, comme, à un moment imperceptible, l'inspiration se transforme en expiration et comme une petite pause se produit à la fin de l'expiration avant que votre corps inspire de nouveau, tout naturellement. Plutôt que de penser à votre respiration ou de l'observer, vous sentez que vous êtes en train de respirer : chaque inspiration et expiration est unique, et appartient à l'instant présent.
- Pour la *pleine conscience de l'esprit*, votre attention se porte sur la sensation de la respiration comme si vous surfiez sur des vagues. Restez concentrée sur votre respiration même si vous

remarquez l'apparition de pensées qui virevoltent comme des lucioles ou qui passent comme des nuages. Tout comme les yeux continuent de voir et les oreilles d'entendre, l'esprit continue de produire des pensées. Ce n'est pas un problème et vous n'avez pas besoin de mettre un terme à ce processus. Inutile de « vous vider l'esprit » pendant que vous méditez. Entraînez-vous plutôt à laisser votre esprit exister pendant que vous choisissez de ressentir votre respiration. Si vous ne vous attardez pas dessus, la plupart des pensées vont et viennent toutes seules. Vous pouvez visualiser vos pensées se tenir en arrière-plan de votre conscience pendant que vous êtes occupée à ressentir votre respiration au premier plan.

Si vous remarquez que vous êtes absorbée par une pensée au point de perdre les sensations de votre respiration, ce n'est absolument pas grave. Acceptez simplement cette pensée – vous pouvez vous dire silencieusement, *penser* –, puis laissez-la disparaître avec précision et tout en vous recentrant sur les sensations associées à votre respiration. Ce moment où vous remarquez avoir été distraite ne doit pas vous inciter à culpabiliser ou à vous faire dire que vous êtes une mauvaise « méditante ». Il faut plutôt vous en réjouir, car c'est le signe que vous êtes totalement éveillée et que vous avez choisi de placer une nouvelle fois votre corps et votre esprit au même endroit et au même instant en vous recentrant sur les sensations de votre respiration. Nous faire la remarque que nous sommes en train de *penser* est justement l'objet de cet exercice. Par conséquent, peu importe le nombre de fois où votre attention s'égare. Lorsque vous en prenez note, ramenez simplement votre attention vers l'objet de votre méditation, à savoir votre respiration.

Bouddha a découvert la nature de la réalité et a connu l'éveil en méditant en position assise. C'est justement la technique présentée ici. Elle est simple, mais elle n'est pas facile. Vous vous poserez des questions sur la respiration, sur la posture et certainement sur le fait de garder les yeux ouverts. Tous ces éléments sont corrects et parfaitement gérables. Personne ne peut garantir une exécution parfaite. Voilà pourquoi il s'agit d'un exercice. J'en dis beaucoup plus sur la méditation au chapitre 7 (p. 229).

On attribue généralement trois cycles d'enseignement à Bouddha, baptisés les trois tours de la roue du *dharma*. Chaque tour de roue faire référence à un *yana* ou véhicule : *hinayana* ou véhicule fondateur, *mahayana* ou grand véhicule et *vajrayana* ou véhicule indestructible. Ces trois niveaux de compréhension et de pratique sont exploitables pour créer un nouveau rapport à la nourriture et à notre corps et la base de ces trois cycles est la pratique de la méditation.

Sur la voie de *hinayana*, nous maîtrisons l'esprit en traitant les caractéristiques fondamentales de notre vie : observer les préceptes de base de l'ensemble des citoyens, comme ne pas voler, ne pas tuer, ne pas mentir ou ne pas abuser des boissons alcoolisées, se comporter de manière éthique et avoir une vie simple et non vivre dans l'excès. Pour ainsi dire, nous nettoyons notre maison spirituelle.

Sur la voie de *mahayana*, nous entraînons l'esprit à dépasser notre expérience solitaire et à avoir un rapport au monde dans lequel nous vivons. Cela englobe les autres êtres, notre culture et notre environnement. La voie de *mahayana* est associée à la souplesse et à l'ouverture du cœur.

Sur la voie de *vajrayana*, qui se pratique lorsque l'esprit a été profondément formé à la méditation et au *dharma*, chaque moment de notre vie est une occasion de connaître l'éveil. Chaque pensée, sentiment, expérience et interaction représente l'occasion de s'éveiller aux choses telles qu'elles sont et de voir la véritable nature de la réalité. La voie de *vajrayana* est liée à la perception des sens, à savoir la vue, l'ouïe, l'odorat, le goût et le toucher.

Philosophiquement, on pourrait partir du principe qu'un livre traitant de l'alimentation et du corps est *hinayana* en raison d'une portée plus étroite se rapportant à l'expérience individuelle. Mais l'approche du *Plaisir de manger* est bien plus vaste et profonde que cela. À cause de l'alimentation miracle, la relation que nous avons aujourd'hui avec la nourriture et notre corps est trop limitée et trop agressive. Elle finit par faire oublier que notre instinct premier est le mouvement qui nous amène à être en relation à l'autre. En retrouvant le plaisir de manger, nous sommes sur la voie *hinayana* en répondant aux besoins élémentaires de notre corps. Puis nous allons au-delà de la culture des régimes, au-delà de l'alimentation miracle et ainsi, au-delà de nous-même, tout en restant au centre de nous-même. Nous sommes sur la voie *mahayana* en cultivant notre compassion envers nous-même et envers les autres. Puisque notre soumission et notre participation à la culture des régimes a un effet contaminant, le fait de la rejeter provoque des effets en chaîne qui influent sur nous-même, sur les autres et sur la culture tout entière. Et dans la mesure où chaque sentiment, pensée et action concernant l'alimentation et notre corps nous offre le choix de répéter les schémas habituels ou de nous libérer de cette perception claustrophobe, nous sommes également sur la voie *vajrayana*.

LES SIX PARAMITAS

Bâtis sur le fondement d'un exercice de méditation, les six paramitas sont un cadre bouddhiste qui nous aide à cerner la confusion et le chaos inhérent à notre vie tout en prenant soin de notre corps d'une manière bienveillante, saine et conforme à nos véritables valeurs. Les six paramitas sont un enseignement central de *mahayana* dans le deuxième tour de la roue du *dharma*.

Les six paramitas sont : la générosité, la discipline, la patience, l'effort, la méditation et la sagesse. Dans les six chapitres à suivre, nous approfondirons chacun d'eux. Vous constaterez qu'il existe une progression naturelle de la générosité vers la discipline, de la discipline vers la patience et ainsi de suite. En fait, chaque paramita stabilise ou équilibre le précédent : la discipline stabilise la pratique de la générosité, la patience stabilise la discipline et ainsi de suite. Dans la mesure où vous choisissez de manger avec plaisir jusqu'à la fin de vos jours, votre compréhension et votre pratique des paramitas continueront d'évoluer après la première lecture du présent ouvrage. Par exemple, il se peut que vous reveniez mettre l'accent sur la paramita de la patience ou redoubler d'efforts dans votre cheminement. En continuant de vous exercer à vivre l'instant présent tel qu'il est, les conclusions que vous en tirerez vous guideront afin de traiter les difficultés et changements dans votre rapport à la nourriture et à votre corps.

Les *bodhisattvas*, à savoir ceux qui appliquent les six paramitas, font de la compassion leur principal exercice. Souvent, nous considérons la compassion comme un sentiment éprouvé envers les autres. Mais comme pour tout, avant d'éprouver toute forme de bienveillance pour les autres, nous devons en avoir pour nous-mêmes. Faire preuve de compassion envers nous-mêmes est particulièrement difficile quand cela touche notre alimentation et notre corps, car on nous a appris à nous montrer dures, critiques et agressives vis-à-vis de nous. Bien que nous soyons par essence notre compagnon de voyage le plus proche et le plus important, nous nous dérobons à nous-mêmes et sommes pour nous-mêmes des inconnues à plus d'un titre. Pratiquer la compassion envers nous-mêmes par le biais des six paramitas est un moyen de tomber le masque et d'apprendre à nous connaître avec une sincérité et une amitié sans faille. Cela peut sembler paradoxal eu égard à ce que la culture des régimes nous a inculqué, mais ce processus vous permettra de découvrir votre vrai moi et de lui témoigner compassion et bienveillance. En poursuivant ce cheminement, il vous apparaîtra très clairement qu'éprouver de la compassion envers vous-même vous permettra de vous montrer compatissante envers les autres. Lorsque nous sortons du carcan de l'alimentation miracle, nous portons un regard plus indulgent sur les autres, nous percevons à quel point ils ont également du mal à ressentir l'amour et l'acceptation et nous voyons autrui au-delà de la superficialité propre à la culture des régimes. En adoptant ce point de vue différent, la modification de notre rapport à la nourriture et à notre corps provoque, par un effet de domino, un changement profond et positif.

Le terme « paramita » signifie *traverser* ou *aller sur l'autre rive*. La rive que nous quittons est faite de souffrance, tandis que celle que nous rejoignons respire le courage, la compassion, la gentillesse, la sérénité et le bon cœur. Il ne s'agit pas d'abandonner notre douleur, de l'éviter ou de s'en débarrasser, mais de la prendre dans nos bagages et d'entretenir un autre rapport à elle. Nous ne nous débarrassons pas des pensées négatives, mais nous modifions la relation que nous entretenons avec elles. Nous ne modifions pas notre corps, mais nous changeons notre rapport à lui. La pratique des six paramitas nous permet de dépasser les pensées limitantes de l'alimentation miracle, qui nous enseigne qu'il n'existe que deux façons de s'alimenter : une bonne et une mauvaise. Elle nous fait aussi croire que les corps minces sont les seuls corps acceptables et que nous devrions consacrer tout notre temps, notre énergie et notre argent pour changer, même si c'est au détriment de notre plaisir, de notre satisfaction et même de notre santé physique et mentale. Lors de la traversée vers l'autre rive, nous nous concentrons moins sur la destination finale que sur le voyage. Nous comprenons peu à peu que toutes nos certitudes et notre fermeté sont toutes deux illusoires, pour être en phase avec la vie, qui n'est qu'incertitude et impermanence. Cette faculté de rester au contact de ce que nous vivons vraiment accroît notre souplesse face à toutes les difficultés inhérentes à la vie.

Les personnes qui s'exercent à ouvrir leur cœur avec compassion sont connues sous le nom de *bodhisattvas*, mais également décrites comme des guerriers. Pas des guerriers violents ou agressifs, mais comme la nonne bouddhiste américaine Pema Chödrön les décrit, comme des guerriers de la non-agression : des personnes qui s'aventurent volontiers dans des situations difficiles ou qui relèvent des défis afin de créer le changement et d'aider les autres (y compris elles-mêmes). Ce sont en somme des individus qui prennent en compte leurs émotions et celles d'autrui. Choisir la voie de l'art du guerrier suppose avoir la volonté de remettre en cause ses propres sources d'oppression, parmi lesquelles les diktats du paraître, d'être, de manger, sources de souffrance alors qu'ils nous promettent la sécurité, la liberté et le bonheur. La tâche suprême du guerrier n'est pas de trouver un moyen d'éviter la souffrance, l'incertitude et la peur, mais d'apprendre à entretenir un rapport plus authentique avec ces déplaisirs. Rien ne garantit que le guerrier atteigne la consolation recherchée, mais ces exercices offrent soutien et stabilité pendant les bons et les mauvais moments.

Vu l'endoctrinement que fait subir la culture des régimes, l'analogie du guerrier est vraiment pertinente. Pour notre propre bien-être, nous devons lutter contre l'oppression et les ravages qu'elle inflige non seulement à notre corps, mais également à notre confiance en soi. Pour le bien-être des autres, nous devons être des guerriers afin de prouver qu'il existe un autre moyen d'exister, au-delà de l'alimentation miracle.

LES DEVISES DU LOJONG

À ce stade, je vous ai montré à quel point nous nous sommes coupées de notre intelligence et de notre corps. Vous avez commencé à comprendre que la voie vers l'éveil, ou la capacité à percevoir la nature de la réalité, ne passe pas par le fait de devenir une autre personne, mais par un rapport à la réalité différent, fait de bienveillance et de compassion. Les devises du lojong accompagnent cette transformation en nous rappelant les vérités élémentaires que nous avons pu perdre de vue ou considérer comme allant de soi.

L'association paramitas et devises du lojong nous fait passer d'une compréhension intellectuelle à la mise en œuvre de nouvelles idées et de nouveaux comportements en temps réel.

Ces devises sont 59 petites maximes qui nous recentrent sur notre intelligence émotionnelle, en court-circuitant les distractions et les distorsions, afin de nous révéler ce que nous savons déjà. Le terme « lojong » signifie *entraînement de l'esprit*. Ces maximes sont également connues pour être les devises d'entraînement de l'esprit d'Atisha. Atisha était un maître de la méditation indien qui vivait au XIe siècle et qui créa la branche du bouddhisme tibétain la plus durable. Il vivait une existence monacale, et pourtant il se concentra sur la manière dont la pratique de la méditation et l'étude du *dharma* nous permettent de nous rendre utiles aux autres. Les devises du lojong ont été créées pour accompagner la pratique et l'étude et comme moyens de transformer les obstacles ou difficultés en voie vers l'éveil. Elles complètent parfaitement les six paramitas et, même si nous n'allons pas étudier ces cinquante-neuf devises, je vais en présenter quelques-unes tout au long de ce livre afin de compléter votre pratique de la générosité, de la discipline, de la patience, de l'effort, de la méditation et de la sagesse.

De prime abord, les devises du lojong paraissent simplistes, mais quand vous vous penchez attentivement dessus, vous découvrez qu'elles sont particulièrement nuancées, elles vous rappellent immédiatement comment éveiller votre esprit et ouvrir votre cœur dans un certain nombre de situations, faciles ou difficiles, plaisantes ou pénibles, agréables ou désagréables. Au fil de la pratique, notre rapport à nous-mêmes et aux autres s'assouplit, s'approfondit et devient plus compatissant.

Commençons. Je vais vous présenter la première devise du lojong, qui renferme quatre rappels et offre une base sur laquelle bâtir notre pratique. Elle nous aidera à prendre la bonne direction, à trouver la motivation, et souligne qu'il est impératif de garder à l'esprit ce qui importe vraiment.

D'abord, entraîne-toi aux préliminaires.

Les préliminaires décrits dans cette devise (« les quatre rappels ») sont les suivants :

1. Avoir toujours conscience du caractère rare et précieux d'une vie humaine.
2. Avoir conscience de l'impermanence : la vie de tout être vivant prend fin.
3. Admettre le cycle du karma : tout ce que vous faites a des conséquences.
4. Garder à l'esprit la nature insatisfaisante de la souffrance.

Le premier préliminaire, avoir toujours conscience du caractère rare et précieux d'une vie humaine, demande d'admettre que nous avons eu la chance de naître dans un corps humain. Lorsque vous prenez tous les organismes présents sur la Terre, il est incroyable que nous soyons nés humains. Nous avons le privilège de disposer du cerveau le plus complexe de tous les organismes (tout du moins sur cette planète et d'après nos connaissances), d'un corps conçu de manière extraordinaire, qui s'adapte à l'évolution des circonstances et fonctionne de manière pratiquement autonome, ainsi que d'une capacité à ressentir le monde grâce à des sens qui sont la vue, l'ouïe, l'odorat, le toucher et le goût. Le fait d'avoir un corps humain nous permet de faire ce que nous aimons, de nous occuper des autres et d'utiliser notre esprit afin de vivre une existence dynamique, animée et riche. Même le fait de pouvoir cliquer sur un bouton et mettre ce livre à disposition électroniquement est une chose assez merveilleuse, qui ne devrait pas être considérée comme une évidence.

Les chats sont incapables de faire ça. Enfin, pas encore. À notre connaissance...

Avoir conscience du caractère précieux d'une vie humaine, c'est également reconnaître les douleurs et la pénibilité de disposer d'un corps humain. Un corps est par essence inconfortable. Des problèmes mineurs, en passant par des blessures et jusqu'aux maladies graves, vivre dans un corps humain est difficile. Pensez un peu à quel point la fenêtre est étroite en tant qu'êtres humains. Un changement de température corporelle de quelques degrés peut avoir de graves conséquences. Nous sommes improductifs dès le moindre nez bouché, mal de tête ou tour de reins. Nous luttons et nous plaignons des changements de température, l'été lorsque l'on dégouline de sueur et l'hiver lorsqu'il faut aller à pied au travail par un temps glacial. Notre vie est émaillée d'innombrables blessures, maladies et restrictions physiques. Nous savons ce que c'est qu'éprouver la soif, la faim, l'épuisement, l'inconfort d'être constipé, d'avoir la diarrhée, ou la nécessité impérieuse d'uriner ou de déféquer. En bref : avoir un corps humain n'est pas une mince affaire.

Les désagréments propres au corps humain nous poussent souvent à trouver un coupable. Qu'il soit important ou futile, au lieu de considérer cet aspect déplaisant comme une réalité normale en tant qu'être humain, nous ne tardons pas à nous rendre responsables de ne pas avoir fait le nécessaire pour éviter cette situation, nous déplorons qu'il nous faille ressentir une telle insatisfaction et nous passons immédiatement en mode « résolution de problèmes ». Dès que nous ressentons une forme d'inconfort physique, nous essayons d'y remédier en modifiant notre alimentation. Nos maux de tête sont peut-être dus au sucre, notre acné aux produits laitiers, nos troubles gastro-intestinaux au gluten. Notre stress et notre épuisement doivent être causés par les glucides ou une carence en sels minéraux.

Notre *malaise* physique peut être dû à ce que nous mangeons ou ne mangeons pas, mais soulignons d'emblée notre promptitude à désigner notre corps comme le coupable et à modifier notre alimentation. Cela nous empêche souvent de faire preuve de bon sens face aux difficultés normales que représente le fait de vivre dans un corps humain. Il existe souvent une explication plus plausible à nos maux de tête, par exemple le fait de ne pas boire assez d'eau. Notre épuisement peut être dû à un sommeil de mauvaise qualité. On apprend aux étudiants en médecine : « Quand vous entendez un bruit de sabots, pensez à des chevaux, pas à des zèbres. » De même, en matière de malaise, nous pourrions penser aux explications les plus plausibles plutôt qu'immédiatement chercher à les éviter par le biais d'un changement d'alimentation.

Il existe une autre caractéristique propre au corps humain : le besoin d'en prendre soin. L'air, la nourriture, l'eau, un abri, la chaleur et le sommeil constituent la base physiologique de la pyramide des besoins d'Abraham Maslow. Comme je le détaille dans le prochain chapitre, nous avons régulièrement besoin de repas et d'en-cas au cours de la journée afin de nourrir notre corps. Il nous faut boire suffisamment d'eau pour que notre corps transporte les nutriments vers nos cellules et fonctionne de manière optimale. Notre corps a besoin chaque jour d'un sommeil de qualité, afin d'être capable d'exécuter des tâches jour après jour. Et pourtant, malgré ces vérités universelles, vous n'avez pas idée du nombre de personnes qui ne boivent pas suffisamment d'eau, histoire de s'épargner la pénible tâche si ennuyeuse d'aller aux toilettes. De la même façon, dès qu'il s'agit de boucler un quelconque dossier, elles refusent de s'arrêter dans leur élan de travail pour s'alimenter, ou ne s'accordent pas le temps de se soigner lorsque, fatalement, elles tombent malades. J'ai entendu des gens regretter qu'il n'existe pas une pilule qui remplacerait le fait de manger. Et nombreux sont ceux à s'enorgueillir du peu d'heures de sommeil qu'ils s'accordent, comme si nous devions tous être capables de passer outre ce besoin élémentaire.

En dehors de nos besoins physiques, notre corps a besoin de sécurité et d'amour pour bien fonctionner. Nous avons besoin de nous sentir compris, estimé, accepté par nos proches et notre entourage en général. Mais bon nombre de personnes n'ont pas accès à ces besoins élémentaires : nous avons une image de nous-mêmes dégradée, ou nous sommes victimes de discrimination à cause de notre race, notre genre, notre orientation sexuelle, nos capacités intellectuelles, notre poids, ou notre âge. On nous apprend à nous méfier de ce que nous mangeons, à faire attention à tout ce qui peut être source d'inflammation, de cancer, d'autisme et d'obésité. Et nous avons le sentiment que manger est un exercice dangereux, comme marcher sur un câble sans filet, et qu'un seul faux pas pourrait mener au désastre.

En gardant à l'esprit le caractère rare et précieux de la vie humaine, nous nous connectons à notre bonté élémentaire, également appelée nature de Bouddha. Dans la philosophie bouddhiste, tous les êtres possèdent la bonté, qui est une qualité pure et saine, primordiale et éternelle. C'est le contraire du concept de péché originel, selon lequel nous naissons mauvais et devons souffrir afin de récolter notre récompense suprême. Selon le principe de la bonté élémentaire, nous n'avons pas besoin de surmonter quoi que ce soit pour être méritants – et la souffrance fait partie de la vie, elle ne représente aucune rédemption. La joie et le plaisir ne se *méritent* pas. Nous naissons avec la bonté en nous et la gardons tout au long de notre existence.

Puisque tous les êtres sont dotés de cette bonté élémentaire, elle s'étend logiquement au corps dans lequel nous vivons. Si notre corps est par essence bon, alors toutes ses parties le sont également. Outre les caractéristiques que nous aimons ou tout du moins supportons, il y a également celles que nous avons du mal à accepter et celles auxquelles nous ne pensons jamais. Nos oreilles, notre nez et les poils de nos bras. Nos bosses, nos cicatrices, nos bourrelets, nos vergetures et notre cellulite. Nos rhumes et notre toux. Nos maux et nos douleurs. En fait, tous ces éléments sont bons. Nous pourrions également tenir compte de la bonté élémentaire des parties de notre corps dont nous ne faisons généralement jamais cas. Nos systèmes immunitaire, nerveux et circulatoire. Notre cœur qui fait circuler le sang, nos poumons qui oxygènent nos cellules, nos reins et notre foie qui purifient et débarrassent notre corps de ses déchets, nos yeux qui voient, notre langue qui goûte et notre cerveau qui traite des millions d'informations par seconde.

Lorsque nous percevons notre corps sous l'angle de cette bonté élémentaire, nous commençons à prendre du recul et à apprécier son caractère miraculeux, sa faculté d'adaptation aux changements constants qui se produisent aux différents stades du développement. Du bien-être à la maladie, la manière dont nous passons du stade de cellule à celui de bébé, de petit enfant, d'adolescent, puis d'adulte, la capacité de ce corps à enfanter et à nourrir un bébé, la façon dont notre corps continue de fonctionner même quand nous ne prenons pas bien soin de lui, la façon dont il lutte contre les germes en déclenchant une réponse immunitaire, tout ceci *est* miraculeux. Notre corps assure notre survie en stockant des graisses et en effectuant le travail physique nécessaire pour que nous puissions vivre, parfois au prix de maux et de douleurs. Même si notre corps n'est pas complètement parfait, s'il nous manque un membre, s'il a besoin d'une dialyse ou s'il ne répond pas aux canons de beauté imposés par la culture, le fait de reconnaître que notre corps œuvre dans notre intérêt nous aide à garder à l'esprit que c'est une vraie merveille. Porter ce genre de regard sur notre corps nous permet de dépasser cette perception étriquée que nous avons de lui, qui en fait un objet à modifier, à sculpter et à améliorer. Nous commençons alors à comprendre que notre corps d'être humain fondamentalement bon est un instrument qui nous permet de vivre et de nous mettre au service des autres.

À vous ! Que ressentez-vous quand vous contemplez le caractère rare et précieux de votre vie humaine et la bonté élémentaire de votre corps ?

Le deuxième préliminaire est d'avoir conscience de l'impermanence. La vie de tout être vivant a une fin. Nous naissons, nous grandissons, nous vieillissons et nous mourons. Et entre ces jalons, notre corps évolue toujours. Nous progressons au fil des différents stades de croissance, connaissons des blessures puis guérissons, tombons malades, puis récupérons. Nous ressentons la douleur physique, laquelle, si nous y prêtons bien attention, croît, décroît et change également d'une minute à l'autre. Nous tombons parfois enceintes, puis donnons naissance à un bébé. Nous allaitons et utilisons notre corps physique d'une autre manière afin de prendre soin des enfants et des autres. Le corps que nous avions lorsque nous avons fait notre premier régime n'est pas le même que celui d'aujourd'hui. Presque toutes ses cellules ont été remplacées. Même si aucune modification ne semble avoir lieu en ce moment même, notre corps est pourtant bien en train de vieillir. Et nous finissons tous par mourir.

Au cours de la lecture de cet ouvrage et de sa mise en application, nous travaillons sur notre esprit de manière à pouvoir identifier et répondre aux changements permanents que connaît le corps. Nous admettons et acceptons l'impermanence, exprimons de la gratitude envers la situation telle qu'elle est et nous abstenons d'afficher un attachement trop marqué envers quoi que ce soit. Nous sentons que notre corps a faim à un moment donné, nous commençons à manger, nous sommes rassasiés et nous digérons les aliments ingérés afin de nourrir notre organisme, de nous développer et de guérir. Nous gardons le cap quand des pensées et des sentiments nous assaillent, leur cycle est immuable : ils surgissent, s'attardent quelque temps, puis disparaissent. Nous accueillons toute réponse émotionnelle face à l'impermanence, comme les sentiments de tristesse, de remords et de colère, sans résistance agressive, car ils sont inévitables.

Le temps que nous passons sur Terre est précieux et limité. Nous devons choisir nos priorités afin de vivre conformément à ce qui est le plus important à nos yeux et identifier ce à quoi nous devons renoncer. Je me demande souvent quel regard je porterai sur ma vie au moment de mourir. Vais-je me demander si je n'aurais pas dû passer tout mon temps à sculpter mon corps, même dans mon grand âge, plutôt que consacrer mon existence à dévorer du chocolat, faire l'amour et sentir les roses ? Ma question sera-t-elle de savoir si je n'aurais pas dû me plier aux injonctions culturelles quant aux normes féminines, plutôt que de donner un coup de pied dans la fourmilière de ces absurdités et remettre en cause ces normes toxiques ? Aurait-il mieux valu que je ne froisse personne, ou vais-je vouloir me dire que j'ai été utile aux autres, que j'ai pris soin d'eux et de moi-même du mieux que je pouvais, et que je les ai aimés de tout mon cœur ? Vu sous cet angle, il n'y a pas photo.

Tout comme la méditation nous apprend à nous concentrer sur notre respiration, nous décidons de l'objet de notre attention et de notre énergie. Nous ne sommes pas obligés d'être acteurs d'un système qui nous opprime, qui nous fait souffrir et qui nous offre peu de choses en retour. Libre à chacun de choisir ce qu'il souhaite éradiquer de sa vie, comme les promesses de bonheur lancées par tous les marchands d'alimentation miracle, les injonctions d'un establishment médical sous influence et la croyance selon laquelle notre corps, vu son état, ne mérite pas le respect et l'amour. Nous prenons souvent conscience trop tard de ce que nous possédions. Si vous avez déjà regardé de vieilles photos de vous-même et vous vous êtes demandé pourquoi il était si difficile de vous considérer comme digne d'être aimée et pleine de qualités, sachez que le corps que vous avez aujourd'hui vous offre une occasion précieuse : vous gratifier de l'amour et de l'attention que vous auriez aimé donner à votre personne à l'époque. La prochaine fois que vous vivrez cette expérience, lisez ce qu'a dit Traleg Kyabgon Rinpoché, auteur de *The Practice of Lojong: Cultivating Compassion through Training the Mind* (« La pratique du lojong : cultiver la compassion à travers un entraînement de l'esprit ») : « Si même les montagnes sont sujettes au changement et à l'anéantissement, mon propre corps, sensible à la maladie, à la dégradation, aux éléments, aux accidents et à toutes sortes de maux, l'est bien plus encore, n'est-ce pas ? Je dois saisir aujourd'hui les occasions qui se présentent, sous peine que la chance ne se représente plus jamais. »

À vous ! Que ressentez-vous quand vous pensez à l'impermanence de votre corps ?

Le troisième préliminaire – admettre le cycle du karma : tout ce que vous faites a des conséquences – est lié à la relation de cause à effet entre nos états d'esprit, nos actions et les expériences vécues qui en résultent. C'est notamment admettre que nos pensées donnent naissance aux émotions, lesquelles guident nos actions, qui influent à leur tour sur notre vie et celle de notre entourage. Voilà comment nos pensées créent notre monde, pour le meilleur et pour le pire. Lorsque nous menons des actions qui sont bonnes, le résultat est le bonheur. Lorsque nous menons des actions nuisibles, le résultat est la souffrance. Le caractère positif ou négatif d'une action est déterminé à la fois par notre attention et l'effet que nous produisons sur nous-mêmes et les autres. La capacité à évaluer ouvertement et avec honnêteté nos intentions et les effets de nos actions conditionne la qualité de notre existence actuelle et future.

Bien entendu, l'alimentation miracle a profondément modifié notre compréhension de ce qui est bon et de ce qui est nocif. Il est donc plus difficile d'y voir clair, lorsque l'on se penche sur notre manière de perpétuer le cycle du karma par le biais de nos pensées et de nos actions en lien à la nourriture et au corps. Penchez-vous sur les expériences que vous vivez et vous en tirerez des enseignements précieux. Ils vous aideront à comprendre le sens de ce qui est bon, en termes de pensées ou d'actions, et donc d'intentions. Quel impact l'alimentation miracle a-t-elle eu sur votre qualité de vie et celle de votre entourage ?

Il existe deux intentions très différentes dans notre démarche d'amélioration personnelle : soit nous représentons nous-même un problème que nous devons régler, soit nous nous acceptons comme nous sommes, en portant sur nous un regard de compassion et en émettant le désir de progresser, de nous améliorer. Pour l'observateur extérieur, ces deux intentions peuvent paraître identiques. Nous participons par exemple à notre premier cours de yoga ou mangeons plus de fruits et de légumes. Seule la personne concernée connaît la véritable intention à la base des changements qu'elle opère, en termes de pensées et de comportements. Nous considérer comme un problème à régler est une forme d'auto-agression (l'auto-agression est devenue la norme culturelle, mais demeure néanmoins une forme d'agression). En revanche, s'accepter avec compassion et le désir d'être meilleure repose sur la croyance en sa propre bonté élémentaire. Et cela s'avère donc bien plus durable, plus profond.

Cette motivation est parfaitement retranscrite par la citation de Shunryu Suzuki Roshi : « Chacun de vous est parfait comme il est… et quelques perfectionnements ne feront pas de mal. » D'après mes souvenirs, l'histoire est la suivante : Suzuki Roshi enseignait à des étudiants au San Francisco Zen Center dans les années 1970. Ils lui posaient des questions sur la voie de l'éveil. Comment savoir s'ils méditaient correctement ? Comment être certains de bien interpréter leurs idées ? Comment être en mesure d'évaluer leur progression spirituelle ? Leurs questions étaient motivées par le doute et un désir manifeste de corriger leurs erreurs en faisant les choses correctement. Leur professeur a détecté leur manque de confiance en eux et les a rassurés en leur indiquant qu'ils étaient parfaits et authentiques tels qu'ils étaient. Mais en même temps, ils pouvaient continuer à s'améliorer. Bien que cela puisse paraître paradoxal, c'est le moyen le plus sincère d'entretenir un rapport à notre moi, si complexe et doté de si nombreuses facettes. Cette faculté d'afficher deux points de vue en apparence contradictoires est la base de la compassion.

Notre corps communique en permanence avec nous dans l'instant présent par le biais des perceptions sensorielles : la vue, l'odorat, le goût, le toucher et l'ouïe. Lorsque des pensées nous traversent l'esprit et que nous agissons sur la base de ces informations, nos intentions sont bonnes. Tout ce processus d'analyse de données nous montre que notre corps comprend ce dont il a besoin qu'il est doté d'intelligence. Les actions qui nous sont dictées par cette intelligence nous font nous sentir bien, sincères et dignes d'être aimées. C'est l'effet global de ces expériences qui prouve que notre corps est doté d'une sagesse intrinsèque. En revanche, lorsque nous ne satisfaisons pas nos besoins, nos intentions ne sont pas forcément nocives, mais elles créent de la confusion. Cette croyance en une bonté élémentaire fait que la tradition bouddhiste définit les actions infructueuses comme confuses, et non pas comme mauvaises. Par exemple, à table, si nous dépassons notre point de satiété, ce n'est pas parce que nos intentions sont mauvaises, mais plutôt parce que nous n'avons pas une idée claire de la nature exacte de nos besoins à cet instant. Cette confusion est peut-être due au fait que nous ignorons ou que nous résistons au message envoyé par notre corps. La confusion, quand elle n'est pas identifiée en tant que telle, ne fait que s'amplifier. Mais lorsque l'on reconnaît que l'on éprouve une sorte de confusion, il est possible de jeter sur soi un regard de bienveillance et de compassion. Ce regard nous aide à transformer nos actions, et à enrichir notre karma.

L'influence de nos paroles et de nos actes sur ceux qui nous entourent entre également dans le cycle du karma. Notre rapport à notre corps perpétue les normes entretenues dans notre société où au contraire, cette relation peut devenir une arme de résistance. Le fait que nos enfants nous surprennent à critiquer notre corps à voix haute, que nos conversations entre amies tournent autour des régimes, de la graisse, du surpoids, que nous dénigrions notre corps ou que nous fassions des commentaires sur le corps des autres, publiquement ou en privé, ne fait que propager la confusion entretenue par l'alimentation miracle. À l'inverse, ne pas se joindre aux discussions sur les régimes, mettre un terme à l'impact que le flux incessant de messages en provenance des médias peut avoir sur vous, consciemment ou inconsciemment, et assumer votre corps en toute confiance, en étant attentive à vos besoins, en y répondant de façon adéquate, tout ceci transformera votre karma et aura un effet sur votre entourage. L'alimentation miracle est encore considérée comme normale dans notre culture. Remettre en question les attentes, les critères et les normes de cette culture, vous nourrir de bienveillance et assumer pleinement le corps qui est le vôtre peut devenir une forme radicale d'activisme. Je détaille ce point dans le chapitre 6 (p. 211) consacré à la paramita de l'effort.

À vous ! Que ressentez-vous quand vous pensez au cycle du karma lié à votre alimentation miracle ?

Le quatrième préliminaire, garder à l'esprit la nature insatisfaisante de la souffrance, indique que notre existence sera faite d'épreuves. Elles sont inévitables. Cela va à l'encontre de la croyance propre à notre culture qui dit que la souffrance peut être évitée, pour peu qu'on trouve la bonne recette. Mais c'est précisément le déni de cette vérité, le désir que la souffrance soit différente de ce qu'elle est, qui est à l'origine de notre souffrance. Cela renvoie à un concept du bouddhisme appelé la première et la seconde flèche. La première flèche est la souffrance inévitable que nous vivons tous : impermanence et changement, douleurs physiques et émotionnelles, maladie, perte et mort. Nous n'avons aucun contrôle sur la première flèche. La seconde flèche est la façon dont nous réagissons à la première : avec résistance, agressivité et grincements de dents ou ouverture, chaleur et compassion. Si nous ne pouvons contrôler la première flèche, nous avons une certaine latitude concernant la seconde. Nous luttons contre la réalité ou nous l'acceptons. Lorsque nous la combattons, nous éprouvons *la souffrance de la souffrance.* Quand nous l'acceptons, nous éprouvons autre chose. Ce n'est peut-être pas une sensation agréable, mais elle est authentique. En prenant conscience des première et des seconde flèches dans notre vie et en transformant notre façon d'y réagir, la souffrance devient alors familière. Elle fait partie intégrante de l'existence. Cette prise de conscience peut servir à cultiver la compassion envers nous-mêmes et envers tous ceux qui souffrent – comme nous. Lorsque nous prenons conscience que nous pouvons vivre et surmonter la souffrance, celle-ci devient moins effrayante. Nous sommes alors plus en mesure de l'aborder avec curiosité, sans peur.

Notre souffrance vis-à-vis de l'alimentation et de notre corps est souvent due à une incompréhension de notre situation. Nous essayons de changer personnellement et de modifier notre attitude d'une manière qui ne peut que nous faire souffrir toujours davantage. Notre lutte tire son origine de la croyance qui dit que nous devons absolument éviter la douleur, le déplaisir et les émotions négatives. Et la société nous fait croire que nous y parviendrons en modifiant notre corps et en contrôlant ce que nous mangeons. Or ce n'est pas notre corps qui génère cette souffrance, mais la perception que nous avons de celui-ci. Et c'est justement cette perception qui peut également nous libérer de cette souffrance.

À vous ! Que ressentez-vous quand vous pensez à la nature insatisfaisante de la souffrance ?

En nous entraînant à exécuter ces préliminaires, nous préparons le terrain pour une relation apaisée et saine avec la nourriture et avec notre organisme. Nous avons hérité d'un corps qui nous sert à vivre notre vie. Notre rapport à lui influe sur tout et sur tous ceux avec qui nous entrons en contact. Si nous lui imposons une contrainte et que nous ne faisons preuve d'aucun égard envers lui, c'est aussi le reflet de notre façon de nous comporter dans le monde. Si notre relation vis-à-vis de ce corps est faite de compassion, de discernement et de sagesse, nous afficherons au monde ces trois qualités. Chaque moment est pour nous l'occasion de nous endormir ou de nous éveiller, de devenir plus rigides ou plus souples, de vivre notre existence dans la peur ou dans l'amour.

3

LA PARAMITA DE LA GÉNÉROSITÉ

La générosité est un excellent point de départ, car elle est issue d'un désir interne de donner à autrui et d'une volonté de lâcher prise. On part souvent du principe qu'être généreux, c'est donner aux autres, mais je dirais que la véritable générosité, c'est avant tout savoir donner à soi-même. Chögyam Trungpa Rinpoché, le maître de la méditation bouddhiste qui a apporté le bouddhisme Shambhala en Occident, a dit un jour : « La générosité est une volonté de donner, de s'ouvrir sans motivation philosophique, pieuse ou religieuse, en faisant tout simplement ce qu'il faut à n'importe quel moment et dans n'importe quelle situation, et sans craindre de recevoir en retour. » Cela laisse entendre que la générosité est présente dans le fait de donner mais également de recevoir.

Afin de s'imaginer ce qu'être généreux avec les autres signifie, un exercice bouddhiste consiste à faire passer un objet d'une main vers l'autre. J'ai toujours interprété cela comme le besoin d'avoir le sentiment que l'on dispose soi-même de suffisamment pour être généreux avec les autres. Cette notion de « suffisamment » peut revêtir une signification différente d'une personne à l'autre et selon le moment, mais, au fond, c'est l'assurance que nos besoins sont satisfaits. Il est donc important d'identifier et de satisfaire nos besoins les plus élémentaires, avant de se pencher sur ce que l'on peut donner soi-même. Ces besoins sont simples : se nourrir, s'hydrater, se reposer, éprouver du confort, du plaisir et bénéficier d'intimité. Sans juger ni remettre en cause quoi que ce soit, nous « faisons simplement ce qui est nécessaire » pour obtenir ces quelques satisfactions. Nous ressentons ce dont notre corps a besoin – il est par essence bon – et nous faisons de notre mieux pour le lui apporter. Si nous sommes persuadées d'être dignes d'éprouver du plaisir, de la satisfaction et de la joie, nous nous traitons avec la générosité dont nous faisons preuve envers ceux que nous aimons.

Il existe encore de nombreuses zones d'ombre concernant le fonctionnement de notre corps et de notre esprit. Si la science était en mesure de prouver que la privation de calories afin de perdre du poids était la clé d'une meilleure santé (ce qui reste à prouver) ou que manger sain est la solution pour vivre vieux (ce qui reste, là aussi, à prouver), il serait impossible de s'astreindre à ce type de comportement sur la durée sans subir de dommages physiques (variation cyclique du poids) et émotionnels (dévalorisation, sentiment d'échec). Plutôt que de nous entêter à suivre des méthodes impossibles pour perdre du poids, ne devrions-nous pas plutôt trouver des moyens de prendre soin de notre corps tel qu'il est ?

L'industrie de l'alimentation miracle procède à l'envers. Elle nous persuade que nous ne trouverons jamais ni l'amour, ni le bonheur ni le plaisir, si nous n'apprenons pas à différer notre plaisir, ou à abandonner précisément tout ce qui nous inciterait à mieux prendre soin de nous. Il n'existe pas de meilleure façon de prendre soin de soi que d'écouter les signaux mêmes que nous envoie notre corps, et que de se fier à notre bon sens, plutôt que nous baser sur des informations qui changent en permanence ou qui sont même complètement erronées. Cette approche est étayée par un corpus de preuves scientifiques tangibles : aborder l'alimentation de façon intuitive, ou sans recourir à des régimes, en privilégiant l'écoute et en répondant aux désirs, aux besoins et aux préférences que vous dicte votre corps est la meilleure approche qui soit pour prendre soin de vous et vous nourrir. Dans ce chapitre, vous découvrirez comment les sens nous incitent à nous connecter à notre intelligence. Le fait de privilégier nos sensations internes, et d'oublier les signaux externes qui nous ont détournés de cette intelligence, est la base même de la générosité.

Devenir généreux envers soi-même est désarmant. Lorsque nous nous sentons vulnérables, on nous apprend à nous endurcir, alors qu'il est essentiel d'accepter de ressentir cette vulnérabilité. J'ai remarqué qu'accepter de se montrer vulnérable déclenche chez l'autre une baisse de ses défenses et de son agressivité, une acceptation de se montrer vulnérable en retour. Le fait d'ouvrir son cœur provoque le même phénomène, et nous permet de tisser des liens, et de nous sentir moins seul. Il est toujours important de savoir se situer dans ce processus, ainsi que ce qui vous fait éprouver une sensation de sécurité, de manière à respecter votre position personnelle. Lorsque vous savez où vous en êtes, des choix s'offrent à vous, et ces choix se refusent à vous quand vous n'avez pas conscience de votre situation. Après avoir admis vos limites, vous pouvez commencer à vous ouvrir un peu plus et à plonger dans cet inconfort, en sachant que vous avez beaucoup de choses à apprendre de cette situation.

Il est compréhensible que, après des décennies d'alimentation miracle et de lutte contre votre corps, il vous paraisse difficile ou effrayant de conserver l'esprit ouvert de la générosité. La générosité envers nous-mêmes peut être considérée comme une faiblesse, de l'égoïsme, de la voracité. Ne pas satisfaire ses besoins élémentaires est inconsciemment associé à une forme de sainteté. La minceur n'est pas nécessairement une vertu, mais il existe bel et bien une croyance selon laquelle il faut de la modération dans notre alimentation et dans ce qui touche à notre corps. Faire preuve de générosité envers soi-même est vu comme de la complaisance ou de la transgression. Si être généreuse envers vous-même vous paraît difficile à un moment donné, contentez-vous d'en prendre note. Soyez bienveillante et autorisez-vous à observer l'apparition de vos doutes et de vos peurs. Ne vous dites pas tout de suite que cette voie n'est pas faite pour vous. Voyez si vous parvenez à faire preuve de générosité vis-à-vis de votre combat même.

L'autocritique est le plus gros obstacle à la générosité qu'il faut avoir envers soi-même. Soit nous nous en sentons profondément indignes, soit nous attendons de devenir généreux, à force de pénitence, sans savoir précisément quand cela arrivera. C'est pour cette raison qu'il est important d'accéder à la perception qui nous reconnecte à l'intelligence de notre corps, sans le filtre de notre jugement. Grâce à la vue, à l'ouïe, à l'odorat, au goût et au toucher, notre corps absorbe et assimile le monde extérieur. Les bouddhistes pensent que l'éveil, la faculté de voir la véritable nature de la réalité, passe par les sens, lesquels sont toujours dans l'instant présent et se retrouvent aiguisés par la pratique de la méditation. En nous connectant à nos sens, nous voyons les choses comme elles sont, ce qui est, en soi, une forme d'éveil. Notre deuxième devise du lojong (voir la section « Les devises du lojong ») met l'accent sur ce point.

Examine la nature de la conscience intrinsèque.

Dans cette devise, nous dépassons nos jugements (bons ou mauvais) et nous nous penchons sur la nature pure des phénomènes tels qu'ils sont. Nous examinons avant tout la conscience intrinsèque dont nous sommes dotés, par l'intermédiaire des sens, ce que nous ressentons, voyons, sentons, entendons et goûtons, car nos sens expriment la réalité à l'état brut. Dans cet espace de perception brute, nous cernons ce que nous ressentons sans nous remettre en question. Nous jetons un regard plein de curiosité sur nos besoins sans émettre de jugement. Et nous répondons aux demandes de notre corps sans essayer d'anticiper. Agir sur la base de la conscience intrinsèque de nos sens, c'est également nous octroyer la permission absolue de manger ce que nous voulons, au moment souhaité et en décidant en quelle quantité (voir plus loin dans ce chapitre). Il ne s'agit pas de passer de la modération à l'extrême inverse, mais de lever les obstacles afin de découvrir nos véritables désirs. Ce n'est qu'en l'absence de toute restriction que nous pouvons commencer à mettre au jour nos préférences.

Examiner la nature de la conscience intrinsèque signifie également rompre avec toutes les influences extérieures qui nous disent quoi, quand et en quelles quantités manger, afin de se recentrer sur de véritables sensations de faim et de satiété, sur des préférences personnelles et sur ce qui nous satisfait. Nous nourrissons notre corps en valorisant son intelligence, celle-ci étant en partie connue sous le nom de conscience intéroceptive. L'intéroception est la faculté physique, sensorielle, de ressentir les signaux envoyés par notre organisme et de les comprendre en temps réel : la conscience de la nécessité d'aller aux toilettes, de notre cœur qui s'emballe, de la faim ou de la satiété. La méditation, avec l'accent mis sur le ressenti, accroît la conscience intéroceptive, la réceptivité aux sensations de faim et de satiété et la capacité à les interpréter. C'est tout à fait logique, étant donné que la méditation insiste sur le fait de ressentir son corps tel qu'il est, plutôt que d'essayer de changer quelque chose. La pratique de la méditation est un soutien direct et marqué de notre faculté d'examen de la conscience intrinsèque. Ressentir et cerner les informations reçues de notre corps en temps réel nous permet de réagir de manière précise, équilibrée et enrichissante. Au lieu de forcer ou de modifier ce que nous vivons comme nous l'avons fait avec l'alimentation miracle, nous prêtons attention à ce qui se produit de façon plus authentique, avec sincérité et curiosité, et nous répondons à nos véritables besoins.

Avant d'aller plus loin dans le concept d'intéroception et de nos sensations internes de faim, de satiété, de goût et de satisfaction, je vais d'abord identifier les nombreux facteurs externes, particulièrement variés, qui nous indiquent, quoi, quand et en quelles quantités manger, ne serait-ce que pour vous permettre de mieux repérer les moments où vous mangez *en dépit* de vos sensations internes.

Voici des signaux externes qui nous disent quoi manger :

- les conseils « Mangez ceci et pas cela » prodigués par les médecins, diététiciens, experts de la nutrition et coachs de santé ou ce que l'on lit dans les médias traditionnels et sur les réseaux sociaux ;
- les règles de régime spécifiques sur ce que nous devons et ne devons pas manger (régimes paléo, végan, uniquement à base d'aliments crus, sans gluten, pauvres en glucides, pauvres en graisses, sans aucun sucre) ;
- les croyances conscientes ou inconscientes concernant la nature bonne ou mauvaise, saine ou malsaine, pure ou sacrilège des aliments ;
- les aliments qui semblent appropriés dans certains contextes ou situations (des céréales au petit déjeuner, plutôt que de la salade, du pop-corn au cinéma plutôt qu'un cocktail de crevettes).

Voici des signaux externes qui nous disent quand manger :

- l'heure des repas (petit déjeuner, déjeuner, goûter, dîner) ;
- le moment de la journée (le réveil, l'arrivée au bureau, le coup de barre de 15 heures, lorsque l'on rentre du bureau, après avoir terminé de dîner, une fois les enfants au lit) ;
- la présence de nourriture même si nous n'avons pas faim (les restes du buffet d'une réunion qui s'est tenue dans la salle de conférences, le chariot des desserts qui apparaît après un bon repas au restaurant, des aliments nouveaux lors d'un séjour chez un ami) ;
- d'autres personnes nous encourageant à manger (« Tu vas me laisser manger seule ? » ou « Il faut que tu goûtes ça ! ») ;
- des situations au cours desquelles manger semble obligatoire (situation professionnelle, repas de famille, chandeleur, réveillon, gâteau d'anniversaire, nourriture offerte).

- des éléments déclencheurs en fonction de la situation (devant la télé, au cinéma, dans un stade, au cours d'un long trajet en voiture) ;
- des éléments déclencheurs émotionnels (colère, tristesse, solitude, stress, joie ou ennui).

Voici des signaux externes qui nous disent en quelle quantité manger :

- la taille de l'emballage ;
- les portions indiquées sur les étiquettes contenant les informations nutritives ;
- les chiffres ronds (10 chips, 20 amandes, etc.) ;
- la quantité servie, le fait de nous servir nous-mêmes ou de se faire servir par quelqu'un d'autre ;
- le nombre de calories, ou de sucre, de glucides, de protéines, de graisses ou de fibres dans un aliment particulier ;
- la quantité de nourriture mangée par les autres ;
- la quantité de nourriture restant dans un paquet, un emballage, un sachet ou une assiette ;
- certains éléments déclencheurs en fonction de la situation (devant la télé, attendre d'avoir trop faim, consommer de l'alcool, de la marijuana).

Il est complètement normal que vous soyez parfois influencée par des signaux externes. Lorsque nous faisons de nouveau confiance à notre intelligence, nous comprenons et respectons nos goûts personnels, lesquels peuvent être influencés par les situations et circonstances comme celles que je viens d'énumérer. Ceci dit, avec les méditations que je vous propose, ce qui vous pousse à manger est ce que vous ressentez, ce qui est décrit comme votre expérience interne de la faim, de la satiété, de vos préférences et de la satisfaction. Vos signaux internes sont les sensations physiques que vous éprouvez en étant pleinement à l'écoute de votre corps.

Examinons les sentiments associés à la faim et la satiété. La façon dont ces deux états se manifestent dans notre organisme est aussi unique que nous. Les échelles de la faim et de la satiété présentées ci-dessous, de 1 à 10, s'accompagnent de descriptions et d'explications sensorielles propres à ce que j'ai vécu *personnellement.*

Échelle personnalisée de la faim

Niveau de faim	Intensité	Sensations éprouvées
Pas faim	1	Absence de sensation de faim, neutralité de la bouche.
Légèrement faim	2-3	Sensation d'avoir l'estomac vide, légers gargouillements, premiers tiraillements d'estomac.
Faim	4-5	L'estomac gargouille, les tiraillements sont plus marqués, légère sensation désagréable au niveau de l'estomac, je pense à la nourriture.
Très faim	6-7	Gargouillements désagréables, haut de l'abdomen légèrement douloureux, je suis préoccupée par ma bouche, je suis incapable de me concentrer.
Faim de loup	8-9	Agacement, maux de tête, mâchoires serrées, les sensations au niveau de l'estomac se calment parfois.
Faim douloureuse	10	Partie supérieure du ventre (derrière la cage thoracique) douloureuse.

Échelle personnalisée de la satiété

Niveau de satiété	Intensité	Sensations éprouvées
Pas du tout repue	1	Absence de sensations de satiété, neutralité de l'estomac
Plus faim	2-3	Sensation que la faim a diminué ou est absente, mais l'estomac n'est pas encore dilaté et envoie une sensation agréable. Je peux encore manger sans difficulté.
Légèrement repue	4	Légère dilatation de l'estomac, la nourriture commence à me sembler moins bonne. Je suis proche de la satisfaction.
Repue mais à l'aise	5-6	Dilatation plus marquée de l'estomac, mais sans aucune gêne. Mon corps me dit que c'est assez. J'ai moins envie de mettre des aliments dans ma bouche.
Bien repue	7-8	La dilatation de l'estomac commence à être désagréable. Je commence à me sentir serrée dans mes vêtements au niveau du ventre. Le contact de la nourriture dans ma bouche est désagréable.
Gavée	9	Gros inconfort. Légère sensation de reflux. Léthargique.
Malade	10	Malaise physique, nauséeuse, j'ai besoin de m'allonger.

En nous familiarisant avec le ressenti de la faim et de la satiété, nous sommes capables d'identifier notre degré de faim et de satiété préféré. Je considère la faim et la satiété comme une conversation avec notre corps. Lorsque ce dernier envoie le premier signal de la faim, il vous informe d'un simple murmure. Quand vous éprouvez une légère sensation de vide au niveau de l'estomac, votre corps vous dit gentiment : *Nous devrions probablement commencer à penser à ce que nous allons manger au déjeuner.* Au bout d'un moment, la sensation se renforce. Vous entendez peut-être un gargouillis et le volume sonore de la conversation est un peu plus élevé : *C'est le moment. Tu m'écoutes ? J'ai besoin d'un peu d'énergie !* Et si vous ne répondez pas, les sensations deviennent très vite désagréables et le bouton du son est au maximum. *OHÉ !!! ARRÊTE CE QUE TU ES EN TRAIN DE FAIRE. MAINTENANT !*

Beaucoup de choses vont dépendre du moment où nous satisfaisons les besoins de notre corps au cours de cette conversation. Par exemple, si nous commençons à manger entre les premier et les deuxième signaux ci-dessus (légèrement faim ou faim), nous sommes plus susceptibles de sentir que nous avons faim à cet instant en particulier, de manger à un rythme plaisant et de remarquer l'apparition de la satiété. En revanche, si nous attendons le troisième signal, à savoir la partie de conversation EN MAJUSCULES, nous perdons la capacité de savoir ce qui nous fait envie. On peut alors se jeter sur un en-cas riche en glucides afin de faire rapidement le plein de sucres, manger plus vite, sans plaisir, et sans repérer la sensation de satiété, et en la dépassant allègrement.

Il nous est arrivé à tous et toutes d'avoir très faim, mais, pour une raison pour une autre, nous n'avons pas fait de pause repas. On constate alors que les sensations physiques semblent disparaître. Que nous sautions volontairement un repas ou que nous ne puissions pas interrompre une tâche qui doit absolument être terminée, nous considérons – à tort – que la faim a disparu. Cela ne signifie pas que votre corps n'a plus faim. Je manque de MAJUSCULES pour l'exprimer, mais ce qui se produit là est la même chose qu'être face à quelqu'un qui sollicite votre attention et que vous ne réagissez pas. Cette personne va se calmer pendant un moment, puis elle va aller dans la cuisine chercher une casserole sur laquelle elle tapera avec une louche. Une fois de retour, elle ne plaisante plus. Idem pour notre faim. Lorsque nous l'ignorons, elle revient en force. Et c'est normal ! Lorsque nous atteignons ce degré de faim, nous sommes susceptibles de manger davantage lors du repas à venir, ainsi que de ceux qui suivront. Et manger de cette manière s'apparente à de la frénésie, à une perte de contrôle et à de l'hyperphagie émotionnelle. Je traite l'hyperphagie émotionnelle dans le prochain chapitre consacré à la paramita de la discipline, mais lorsque l'on s'attache à mettre un terme à l'hyperphagie émotionnelle, il est extrêmement important de la distinguer du fait d'avoir trop faim, d'identifier et de répondre de manière appropriée aux sensations physiques de la faim afin de pouvoir manger agréablement et régulièrement au cours de la journée et non de façon chaotique.

Pour poursuivre l'analogie de la personne qui cherche à attirer votre attention, les sensations associées aux différents degrés de satiété démarrent par un murmure et vont jusqu'au hurlement. Le spectre de la satiété commence par le stade où nous n'avons plus faim – à savoir la sensation d'absence de la faim – et se poursuit avec différentes nuances souvent communiquées par une sensation grandissante de dilatation ou d'étirement physique de l'estomac, jusqu'au point de ressentir un véritable malaise, voire des symptômes de vomissements, des nausées ou une douleur.

L'une des premières sensations physiques de l'apparition de la satiété est la suivante : le goût de la nourriture se met à être un peu moins marqué. Cette connexion entre le goût agréable des aliments et le degré de faim est une caractéristique liée à l'évolution qui nous incite à manger lorsque nous avons besoin de nourriture et à cesser lorsque nous en avons ingéré assez. Nous prêtons attention au goût d'un aliment lorsque nous le mangeons, nous remarquerons peut-être qu'il existe une différence entre la première bouchée et la vingtième. Mais parfois, nous souhaitons simplement continuer à manger. Vous avez peut-être observé ce phénomène lorsque vous dînez avec un groupe d'amis. Quelques minutes après le début du repas, le corps commence à être satisfait et les récompenses gustatives envoyées au cerveau diminuent. Mais si la nourriture est bonne et l'ambiance agréable, les convives peuvent avoir envie de continuer à manger, même si le plaisir est moindre. À ce stade, afin de retrouver la perception agréable du goût de la nourriture qu'ils avaient en début de repas, les convives se jettent sur la salière.

Quand nous pensons d'emblée à la faim et à la satiété, nous pouvons croire qu'il n'existe que deux conditions extrêmes : être carrément affamé et gavé, avec de brefs moments quelque part au milieu où nous n'avons pas faim et nous ne sommes pas repus. Cependant, tout comme un réservoir d'essence est rarement complètement vide ou complètement plein, notre corps enregistre de nombreux degrés de faim et de satiété entre les deux extrêmes cités. En outre, la faim et la satiété n'existent pas forcément sur un seul spectre. Il est possible de se sentir un peu repu tout en ayant encore faim. Voilà pourquoi les deux échelles sont séparées et doivent être utilisées au même moment. Lorsque nous prenons conscience des sensations physiques de la faim et de la satiété, nous remarquons la nature spécifique à notre corps de ces nuances entre les deux extrêmes.

À vous ! Commencez par identifier les degrés de faim et de satiété éprouvés lors de votre expérience de repas la plus agréable en utilisant les deux échelles de la faim et de la satiété ci-dessous. Vous pourrez ainsi déterminer les sensations corporelles associées aux différents stades. Sur l'échelle de la faim, le chiffre 1 représente l'absence de faim tandis que le chiffre 10 constitue la faim la plus intense jamais éprouvée par votre corps. Il en va de même pour l'échelle de la satiété, où le chiffre 1 représente l'absence de satiété tandis que le chiffre 10 constitue la satiété la plus intense jamais éprouvée par votre corps.

Votre échelle de la faim

Niveau de faim	Intensité	Sensations éprouvées
Pas faim	1	
Légèrement faim	2-3	
Faim	4-5	
Très faim	6-7	
Faim de loup	8-9	
Faim douloureuse	10	

Votre échelle de la satiété

Niveau de satiété	Intensité	Sensations éprouvées
Pas du tout repue	1	
Plus faim	2-3	
Légèrement repue	4	
Repue mais à l'aise	5-6	

Niveau de satiété	Intensité	Sensations éprouvées
Bien repue	7-8	
Gavée	9	
Malade	10	

En nous familiarisant avec les sensations physiques de la faim et de la satiété, nous évitons les extrêmes. En nous nourrissant régulièrement et de manière substantielle, nous sommes débarrassées du malaise physique lié à la faim et à la satiété extrêmes. De tels extrêmes contraignent l'organisme, et pourtant, nombre de personnes ayant déjà pratiqué l'alimentation miracle ont le sentiment de ne mériter de manger que lorsqu'elles éprouvent une faim très intense. En examinant la nature de notre conscience intrinsèque, celle qui nous dicte nos sensations avec le plus d'acuité, nous répondons plus tôt dans la « conversation » à notre corps, lorsqu'il nous demande à être nourri. Nous mangeons régulièrement tout au long de la journée et nous ne passons généralement pas plus de quatre heures sans nous alimenter.

Apprendre à connaître tout le spectre de vos sensations de faim vous permet de finir par identifier le degré le plus compatible avec une expérience de repas agréable. Pour la plupart des gens, cela signifie avoir suffisamment faim pour apprécier le goût de la nourriture, sans atteindre un degré de faim qui vous fait perdre tout contrôle lorsque vous vous mettez enfin à table. C'est le *juste milieu*, ni trop, ni trop peu. Dans le même ordre d'idées, vous serez également capable d'identifier le degré de satiété le plus agréable pour vous. Vous prendrez peut-être des repas moins importants, mais plus souvent au cours de la journée et vous mangerez peut-être donc jusqu'à éprouver un degré de satiété moins élevé (entre la sensation de « je n'ai plus très faim » et « je n'ai plus du tout faim »). En mangeant jusqu'à atteindre un degré de satisfaction un peu inférieur au seul de satiété complète, vous aurez de nouveau faim plus vite, à moins que vous préfériez prendre trois repas par jour et aucun en-cas, pour atteindre un degré de satiété plus important (une satiété agréable ou même, la sensation d'être bien repue). Si vous atteignez ce degré plus important de satiété, il se passera probablement plus de temps avant que vous ne ressentiez de nouveau la faim.

Il vous sera peut-être également nécessaire de procéder à des ajustements en fonction de la situation rencontrée. Si vous ressentez la faim une heure avant un dîner au restaurant, vous pouvez choisir de manger quelque chose de très léger, jusqu'à ne plus éprouver de faim. Ainsi, vous arrivez au restaurant avec le niveau de faim souhaitée. Si vous avez de nombreuses réunions dans la journée et que vous n'avez pas le temps de vous ménager un en-cas, vous pouvez choisir d'atteindre un degré de satiété plus important au cours du déjeuner afin de pouvoir tenir sans aucun repas jusqu'au soir. Bien que nombre d'entre nous aient leur propre schéma, en termes d'alimentation – des repas plus légers et plus fréquents ou des repas moins nombreux et plus copieux –, l'approche de *Je m'aime donc je mange* implique d'être réceptive à l'évolution des besoins de votre corps afin que les différents facteurs (nature des aliments, moment où vous mangez et quantité ingérée) varient en fonction de vos besoins sur le moment. La clé est de faire preuve de souplesse.

Lorsque nous mangeons en nous fiant aux sensations internes, régulièrement et sur la durée, notre poids se régule. Notre corps trouve naturellement la configuration la plus agréable et confortable, sans aucun contrôle extrême. Ce sont les expériences vécues par votre corps qui détermineront ce poids de croisière. Peu importe s'il est plus haut ou plus bas que ce que vous vous êtes fixé comme « norme ». Comme évoqué précédemment, tous les corps et toutes les corpulences sont dans la nature. Votre poids naturel est celui que vous pouvez conserver sans lutter contre vous-même, sans frustration ni privation.

Lorsque vous mangez régulièrement tout au long de la journée et que vous découvrez le juste milieu en termes de faim et de satiété, vous remarquerez sans doute un changement dans votre approche générale de l'alimentation. Nombre de mes clientes qui mangeaient très modérément tout au long de la journée, puis faisaient des excès le soir, ont constaté que le fait de manger régulièrement au cours de la journée permettait de diminuer le ressenti physique et émotionnel déclenchant l'hyperphagie du soir. Certaines ont remarqué que leur besoin de boire du café, du thé ou des sodas diminuait et qu'elles aimaient moins manger des produits riches en sucres entre les repas, puisque leur corps était capable de maintenir un taux de glycémie équilibré tout au long de la journée. Si vous vous êtes déjà privée par le passé, manger régulièrement vous donnera peut-être le sentiment dans un premier temps de manger sans arrêt, mais sachez qu'avec le temps, cela se régulera. Ayez confiance en la capacité de votre corps à vous guider en termes de besoins.

Lorsque vous étudiez vos sentiments et vos ressentis, voici des questions susceptibles de vous aider à commencer à faire le lien entre le degré de faim à partir duquel vous vous mettez à manger et la prise de nourriture qui s'ensuit.

À vous ! Observez ce que vous ressentez lorsque vous vous mettez à manger avec un degré de faim situé entre 1 et 3, entre 4 et 7 ou entre 8 et 10. Est-ce que vous savez ce dont vous avez envie lorsque vous commencez à manger à ces différents degrés de faim ? À quelle vitesse mangez-vous ? Est-ce que le goût des aliments vous satisfait et est-ce que vous appréciez alors de manger ? Jusqu'à quel degré de satiété avez-vous tendance à manger ?

Quel est votre juste milieu en matière de faim et de satiété ? En quoi est-ce généreux de respecter votre juste milieu personnel ?

Lorsque nous étudions la nature de la conscience intrinsèque ramenée aux sensations physiques de la faim et de la satiété, nous remarquons à quel point les concepts, croyances et jugements nuisent à une réaction honnête. Lorsque nous prêtons attention à nos sensations internes, nous commençons à remarquer les contradictions avec lesquelles nous vivons, des paradoxes profondément ancrés dans notre esprit et souvent propagés par le monde extérieur. À combien de reprises avez-vous déjà pensé les choses suivantes ?

- « Je ne devrais pas avoir faim, j'ai mangé il y a une heure. »
- « C'est l'heure du déjeuner, je devrais manger quelque chose. »
- « J'ai envie de glucides, de chocolat, de quelque chose de salé, mais je ne dois pas en manger. »
- « J'ai encore faim, mais je me suis déjà servie une fois. Je devrais arrêter de manger. »
- « Je suis repue, mais mon assiette n'est pas terminée. Il faut que je la finisse. »

Bien que les sensations de faim et de satiété soient des expériences physiques internes propres à votre corps – ce qui prouve bien que vous êtes la personne la mieux placée pour juger ce que vous voulez manger, quand et en quelle quantité –, il peut arriver d'être plus sensible à un critère extérieur. Cela ne pose pas de problème. Cette dissonance survient dès que vous remettez en question ces critères extérieurs. Ainsi, vous serez plus prompte à remarquer les moments où vous êtes incitée à vous comporter de manière bien précise en fonction de facteurs externes. Il est également important d'avoir conscience que ces signaux externes nous poussent à manger lorsque nous n'avons pas faim, comme lorsqu'il est bientôt l'heure de passer à table, alors que nous n'avons pas encore faim, et lorsque nous nous empêchons de manger quand la faim nous tenaille à 11 heures, sous prétexte qu'il n'est donc pas encore l'heure de déjeuner.

À vous ! Quels sont les signaux externes qui vous empêchent le plus souvent d'être à l'écoute de vos sensations internes de faim et de satiété ? Comment pouvez-vous alors délibérément recentrer votre attention sur vos sensations internes ?

L'examen de la nature de notre conscience intrinsèque nous aide non seulement à vivre l'expérience alimentaire la plus agréable possible, accompagnée d'un plaisir et d'une efficacité totale. Il existe peu d'études sur la corrélation qui existe entre nutrition et plaisir, mais celle publiée à la fin des années 1970 est intéressante. Elle a montré que le plaisir éprouvé au cours d'un repas pouvait influer sur l'assimilation des nutriments. Des équipes de chercheurs en Thaïlande et en Suède ont collaboré pour étudier le rôle des préférences alimentaires culturelles dans l'assimilation du fer. Au cours de la première phase de l'étude, on a servi à des femmes thaïlandaises et suédoises un plat thaï à base de riz, de légumes, de noix de coco et de pâte de piments. Ce plat a été généralement plus apprécié par les femmes thaïlandaises, qui ont également absorbé deux fois plus de fer que les Suédoises (qui ont moins aimé ce plat). Lorsqu'on leur a servi un plat traditionnel suédois à base de hamburger, de purée de pommes de terre et de haricots verts, les Suédoises ont absorbé plus de fer que les Thaïlandaises. Dans la seconde phase de l'étude, les participantes ont été réparties en sous-groupes. On a donné à la moitié des femmes un plat traditionnel thaïlandais ou suédois tandis que l'autre moitié a bénéficié des mêmes plats, mais ces derniers avaient été réduits en purée, au mixeur, et étaient donc moins bons. Les femmes ayant reçu la version la moins bonne du plat, laquelle contenait pourtant exactement la même quantité de nutriments, ont moins bien absorbé le fer. Sans entrer de nouveau dans un débat pour ou contre l'alimentation en pilules, cela laisse entendre que vous n'êtes pas uniquement sensible à ce que vous mangez, vous êtes aussi sensible *à la façon dont* vous le mangez. Le plaisir éprouvé lorsque l'on se nourrit est important, que cela influe ou non sur la qualité d'absorption des nutriments. La joie de manger est l'un des plaisirs les plus simples de la vie, car elle nous connecte à notre bonté élémentaire et à celle des autres.

Un moyen simple de connaître la joie de manger est l'alimentation de pleine conscience. Manger en pleine conscience a pour origine une tradition bouddhiste zen appelée oryoki, que l'on peut traduire par *juste ce qu'il faut*. L'oryoki se pratique en groupe dans des retraites de méditation et consiste en un ballet minimaliste pour se servir, manger en silence, débarrasser la table, tout en portant toute son attention sur la tâche à exécuter. L'oryoki insiste sur la nécessité de se concentrer sur chacun des gestes à accomplir, sur le fait de prendre son temps et d'apprécier toute la profondeur et l'ampleur du processus, en harmonie avec son corps. Bien que l'oryoki soit une discipline personnelle, que chaque individu pratique seul (même dans une salle en compagnie d'autres personnes), elle a des répercussions très larges. Un exercice d'une telle simplicité implique de ramener votre attention sur une seule chose à la fois. Ralentir le rythme et se connecter à la perception brute des images, des sons, des odeurs, des goûts et des textures fait que l'on se coupe des injonctions extérieures nous indiquant comment manger et prendre soin de nous. En outre, manger en pleine conscience ou pratiquer l'oryoki nous permet de rester assises dans le silence (seules ou en compagnie d'autres personnes) et d'apprécier notre connexion aux autres, qu'il s'agisse des personnes assises juste à côté de nous ou de celles qui ont cultivé les aliments, les ont transportés et préparés.

Voici un exercice classique consistant à manger un raisin sec en pleine conscience : étudiez-le avec les yeux, les doigts et le nez avant de le placer dans votre bouche et savourez-le au ralenti avant de le mâcher, puis de l'avaler. Quiconque vit à un rythme effréné et expédie ses repas en quelques minutes aura du mal à s'imaginer prendre du plaisir en mangeant un simple raisin sec. Manger en pleine conscience n'est pas obligatoirement un exercice aussi pointilleux. Comme avec tous les aspects de ce programme, faites ce qui revêt le plus de sens pour vous.

L'UNE DE MES premières clientes, Pina, est venue me consulter parce qu'elle n'arrêtait pas de piocher des M&M's par poignées dans le bol situé sur le bureau de sa secrétaire, à 15 heures précises. Nous avons décidé d'effectuer un exercice consistant à manger en pleine conscience des M&M's tout en ralentissant la cadence et en les ingérant un par un. Lorsqu'elle a porté le premier M&M's à la hauteur de ses yeux, Pina a constaté que c'était la première fois qu'elle en observait vraiment un. Elle a remarqué des petites fêlures apparaissant sur son enveloppe, que chaque cacahuète avait une forme particulière et qu'elle salivait à l'idée de les manger. Mais en mangeant lentement l'un de ces M&M's, elle a pris conscience, à sa grande surprise, qu'elle n'aimait pas particulièrement les M&M's. Lorsqu'elle les engloutissait, elle était en proie à une faim extrême et à un besoin émotionnel de faire une pause. Une poignée de M&M's noyait complètement les sens du goût et du toucher, et cela occultait le fait que, pris séparément, ces cacahuètes n'étaient même pas bonnes. Conclusion de cette expérience, Pina a décidé de s'octroyer un déjeuner plus satisfaisant, d'avoir avec elle des en-cas substantiels lorsque la faim ferait naturellement son apparition en milieu d'après-midi, de modifier la nature de cette pause lorsqu'elle n'aurait pas particulièrement faim et de stocker des oléagineux, un peu de chocolat et des fruits secs dans son bureau pour les fois où cette envie spécifique surgirait.

Pour manger en fonction de ses sens, il faut commencer par choisir des aliments qui satisfont l'œil, le nez, le palais (goût et texture) et même l'oreille. Le fait de mettre l'accent sur l'aspect, l'arôme, le goût et la texture, et de réellement savourer ce que vous mangez permet de synchroniser votre esprit avec votre corps. Vous remarquez ainsi ce que vous vivez et l'évolution de l'expérience d'un instant sur l'autre. Vous observerez peut-être par exemple que vous avez des préférences particulières concernant la température à laquelle est servi un plat, le bon dosage des épices, des envies particulières à différentes heures de la journée et divers moments de l'année, les textures, les portions et la qualité des ingrédients. Vous repérerez peut-être même que vos aliments préférés ne sont pas ce que vous imaginiez et que d'autres font leur apparition dans le classement des aliments particulièrement satisfaisants et agréables au goût.

On entend souvent dire que nous mangeons d'abord avec nos yeux, car nous regardons généralement la nourriture avant de la goûter. Le choix des aliments agréables à l'œil accroît notre satisfaction en nous connectant à leur beauté. Par extension, consommer de beaux éléments de bonne qualité, pas nécessairement coûteux, nous donne le sentiment de prendre soin de nous. Voici aussi ce que revêt le terme « générosité ». Nous finissons par savoir faire la différence entre satisfaire la faim physique d'une manière agréable à l'œil et manger quand nous n'avons pas faim parce que la vue d'un produit appétissant a déclenché une envie. Une attention constante et une pratique régulière vous permettront d'atteindre un stade auquel vous apprécierez et éprouverez de la satisfaction rien qu'en jetant un œil à de beaux aliments, même s'il s'avère que vous n'avez pas faim au moment où vous les regardez. Il peut être difficile de s'imaginer apprécier de belles pâtisseries dans une vitrine sans les manger, mais une fois que vous aurez ressenti que la nourriture présente le meilleur des goûts quand sont réunies la faim physique et une envie spécifique, vous serez en mesure d'admirer la beauté d'un aliment même si vous ne le mangez pas sur-le-champ. Cela ne signifie pas qu'il vous est interdit de manger lorsque vous n'avez pas faim. Manger est toujours une option, sans aucune réserve, et il s'agit là d'un point subtil mais essentiel. Dans cette situation, il n'existe pas un bon et un mauvais choix, mais uniquement *votre* choix et un enseignement à en tirer. L'important est de choisir ce que vous sentez être bon pour vous, sur la base de vos propres critères. Lorsque vous avez l'habitude de manger en pilotage automatique, la liberté de choix fait toute la différence.

Tout comme nous choisissons des aliments beaux à l'œil, la conjonction des arômes, des goûts et des textures de la nourriture contribue à un plaisir unique. Encore une fois, il existe une différence entre apprécier les odeurs, les goûts et les textures des aliments lorsque vous répondez à une faim physique, et être attirée par un arôme bien particulier, ou l'envie d'un goût ou une texture précise en bouche, lorsque vous n'avez pas physiquement faim. En nous entraînant à prendre note de nos désirs, nos caprices, nos envies inexpliquées, en renforçant l'idée que nous avons la permission absolue de manger ce que nous désirons vraiment, au moment où nous en avons envie et en mangeant à notre faim réelle, nous serons de plus en plus capables de répondre à nos besoins véritables avec précision et intelligence, au lieu de céder à une pulsion. Parfois, nous désirons simplement avoir en bouche quelque chose de croquant, de salé, de crémeux ou de gras indépendamment de toute faim physique. À d'autres moments, nous avons le sentiment que l'aliment dont nous avons vraiment envie ne parviendra pas à satisfaire notre véritable désir, quelle que soit la quantité. J'approfondirai la dimension émotionnelle dans le chapitre suivant, consacré à la paramita de la discipline.

Comme évoqué ci-dessus, le goût d'un aliment change à mesure que nous mangeons et que notre corps est satisfait, car notre cerveau perçoit le goût de la nourriture comme étant de moins en moins bon.

ANDREA A REMARQUÉ un soir que sa perception d'un aliment préféré avait changé alors qu'elle était en train de manger une coupe de glace à la noisette après le dîner. Nous travaillions ensemble depuis plusieurs mois et avions évoqué cette notion, mais nous avions également parlé du fait qu'elle ne devait pas précipiter le mouvement. Elle y parviendrait quand ce serait le moment pour elle. Un jour, lorsque Andrea est entrée dans mon cabinet pour une séance, elle m'a dit que la veille au soir, alors qu'elle dégustait sa glace en sollicitant tous ses sens, elle avait découvert une différence nette entre la cuillerée numéro 9 et la cuillerée numéro 10 et qu'elle avait décidé d'arrêter de manger. Elle a repéré qu'elle avait atteint le mystérieux stade où l'on en a « assez ». Au départ, Andrea avait décidé que la démarche la plus généreuse pour elle était de manger autant de glace qu'elle en avait envie. Après avoir pris conscience qu'elle en avait assez, elle a su que la véritable générosité consistait précisément à poser sa cuillère à ce moment-là.

Si le sens du toucher approfondit notre connexion à la nourriture, le fait de choisir un aliment en le manipulant de nos mains produit le même effet. Nombre de clientes décrivent un sentiment de satisfaction plus fort lorsqu'elles choisissent leurs ingrédients, préparent elles-mêmes leurs repas et en-cas, même s'il ne s'agit pas de grande cuisine. Tout comme le choix d'ingrédients et de produits de la meilleure qualité possible en fonction de vos moyens, cuisiner soi-même est une façon de prendre soin de soi, ce qui rend le processus plus satisfaisant et agréable. Il y a une grande différence entre le fait d'ouvrir la porte au livreur de pizza et prendre le temps de fabriquer la pâte, de préparer les ingrédients et d'enfourner le tout. Une pizza maison sera plus agréable à manger. Ceci dit, libre à vous de vous faire livrer un repas quand vous en avez envie – le plaisir de ne pas devoir préparer à manger après une journée particulièrement épuisante compte beaucoup ! L'essentiel est d'avoir le choix et de privilégier ce qui procure le plus de plaisir. Avec le temps et un peu de pratique, cette façon de prêter attention se transforme en capacité à déchiffrer ce qui serait le plus agréable en fonction de la situation.

L'un des aspects les plus connus de la sollicitation des sens lorsque vous mangez est de ralentir la cadence. Les caractéristiques peuvent différer d'une personne et d'une situation à l'autre. À vos yeux, ralentir le rythme peut signifier vous dégager du temps pour prendre un repas, au lieu de le sauter, manger assis et non en coup de vent ou debout devant l'évier ou éliminer les sources de distraction comme la télévision, votre portable ou votre ordinateur. Il peut également s'agir de passer les cinq ou dix premières minutes d'un repas dans le silence, afin de vous concentrer avant tout sur la sensualité des aliments. Le fait de prendre une bouchée avec attention et intention vous connecte vraiment à l'instant présent, à la nourriture et à votre corps. C'est cette connexion sensorielle qui nous permet de ressentir avec précision, ouverture d'esprit et curiosité ce qui est en train de se passer. Autre avantage, être axé sur l'instant présent accroît notre plaisir !

En intégrant la générosité à notre relation avec la nourriture et notre corps grâce au lien tissé avec la perception sensorielle, nous commençons à comprendre que nous pouvons faire confiance à notre corps. À chaque fois que l'expérience vécue permet à la conscience de notre corps de manger d'une façon agréable, satisfaisante et conforme à notre appétit, nous gagnons en confiance. Lorsque cette confiance en votre corps et en votre jugement augmente, vous êtes libre de faire preuve d'une plus grande générosité.

Dans la pensée bouddhiste, il existe trois types de générosité : la générosité ordinaire, la générosité de l'absence de peur et la générosité du saint *dharma*. La générosité ordinaire consiste à prendre soin de nous-mêmes et des autres, à fournir du réconfort sous la forme de biens et d'actes destinés à rendre service, et à nous traiter, ainsi que les autres, avec gentillesse. L'absence de peur implique de vous lancer sur cette voie même si vous ne vous sentez pas sûre ou prête à 100 % et si vous supportez un certain degré d'incertitude tout en faisant confiance au processus. En l'absence de peur, votre générosité s'oriente vers l'extérieur, à travers votre façon de vous présenter au monde, de parler de votre corps et de tous les corps et d'abandonner le langage et les conversations traitant de l'alimentation miracle au profit de quelque chose de plus bénéfique. La troisième forme de générosité consiste à partager le *dharma* avec les autres, soit la vérité à propos des effets néfastes de l'alimentation miracle et de l'auto-agression. Cela ouvrira votre entourage à une nouvelle manière de vous soutenir dans votre cheminement et aidera peut-être certains à avoir un rapport différent à leur propre corps.

La pratique de la méditation pourrait être considérée comme ces trois formes de générosité. Il s'agit d'une forme de générosité ordinaire et de soins en ce sens que nous nous acceptons tels que nous sommes, sans agressivité et sans jugement. Ne craignez pas de faire des pauses afin de ressentir ce qui se passe dans l'instant présent, dans ce monde devenu fou où il faut toujours être actif. Il s'agit d'un partage du *dharma* même si vous restez discrète quant à votre pratique, car la manière dont vous vous comportez dans le monde subit l'influence de la stabilité et de l'ouverture d'esprit que vous apporte la méditation.

1. LA GÉNÉROSITÉ ORDINAIRE

La satisfaction

La pratique de la générosité ordinaire envers soi-même suppose de faire de la satisfaction une priorité. Celle-ci existe à deux niveaux : physique et psychologique. La satisfaction physique est ce qui se produit lorsque vous ingérez suffisamment d'énergie pour le bien-être de votre corps. Il s'agit de satisfaire un besoin d'une manière purement fonctionnelle en assimilant les trois macronutriments que sont les glucides, les protéines et les lipides. Ces trois macronutriments satisfont l'organisme de diverses manières (voir le chapitre sur la paramita de la sagesse, p. 249). Cependant, la « satisfaction » que procure la bonne quantité de glucides, de protéines et de lipides ingérée, quantité dont votre corps a *besoin*, diffère du plaisir ressenti lorsque vous mangez un aliment dont votre corps (ainsi que votre esprit et votre cœur) a *envie*. Vous est-il déjà arrivé de manger quelque chose et d'en éprouver une satisfaction physique, mais pas psychologique ? Vous vous êtes sentie rassasiée, alors que vous rêviez d'autre chose ? Vous avez peut-être déjà éprouvé une certaine insatisfaction au cours d'un cocktail, après avoir mangé des canapés et des petits-fours, parce qu'en réalité, vous aviez envie d'un repas complet, à table ? Ou, de la même façon, vous avez éprouvé une frustration après un plat composé de saumon grillé et de brocolis cuits à la vapeur, alors que vous ne rêviez que d'une chose, des pâtes. La couche supplémentaire de satisfaction psychologique (ou émotionnelle) vient du fait de manger ce que vous voulez et de la manière souhaitée, soit grâce à des caractéristiques sensorielles telles que l'apparence, l'arôme, le goût, la texture, la température et la capacité nourrissante, soit grâce à des associations agréables liées à des expériences passées, soit simplement grâce au fait d'être pleinement dans l'instant présent et de vous connecter à vos sens.

L'alimentation intuitive, modèle validé par la science et créé par les diététiciennes Evelyn Tribole et Elyse Resch, considère la satisfaction comme le « moteur » de l'alimentation, en fonction des sensations internes. Après avoir passé des décennies à guérir des patients d'une alimentation erratique, Evelyn Tribole et Elyse Resch placent désormais la satisfaction au centre des principes de l'alimentation intuitive. Un véritable sentiment de satisfaction, qui repose sur le fait de manger précisément ce que vous souhaitez, quand vous le voulez et en respectant la quantité qui vous fait dire que vous en avez assez, est essentiel pour entretenir une relation apaisée et durable avec la nourriture. La clé pour comprendre ce qui vous satisfait psychologiquement est de vous accorder la permission absolue de manger et de considérer tous les aliments de la même façon, sur le plan moral. Cela signifie que la carotte et le gâteau à la carotte sont simplement deux aliments avec des taux de glucides, de protéines et de graisses différents. L'un n'est par essence pas meilleur ou pire que l'autre, plus ou moins sain que l'autre. Ce n'est que grâce à cette permission absolue de manger que vous commencerez vraiment à comprendre comment fonctionnent vos envies, pourquoi vous avez envie de tels aliments et de quelle quantité vous avez besoin pour avoir le sentiment d'avoir assez mangé. Comme le dit ma cliente Patricia, « Ce n'est qu'après avoir arrêté d'essayer de contrôler tout ce que je mangeais que j'ai senti que la situation était sous contrôle ».

Je demande souvent à mes clientes quel serait leur mode d'alimentation si la satisfaction était leur but suprême. Elles commencent par répondre que le fait de manger des aliments qu'elles se sont toujours interdits contribuerait à accroître leur satisfaction. Les gâteaux, les cookies, les glaces, les bonbons, le chocolat, les pâtisseries, les pizzas, les plats à emporter et les produits de restauration rapide apparaissent en tête de liste. Il ne faut pas sous-estimer le désir que nous éprouvons pour les choses que nous ne sommes pas censées désirer. J'ai vécu ça de près lorsque j'étais enceinte et que l'on m'a conseillé de ne pas manger de fromage au lait cru, ni de charcuterie à cause du risque de toxoplasmose. En temps normal, je ne pensais jamais à ce genre d'aliment, mais devinez ce à quoi je rêvais jour et nuit, pendant ma grossesse ? De manger du roquefort et du chorizo, simplement parce qu'ils m'étaient interdits.

Lorsque nous ne nous accordons pas la permission de manger, un mécanisme de compensation se met en marche. Lorsque vous ne voulez pas céder à l'envie d'un aliment en particulier et que vous choisissez une option « plus sûre », vous êtes susceptible de manger une quantité plus importante de ce plat de substitution, sans en avoir réellement besoin. Cette tendance à compenser un manque de qualité par une plus grande quantité d'un aliment moins satisfaisant vise à une satisfaction que vous auriez ressentie en mangeant ce que vous souhaitiez au départ. Même après avoir trop mangé d'un substitut peu satisfaisant, nombre de clientes (et c'était aussi mon cas par le passé) en viennent de toute façon à manger ce dont elles avaient envie en première instance, afin d'atteindre ce degré idéal de satisfaction. Mais au final, elles sont à côté de la plaque, car ne plus avoir faim et avoir trop mangé ne procure pas le plaisir de ce dont on rêvait de manger au départ. Dans cette situation, la décision sage et généreuse aurait été de manger ce dont elles avaient vraiment envie, de vivre pleinement ce moment et de s'autoriser à l'apprécier totalement.

Pendant nos séances, mes clientes commencent à s'autoriser à manger ce qu'elles souhaitent, plus particulièrement les aliments qu'elles s'interdisaient par le passé. Elles continuent également de manger des aliments auparavant considérés comme sains, mais en leur portant un autre type d'attention. Résultat, elles commencent à découvrir ce qu'elles aiment vraiment. Vient ensuite la prise de conscience que ces aliments interdits, ceux-là mêmes pour lesquels elles se seraient damnées, eh bien à force, ils ne cassent vraiment pas des briques. Ou bien elles aiment ces aliments, mais seulement dans certaines circonstances, en quantité bien précise, d'une certaine marque qui propose de l'excellente qualité. Autre cas de figure, nombre de personnes réalisent qu'elles n'aiment pas tant que ça les aliments qu'elles mangeaient par obligation, parce qu'ils étaient censés être bons pour la santé ou peu caloriques, et elles s'autorisent à ne pas les consommer. Ou bien, au contraire, elles s'aperçoivent qu'elles les aiment vraiment et continuent donc d'en manger, mais par plaisir et non plus par obligation.

LORSQUE NOUS AVONS COMMENCÉ à travailler ensemble, Melissa était persuadée d'avoir un corps différent de celui de mes autres clientes. Elle pensait ne pas pouvoir faire confiance au sien pour l'orienter vers une alimentation variée et que, si on la laissait se débrouiller seule, elle mangerait des cheeseburgers, des frites et des milk-shakes au chocolat du matin au soir. « Essayez », lui ai-je conseillé. Il a fallu beaucoup insister pour qu'elle s'accorde l'autorisation de manger ce qu'elle désirait vraiment, sans aucune restriction. Après avoir finalement accepté, l'envie de cheeseburgers a duré une demi-journée. En rentrant du travail, Melissa a vu de jolies pêches sur un étalage et a pris conscience que c'était ce dont elle avait vraiment envie sur le moment. L'idée que son corps soit capable de lui dire quoi manger et de l'orienter vers une alimentation variée et équilibrée semblait trop beau pour être vrai. Melissa devait se le prouver.

Toute restriction, réelle ou imaginaire, imposée par soi-même ou un autre facteur, provoque un phénomène de résistance. Éliminez la restriction et vous évacuez du même coup toute la tension qui accompagne la résistance. Il s'agit là d'un acte authentique de générosité. C'est là que vous commencerez à identifier ce que vous aimez vraiment. Cette permission que vous vous accordez influe non seulement sur ce que vous choisissez de manger, mais également sur la quantité à ingérer pour arriver au stade de la satiété. Encore une fois, au début de notre collaboration, les clientes imaginent que le plaisir qu'elles vont ressentir sera proportionnel à la quantité de nourriture qu'elles vont pouvoir consommer. Or, dès qu'elles se sont accordé l'autorisation de manger autant qu'elles le souhaitent vraiment, dans une situation donnée, elles prennent conscience que cette envie frénétique est imaginaire. Celle-ci commence à s'estomper et elles découvrent que la quantité nécessaire pour éprouver de la satisfaction est plus nuancée. À d'autres moments, elles comprennent que manger davantage correspond à un moment où le corps a un besoin énergétique spécifique.

Parmi les autres facteurs de satisfaction figurent nos valeurs alimentaires. Ce sont des principes qui guident votre mode d'alimentation en raison de leur impact sur qui nous sommes. Ces facteurs sont importants et représentent certaines raisons pour lesquelles notre relation avec la nourriture et l'alimentation est par nature émotionnelle (et c'est une bonne chose !). Mais de temps en temps, nos valeurs alimentaires sont en contradiction avec nos sensations physiques de faim et de satiété. Le cas échéant, vous devez choisir votre priorité, sachant qu'il n'y a pas de bonnes ou de mauvaises réponses, mais simplement des choix à faire, qui vont évoluer au fil du temps. L'alimentation miracle peut prendre l'apparence d'une valeur alimentaire. Vous seule saurez démêler le vrai du faux dans cette situation. Il est donc important que vous soyez honnête avec vous-même.

Une valeur alimentaire que l'on rencontre fréquemment dit qu'il ne faut pas gaspiller la nourriture – c'est une notion symbolique, quasiment archaïque, de respect du pain gagné à la sueur de notre front, et pour toutes les personnes qui ne mangent pas à leur faim. Si le fait de ne pas gâcher la nourriture fait partie de vos valeurs alimentaires (y compris le fait de profiter de produits gratuits), pensez à des moyens de respecter vos sensations internes de faim et de satiété, tout en étant en accord avec vous-même. Se forcer à finir un plat pour ne pas gâcher n'est pas votre seule option. Congeler, donner ou composter de la nourriture peut vous permettre de respecter vos signaux de satiété ainsi que vos valeurs alimentaires.

De même, certaines personnes tiennent à manger des produits et de la viande bio ou distribués en circuits courts, ou uniquement des produits de saison. Si cela fait partie de vos valeurs, vérifiez si le respect de ce critère génère parfois un sentiment de privation (du fait de ne pas pouvoir manger quoi que ce soit qui déborde de ce cadre), de culpabilité ou des remords (parce que vous vous êtes autorisée à manger des aliments « interdits »). Être obnubilée par le fait de « manger sain » est en soi une forme de trouble alimentaire, connue sous le nom d'orthorexie. Ce trouble doit être identifié, il s'accompagne généralement d'effets néfastes sur la santé tout entière, pas uniquement sur la santé mentale. Soutenir les producteurs et les fournisseurs bio, locaux et saisonniers est en soi une très bonne chose, et vous pouvez le faire tout en vous autorisant aussi des nuances.

Les végans ou les végétariens expriment eux aussi des valeurs alimentaires fortes. Faire ce choix, pour des raisons éthiques, est tout à fait défendable, mais si vous n'êtes pas en mesure de satisfaire vos besoins nutritionnels, ou si vous ressentez de la frustration, trouver un juste milieu ne vous condamnera pas à l'anathème. Je suis persuadée qu'il est possible de lutter contre la souffrance animale en choisissant soigneusement les producteurs à qui nous achetons des œufs, des produits laitiers et de la viande. Chaque corps est unique. Cherchez bien à savoir si un régime végan ou végétarien fonctionne pour vous – avec honnêteté et générosité envers vous-même.

Autre valeur alimentaire, manger plus souvent par pur plaisir. Si vous aimez manger plus souvent par plaisir, à savoir manger souvent en l'absence de signes d'une faim physique, vous pourriez constater que cela vous amène à une fourchette de poids naturel plus élevée. Vous pouvez également choisir de manger pour favoriser une performance sportive ou placer une valeur plus ou moins grande sur le bien-être potentiellement accessible à table et en pratiquant des activités. Au fond, n'importe quel choix qui peut paraître conforme ou en contradiction avec nos normes, critères et attentes culturels dans le domaine de la santé, de l'alimentation, du poids et de l'image corporelle peut constituer votre valeur alimentaire personnelle.

Le pas franchi en écoutant et en faisant confiance à notre corps pour savoir quoi, quand et en quelle quantité manger nous permet de découvrir tout un éventail d'aliments en quantités variées à même de nous satisfaire réellement. Et ces préférences évoluent d'un jour à l'autre, d'un mois à l'autre, d'une année à l'autre.

À vous ! Si la satisfaction était votre priorité numéro 1, que mangeriez-vous, quand, en quelle quantité et, en règle générale, de quelle manière ? Quelles sont vos valeurs alimentaires ? Est-ce qu'il arrive qu'elles soient en contradiction avec le respect de vos sensations de faim et de satiété ? Comment pourriez-vous remédier à cette déconnexion le plus généreusement possible ?

Le bien-être et le plaisir

La culture des régimes voudrait nous faire croire que nous n'accéderons au bien-être et au plaisir physique que si notre corps entre dans les critères restrictifs qu'elle a créés. Avec l'approche *Je m'aime donc je mange*, vous méritez le bien-être et le plaisir physique simplement parce que vous existez et que vous êtes fondamentalement une bonne personne. Comme nous l'avons déjà vu, l'auto-agression et la restriction ne sont pas motivantes. Le fait de remettre à plus tard un traitement bienveillant envers nous-mêmes reviendra toujours à cette image d'une bête de somme sous le museau de laquelle un maître agite une carotte sans jamais la lui donner. Il est par essence plus motivant de nous traiter, ainsi que notre corps, avec générosité. Nous prenons bien soin que de ce que nous aimons. Et nous aimons ce dont nous prenons soin. Nous pouvons nous témoigner cet amour en respectant nos besoins élémentaires de bien-être, de toucher, de sensualité et de plaisir. Nous refuser cela ou différer en permanence cette gratification revient à nier notre humanité élémentaire.

Comme je l'ai expliqué plus haut, éviter les désagréments de la faim et de la satiété extrêmes est un bon début pour nous octroyer un bien-être plus important. Une autre solution consiste à boire suffisamment d'eau. Il est essentiel de ne jamais être déshydraté. Si vous ne buvez pas assez, analysez vos véritables besoins. Aimez-vous l'eau froide ou à température ambiante, gazeuse ou plate ? Buvez-vous des verres entiers d'un seul coup ou de petites gorgées tout au long de la journée ? Dans quel type de verre aimez-vous le plus boire ? Préférez-vous avoir votre gourde personnelle ? Si vous préférez boire à la bouteille, avec quel type de goulot ? Un goulot standard ? Un système de paille ou de bec à relever ? Notez ce qui vous est agréable et que vous associez au fait de boire de l'eau, en mettant de côté certains principes qui disent que boire de l'eau est un coupe-faim. Nous avons tous besoin de boire de l'eau, alors pourquoi ne pas rendre cela agréable ?

Pour votre bien-être, autorisez-vous à vous débarrasser de tout sous-vêtement, soutien-gorge, collant ou autre body un tant soit peu inconfortable ou défraîchi. Vous méritez de porter des sous-vêtements qui ne sont pas usés, troués ou râpés, qui ne se retroussent pas ou ne roulent pas. Vous méritez de porter des soutiens-gorge qui ne s'incrustent pas dans vos épaules ou sous vos bras, qui vous soutiennent confortablement sans causer de douleurs. Vous méritez des collants et des bas qui ne glissent pas, qui ne plissent pas, qui ne vous coupent pas la circulation du sang, qui ne vous serrent ni le ventre ni les cuisses. L'industrie s'acharne à proposer aux femmes de la lingerie sculptante – préférez toujours le bien-être au camouflage.

Vous accorder plus de bien-être signifie également vous débarrasser de vêtements « ambitieux », c'est-à-dire des pièces qui ne vous vont plus, mais auxquelles vous vous accrochez « au cas où ». Remplacez-les par des chemisiers qui se déboutonnent facilement, des pulls qui vous font la silhouette qui vous plaît, des pantalons fluides et des jupes et des robes confortables, indépendamment de la taille –arbitraire –, qui figure sur l'étiquette. Optez pour des tissus au toucher agréable, doux pour la peau, qui maintiennent votre corps à une température idéale et qui vous permettent de marcher, de vous asseoir et de manger en toute liberté de mouvement. De même, pensez aux espaces dans lesquels vous vivez, vous travaillez et vous vous reposez ; faites-en des lieux agréables et accueillants, au mobilier confortable. Dès que vous commencerez à réfléchir à des moyens de vous offrir plus de confort physique, vous serez surprise du degré d'inconfort que vous tolérez depuis toujours.

Un soir, en couchant mon fils qui avait un gros rhume, j'ai été frappée par le caractère intuitif de notre sens du toucher. Alors que je lui caressais les cheveux – à chaque fois que je m'arrêtais, il me prenait la main et la posait sur sa tête pour que je continue – il tirait sur sa tétine, câlinait son doudou et frottait la paume de sa main sur le drap. Notre besoin de toucher et d'attention est intrinsèquement lié à nos sens. Nous avons un besoin physiologique de cette stimulation agréable.

Le plaisir physique peut simplement passer par une douche ou un bain à la température que vous aimez, avec des produits qui sentent bon et font du bien à vos cheveux et à votre peau, en vous enveloppant dans une serviette très douce et en enduisant vos mains et votre corps de lotions ou d'huiles parfumées. Il peut aussi s'agir de vous allonger dans des draps luxueux ou de vous pelotonner dans des couvertures douillettes, de vous coiffer, de vous frictionner les pieds ou la tête, de vous faire un gommage du visage ou du corps. Sans aller jusqu'à des soins en instituts parfois onéreux, les choses les plus simples peuvent procurer du plaisir – regarder un bon film ou une émission de télévision, écouter de la musique, observer une œuvre d'art, assister à une pièce de théâtre, à une comédie musicale, à un ballet. Il peut aussi s'agir de passer du temps avec des gens qui vous inspirent, fréquenter des lieux accueillants, joyeux ou épanouissants, se promener en pleine nature, dans un musée, ou bien se blottir dans votre canapé avec un bon livre.

JILL FUT ÉLEVÉE dans une communauté religieuse stricte, qui contrôlait le corps des femmes et imposait un code vestimentaire. Tout plaisir physique, sensuel, sexuel, était condamné, et toute interaction sociale avec les hommes était répréhensible. Dans le même temps, sa communauté mettait l'accent, d'une manière très ambivalente, sur la beauté physique féminine, ainsi que sur quantité de rites religieux qui se succédaient d'une semaine à l'autre, s'accompagnant de très copieux repas. Jill a bien grandi, dans un corps qui n'était pas maigre, jusqu'au moment de la puberté, époque où elle a eu le sentiment oppressant d'être sans cesse scrutée par les membres de sa communauté. Ses sœurs, ses cousines et ses tantes lui ont appris à faire le tri entre les bons aliments et les mauvais, afin de contrôler son poids. Jill est venue me voir des années après avoir quitté cette austère communauté si culpabilisante. À l'époque, elle avait pris du poids et mangeait souvent très vite. Elle avalait les « mauvais » aliments, dans l'idée d'en finir vite, et mangeait rapidement les « bons » aliments car elle n'était pas censée les apprécier. Elle continuait également de se poser des questions sur le fait de mériter de manger, d'assumer son corps et d'apprécier les plaisirs sensuels. Après plusieurs séances passées à parler du besoin humain élémentaire de plaisir et de sensualité, Jill s'est non seulement montrée capable d'apprécier plus lentement ce qu'elle mangeait, mais elle s'est également autorisée à éprouver du plaisir physique lors d'un massage en institut, à flâner sans destination précise et à retrouver des amis – même après un épisode d'hyperphagie qui, par le passé, lui aurait fait renoncer à toute sortie.

Autre forme de bien-être et de plaisir : l'activité physique. Les vendeurs d'alimentation miracle obligent à penser que le sport est un moyen d'arriver à ses fins, à savoir modifier son corps. Or ce n'est absolument pas le but premier de l'activité sportive. Être bien dans son corps et bouger de manière agréable sont un prolongement naturel de notre humanité. Les bébés et les enfants qui n'ont pas encore conscience de leur corps respirent la joie qu'ils ont à l'incarner. Nombreuses sont celles qui arrêtent de danser, de faire du sport ou simplement de jouer parce qu'elles se sentent maladroites, pas assez « sportives », ou bien parce qu'elles pensent que l'intellect passe avant le physique. Or il n'y a rien de meilleur pour soi que de pratiquer des activités pour lesquelles nous ne sommes peut-être pas très douées, dès l'instant où elles nous font du bien. Voilà pourquoi je me suis mise à danser avec mon fils dans notre salle de séjour. Je n'avais plus dansé depuis mon adolescence, car je me sentais gauche et empotée. Aujourd'hui, la joie que j'éprouve à danser avec mon fils – qui, lui, n'a absolument pas conscience de lui-même –, a terrassé toutes mes inhibitions.

La redécouverte des mouvements du corps se produit à son rythme. Commencez par provoquer le plaisir d'être bien dans votre corps en prenant conscience des mouvements effectués dans la journée. L'axe principal de l'exercice est de prêter attention à ce que cela fait d'être dans votre corps lorsque vous sortez du lit, êtes sous la douche, lorsque vous vous préparez le matin, que vous vous rendez au travail et que vous exécutez votre routine quotidienne. La méditation renforce cette dimension d'observation. Nous nous asseyons et portons notre attention sur les sensations de notre respiration et, à chaque fois que notre esprit s'égare, nous le recentrons en douceur. De même, lorsque vous bougez, prêtez attention aux sensations corporelles. Si vous notez que votre esprit vagabonde, recentrez-le en douceur. Plongez dans votre corps et accordez-lui toute votre attention. Cela vous permet d'« habiter » votre corps. Une fois ce phénomène maîtrisé, amusez-vous à bouger de façon à ressentir de la joie, du plaisir et de la sensualité. Marcher, danser, nager ou essayer un cours de tango ou de danse du ventre sont des moyens de vous reconnecter au plaisir de bouger.

Le mouvement « habité » influe également sur la relation de notre corps avec les autres : caresser un chat, un chien, serrer la main de gens dont vous faites la connaissance, câliner et embrasser vos proches sont autant de manières de bouger. Se tenir la main au cinéma, commencer à faire l'amour sur le canapé ou se masturber : la sexualité est une forme de mouvement « habité » qui fait partie de qui nous sommes, même si bon nombre d'entre nous la rejettent ou la diffèrent parce qu'elles ont peur ou honte de leur corps. Il faut du courage et de la vulnérabilité pour vivre son corps sans la moindre gêne alors que nous sommes inondées de messages nous indiquant qu'il n'est « pas assez bien ». Le rejet de notre moi sensuel et sexuel est un effet secondaire terrible de la culture des régimes et de la peur puritaine du plaisir. La revendication de cet aspect fondamental de soi est une forme vitale de générosité ordinaire.

À vous ! Quels types de malaise physique devez-vous tolérer ? Pourquoi méritez-vous le bien-être et le plaisir physiques ? Comment pouvez-vous commencer à remplir votre existence de plus de bien-être et de plaisir physique ? Que représente le mouvement « habité » à vos yeux ? Comment pourriez-vous remplir votre vie de plus de mouvements « habités » ?

2. LA GÉNÉROSITÉ DE L'ABSENCE DE PEUR

Malgré l'omniprésence de l'alimentation miracle, une petite voix vous dit de chercher une autre solution. Et si, pour connaître l'avenir, il suffit parfois de regarder le passé, l'enchaînement des régimes ou la succession des changements de mode de vie continuera de vous décevoir et ne débouchera que sur plus de souffrances. La seule réponse intelligente revient à choisir une autre voie et à s'investir totalement. Il s'agit là vraiment d'un acte dénué de peur.

Vous n'êtes pas née en vous disant que la nourriture était dangereuse et que votre corps ne tournait pas rond. Au contraire. Vous avez été programmée pour penser cela parce que la culture dans laquelle nous vivons valorise la minceur au détriment du bien-être. La maigreur l'emporte sur la santé mentale. Vivre sans peur revient à ne pas être dupe de cette programmation. Le docteur Gail Dines, activiste antipornographie, autrice et professeure, a eu cette réflexion célèbre : « Si demain les femmes se réveillaient et décidaient qu'elles aimaient vraiment leur corps, imaginez le nombre d'industries qui s'effondreraient. » Imprégnons-nous de ça. Pensons à toutes les entreprises ciblant les femmes qui exploitent votre désir d'être plus mince, plus en forme, plus sexy, de paraître plus jeune et d'être différente.

Grâce à la générosité de l'absence de peur, nous commençons à perturber directement et indirectement la culture de l'alimentation miracle et mettons par là même l'accent sur le fait que nous dirigeons notre corps. Nous affirmons aux autres qu'il existe un autre monde, indépendant de notre conditionnement. Les trois formes d'absence de peur sont : (1) la manière dont vous prenez soin de votre corps, (2) la façon dont vous présentez votre corps au monde extérieur et (3) le langage que vous employez pour parler de votre corps et de celui des autres.

Prendre soin de votre corps

Nous avons déjà abordé l'importance de manger en prenant du plaisir tout au long de la journée et de vous octroyer la permission absolue de manger ce dont vous avez besoin, au moment où il le faut et en quantités adaptées pour vous sentir rassasiée. Nous avons déjà traité de la générosité qui consiste à vous autoriser à ressentir un bien-être et un plaisir physiques qui ne soient pas issus de la nourriture. Avec la générosité de l'absence de peur, prendre soin de soi va encore plus loin. Cela englobe des soins médicaux réguliers et préventifs. Prenez ces rendez-vous chez le gynécologue, l'ophtalmologiste, le pédicure-podologue, le dermatologue et le dentiste que vous aviez différés, de même qu'une visite chez un gastro-entérologue pour une coloscopie. Tout est une question de limites dans la façon d'occuper notre temps, de dépenser notre argent et dont les autres nous traitent et s'adressent à nous. Cela signifie qu'il faut vous considérer comme prioritaire, surtout si vous avez l'habitude de faire passer les autres avant vous. Si, en temps normal, vous êtes la première à offrir vos services, apprenez à vous abstenir et à dire « non ». Ainsi, vous ne vous disperserez plus au point de ne plus vous occuper de vous. Cela implique de vous demander en permanence si vous respectez les bases : manger régulièrement et avec satisfaction, boire suffisamment d'eau, dormir assez, faire les choses que vous aimez, éprouver du plaisir et de la sensualité et passer du temps avec des personnes qui vous inspirent.

La chose la plus généreusement dépourvue de peur que nous fassions en prenant soin de notre corps est de nous permettre d'éprouver tout l'éventail des émotions. Certaines sont difficiles – la peur, la colère, la tristesse, la honte, la solitude, l'ennui et l'incertitude. Il se peut que vous travailliez pour la première fois sur ces émotions fortes – approfondissez leur exploration en tenant un journal, parlez-en à des amis ou consultez un psychologue ou un psychothérapeute. Vous pouvez aussi vous adresser à un diététicien ou à un coach.

À vous ! Quelles actions dépourvues de peur pourriez-vous mener afin de prendre soin de votre corps, de votre esprit et de votre cœur ? Qu'est-ce qui pourrait vous empêcher de vous occuper de vous ? Comment pouvez-vous commencer à gérer ce conflit afin de vous traiter en faisant preuve d'une générosité dépourvue de peur ?

Présenter votre corps au monde extérieur

Cette deuxième forme d'absence de peur renforce votre cheminement et indique aux autres la façon dont vous vous percevez. Votre posture, votre manière de vous habiller et les activités que vous pratiquez en disent long sur vous. Plutôt que d'essayer de faire en sorte d'être la plus petite possible, commencez par occuper totalement l'espace physique dont votre corps a besoin. Lorsque vous êtes debout, assise, dans un groupe et seule, au travail et à la maison, dans le métro et dans l'avion, au restaurant et dans une salle d'attente, habillée et sous la douche, prenez l'espace qu'il vous faut. Avec cette forme d'absence de peur, vous commencerez peut-être à faire certaines choses que vous évitiez ou remettiez à plus tard à cause de votre corps. Prenez la pose avec confiance pour une photo ou enfilez un maillot de bain et allez nager. Portez un haut sans manches, un T-shirt court et ajusté, un short ou des rayures horizontales. Vous découvrirez ou redécouvrirez peut-être ainsi votre véritable style au lieu de choisir des vêtements que les autres jugent flatteurs ou qui camouflent vos « parties du corps problématiques ». Vous irez peut-être rejoindre le centre de la piste pour danser comme vous en rêvez ou créerez un profil en ligne avant de sortir pour honorer des rendez-vous galants. Vous commencerez peut-être à avoir des relations sexuelles que vous avez toujours souhaitées avec votre partenaire de longue date ou quelqu'un que vous venez de rencontrer (ou avec vous-même !). Lorsque vous renoncerez à détester votre corps, vous retrouverez peut-être votre être sexuel et sensuel. Même le fait de vous asseoir et de méditer est un acte dénué de peur, un acte d'acceptation de votre esprit et de votre corps tels qu'ils sont et qui vous aide à bien vous connaître physiquement.

À vous ! Comment pouvez-vous changer votre façon d'occuper l'espace, jouer avec votre style personnel, vous reconnecter à votre moi sensuel et sexuel ?

Votre manière de parler de votre corps et de celui des autres

Il s'agit de la troisième forme d'absence de peur. Quand elles parlent avec les autres, nombre de femmes emploient un langage convenu aussi prévisible qu'un scénario. Les propos tenus sur les gros, un comparatif entre les régimes et le dénigrement du corps, le nôtre ou celui des autres, sont des moyens d'établir un rapport et d'entrer en relation. La voie de l'absence de peur implique de mettre fin à ce langage conditionné et d'avoir de nouveaux types de conversation. La solution la plus simple consiste à ne pas participer, à fournir des réponses évasives, à partir ou à rester silencieuse, tandis que les autres se demandent pourquoi vous ne vous impliquez pas dans la conversation. Cela interrompt la dynamique associée à de tels échanges et vous offre, à vous ou à ceux qui souhaitent parler de sujets plus constructifs, la possibilité d'aborder un autre thème. S'abstenir ainsi demande beaucoup de courage. La première fois, attendez-vous à ressentir une certaine anxiété, qui apparaîtra naturellement, se stabilisera, puis se dissipera lorsque vous la côtoierez, chose à laquelle la méditation vous apprend à vous adapter.

Une approche plus directe pour interrompre ces conversations consiste à dénoncer des propos déformés et à faire le lien avec la grossophobie régnant dans notre culture. Même s'il vous arrive de participer à ce genre de dialogue, il est important de ne pas vous culpabiliser. Modifier des voies neuronales n'est pas une mince affaire (voir le chapitre sur la paramita de la discipline, p. 155). Observer, réfléchir, se montrer curieuse sans porter de jugement et se résoudre à ne pas se laisser piéger est un moyen généreux de réagir, et dénué de peur. Ces actions vous libèrent, ainsi que les autres, de manière à avoir des conversations sur des thèmes plus importants.

À vous ! Comment pouvez-vous interrompre le langage conditionné de l'alimentation miracle ? Lorsque vous vous retrouvez dans une conversation qui porte sur les régimes, les gros et qui dénigre les corps, comment pouvez-vous réagir ? Qu'observez-vous lorsque vous dénoncez le langage de l'alimentation miracle ?

3. LA GÉNÉROSITÉ DU SAINT DHARMA

Cette troisième forme de générosité nous permet de partager le *dharma*. Dans ce cas précis, le *dharma* est la vérité concernant le prix à payer pour croire en l'alimentation miracle et pour l'auto-agression que nous nous infligeons, personnellement et en tant que membre de la société. Nous partageons cette générosité avec nous-mêmes et avec les autres afin de leur ouvrir les yeux sur un nouveau rapport à eux-mêmes et au monde. Cela renforce votre engagement généreux vis-à-vis de vous-même, et concrétise les enseignements tirés de cette démarche.

Toute lutte contre notre corps est stérile et nocive. Pour transmettre le *dharma* autour de vous, réfléchissez d'abord aux dommages que vous a infligés l'alimentation miracle en matière d'énergie mentale et physique, de douleur émotionnelle, d'argent, de temps et de manque à gagner en termes de plaisir ou d'expérience.

À vous ! Parmi les conséquences négatives de l'alimentation miracle, lesquelles avez-vous vécues personnellement ?

Énergie mentale et physique :

- Des inquiétudes à propos de la forme ou de la taille de votre corps ?
- Penser que les autres remarquent ou jugent votre alimentation, votre corps et votre caractère ?
- Apprendre les règles des différents régimes et essayer de les suivre ?

- Juger mentalement les aliments comme bons ou mauvais en fonction des régimes successifs suivis ?
- Être obnubilée par les aliments que vous désirez vraiment mais que vous vous interdisez ?
- L'anxiété de manger les mauvais aliments ?
- La peur que la consommation de certains aliments nuise à votre corps, à votre cerveau et à votre santé ?
- La culpabilité de manger des aliments que vous considérez comme mauvais ?
- L'anxiété de trop manger ?
- La peur de prendre du poids ?
- Les montagnes russes émotionnelles lorsque vous vous pesez ?
- Des remords et des désagréments physiques suite à un épisode d'hyperphagie ?
- Manger afin de fuir des émotions désagréables ?
- Perdre tout contrôle avec la nourriture ?
- Fantasmer sur la nature de votre vie si vous étiez plus mince, plus équilibrée, moins émotive et, en fait, une autre personne ?
- Voir toute joie disparaître lorsque vous démarrez un nouveau régime ou une nouvelle détox ?
- Vous sentir perturbée et déçue quand un régime de plus se solde par un échec ?
- Vous comparer aux autres (y compris à vous-même il y a dix ans) et être désespérée de ne pas être à la hauteur ?

L'argent dépensé :

- Pour avoir toute une garde-robe en trois tailles ?
- Dans des produits de régime moins riches en graisses, glucides, sucres, gluten, etc ?
- Dans des détox à base de jus ?
- Dans des poudres de protéines et smoothies mixés ?
- Dans des mixeurs hors de prix ?

- Dans les services de livraison d'aliments de régime ?
- Dans des livres sur les régimes ?
- Dans des applications de régime ?
- Dans des abonnements à des services de régime ?
- Dans des compléments alimentaires ou produits spéciaux destinés à diminuer l'appétit ou à accélérer le métabolisme ?
- Dans des DVD d'exercice physique que vous n'avez jamais regardés ?
- Dans un abonnement à une salle de sport que vous n'avez jamais fréquentée ?
- Dans des cours de préparation physique auxquels vous n'avez jamais assisté ?
- Dans du matériel de préparation physique, une ceinture abdominale tonifiante, etc. jamais utilisés ?

Le temps passé :

- À naviguer sur des sites Web et des forums à la recherche d'astuces, de conseils et de recettes de régime ?
- À parcourir Facebook, Twitter, Instagram et Pinterest à la recherche d'astuces de régime, de récits de régimes réussis et de photos avant/après ?
- À vous demander quoi et quand manger et si c'est bon ou mauvais ?
- À parler de votre régime, de nourriture, de perte et de prise de poids au lieu de sujets plus intéressants ?
- À pratiquer une activité physique que vous n'aimez pas afin de vous permettre de consommer une certaine quantité de calories, ou de vous punir pour la nourriture que vous avez déjà mangée ?
- À vous demander si ce qui figurait sur un menu était sans danger pendant que tout le monde attendait que vous passiez commande ?

- À roder dans les rayons d'un supermarché en vous demandant quels sont les aliments que vous pouvez vous autoriser et quels sont ceux à éviter ?
- À prévoir de vous empiffrer, puis à passer à l'acte lorsqu'il devenait trop difficile de supporter les restrictions ?
- À être obsédée par ce que vous venez de manger et à vous en vouloir énormément ?
- À vous regarder dans le miroir pour disséquer mentalement votre corps en classant les parties acceptables et celles à modifier ?

Le manque à gagner en termes de plaisir ou d'expérience :

- Éviter certains environnements liés à l'alimentation, comme des restaurants, ou refuser de manger un morceau avec des amis par peur d'être jugée, ou de ne pas être capable de respecter un régime.
- Renoncer à des activités avec des amis et des proches par peur qu'ils jugent votre corps, votre forme physique ou votre façon de manger ?
- Mettre un terme à des relations, qu'elles soient d'ordre amoureux, sexuel, amical, professionnel ou informel, par honte et par peur que l'on juge votre corps ?
- Éviter des aliments préférés ou ne jamais découvrir desquels il s'agit vraiment, parce qu'ils sont frappés d'interdits ?
- Passer à côté d'activités physiques que vous appréciez, parce que vous avez choisi un sport en fonction du nombre de calories à brûler et que vous n'avez jamais découvert ce que vous aimez vraiment ?
- Passer à côté de rire et de vous amuser en public, par crainte d'attirer l'attention ?
- Passer à côté de rendez-vous amoureux, d'occasions de danser en public ou en privé et d'avoir des relations intimes, sexuelles et sensuelles avec d'autres personnes (ou même avec vous-même) ?
- Ne pas apprendre à gérer des émotions difficiles telles que la tristesse, la solitude, la colère, la peur et l'agitation sans sombrer dans l'hyperphagie émotionnelle ?

- Remettre à plus tard des voyages dans des endroits que vous avez envie de visiter, de nouvelles activités, que vous vous êtes promis de faire après avoir perdu du poids ? À moins que vous ne sachiez même pas que vous aimez ces choses...
- Ne pas saisir l'occasion de vous percevoir comme jolie, désirable et par essence digne d'être aimée ?

Admettre le tribut payé au diktat de l'alimentation miracle est saisissant. Il est naturel de ressentir de la colère envers la culture qui nous a opprimées, de la tristesse face à ce que nous avons perdu et de la frustration et du désespoir quand on est enfermée dans un cercle vicieux. Lorsque l'on se met en état de ressentir tout de ce dont nous nous sommes privées à cause de l'alimentation miracle, nous devons aussi faire le deuil des régimes, et donc de l'espoir qu'ils nous apportaient. Se départir de toutes ces croyances nous met face à l'incertitude de ce que sera l'avenir sans eux. Ces sentiments sont tout à fait normaux, et c'est même une très bonne chose que de réagir ainsi, car cela épouse la démarche qui consiste à aller de l'avant et à apprendre une nouvelle manière de prendre soin de vous.

Adhérer à l'alimentation miracle, avec son objectif de modifier notre corps, c'est perdre un temps précieux, limité, gaspiller de l'énergie, de l'argent et passer à côté de certaines expériences. Non seulement elle ne porte pas ses fruits, mais elle nous culpabilise. Lorsque nous accordons une valeur disproportionnée à notre poids ou aux dangers potentiels des produits que nous mangeons, nous perdons de vue les autres aspects de notre personne. Il nous est alors plus difficile d'apprécier les qualités aussi diverses que merveilleuses qui nous rendent humains. Nous nous éloignons de nos valeurs fondamentales et de notre moi spirituel.

L'alimentation miracle contribue également au développement des troubles alimentaires, tels que l'anorexie, la boulimie, l'hyperphagie, l'orthorexie ou l'obsession pour la nourriture et l'exercice physique. Même sans atteindre de tels extrêmes, l'alimentation miracle nous enferme dans des cycles de troubles alimentaires intermédiaires qui ne sont jamais assez graves pour devenir pathologiques et donc qui n'appellent jamais les soins et l'attention qui s'imposent. Et, à l'instar de n'importe quelle addiction, elle nous isole, entraîne un repli sur nous-mêmes qui nous écarte de la vraie vie, du partage avec les autres et de l'instant présent.

En cernant ce que vous vous êtes infligé avec l'alimentation miracle, vous prendrez mieux conscience du prix payé par les autres, de l'auto-agression qu'ils s'infligent également, de leur manque de confiance en eux, de leur souffrance et de la confusion nées d'une alimentation chaotique et d'une lutte acharnée contre leur corps. Cette prise de conscience nous aide à ressentir plus de compassion envers les autres et nous encourage à nous aider nous-mêmes, ainsi qu'autrui.

Armées de cette connaissance du prix que fait payer l'alimentation miracle, nous pouvons partager cette prise de conscience. Le partage du *dharma* peut consister à révéler que vous avez eu recours à l'alimentation miracle, afin de créer chez vous une illusion de sécurité. Racontez autour de vous comment les régimes ont fini par déboucher sur une prise de poids, à quel point la variation cyclique du poids est plus dangereuse que d'avoir des rondeurs et en quoi le cycle hyperphagie-restriction ne provoque qu'une plus grande souffrance et rarement une perte de poids. Vous pouvez aussi détailler votre programme personnel, à savoir être à l'écoute de vos sensations internes et non des signaux externes, pratiquer la méditation et faire preuve d'une plus grande compassion envers vous-même et les autres. Voici comment nous avons appliqué cela avec mes clientes par le biais de jeux de rôle :

- « J'emploie une approche différente laissant la part belle, non pas à mon poids, mais à mon bien-être et mon bonheur. Et je ne me suis jamais sentie aussi bien. »
- « Savais-tu que suivre un régime est le plus grand facteur de prédiction d'une prise de poids ? J'ai tiré un trait sur les régimes et j'apprends à écouter mon corps. »

- « T'es-tu déjà demandé ce que cela donnerait d'arrêter de lutter et de détester ton corps ? Les régimes ne m'ont jamais rien apporté de positif. Voilà pourquoi j'essaie autre chose. »
- « Je me suis rendu compte que parler ainsi n'a qu'une seule conséquence : me sentir encore plus mal dans mon corps. J'ai cessé d'employer ce langage. »

À vous ! Comment partager le dharma *avec les autres ? Quelles expressions pourriez-vous retenir ?*

L'un des moyens les plus simples de partager le *dharma* est de demander aux autres de vous soutenir dans votre nouvelle façon de voir les choses. Par le passé, vous avez peut-être demandé à vos amis et à vos proches de vous aider à ne pas craquer lorsque vous étiez tentée, que vous étiez sur le point de tricher ou que vous souhaitiez abandonner un régime qui vous faisait trop souffrir. Maintenant que vous abordez différemment l'alimentation et que vous traitez votre corps avec générosité et compassion, partager le *dharma* signifie les informer qu'ils peuvent arrêter de vous surveiller. Ils seront parfois déconcertés, car nos proches ne souhaitent généralement que le meilleur pour nous. Pris au piège de l'alimentation miracle, ils n'en perçoivent pas la vraie nature. Que ce soit parce que nous leur demandons un type de soutien spécifique et que nous avons désormais besoin d'un apport complètement différent ou qu'ils soient désormais eux-mêmes confrontés à des difficultés et à une confusion alimentaires et corporelles, les amis et la famille ont eux aussi besoin de conseils bien précis sur la manière de vous soutenir.

En réponse aux commentaires des autres sur la nourriture, vous pouvez dire :

- « J'apprends à écouter mon corps pour savoir quoi, quand et en quelle quantité manger. Ça m'aiderait beaucoup si vous étiez persuadés que mon corps sait ce qu'il y a de mieux pour moi et si vous arrêtiez de commenter mes choix. »

- « Je suis en train d'apprendre qu'il n'existe pas de bons et mauvais aliments et qu'avoir ce type de raisonnement ne débouche que sur une pensée et un comportement binaires. Lorsque nous sommes ensemble, pourriez-vous ne pas parler de la nourriture et de l'alimentation de cette manière ? »

En réponse aux commentaires des autres sur votre corps ou votre poids :

- « Je comprends que vous essayiez de m'aider, mais vos commentaires sur mon corps me blessent. Je suis en train d'apprendre à traiter mon corps avec bienveillance, générosité et compassion et ça m'aiderait vraiment que vous en fassiez autant. Pensez-vous pouvoir m'aider en vous comportant ainsi ? »
- « J'ai choisi une nouvelle approche qui accorde la priorité à mon bien-être et à mon bonheur. C'est vraiment une très bonne chose pour moi, mais c'est un bouleversement pas toujours évident. Est-ce que vous pourriez me soutenir sans faire de commentaires sur mon poids ou sur mon corps ? »

À vous ! Comment demander aux autres de vous soutenir dans votre programme Je m'aime donc je mange ? *Quelles expressions garder en tête ?*

Il existe d'autres moyens de partager le *dharma*, comme modifier ce que vous consommez délibérément (et inconsciemment), supprimer tout ce qui peut avoir un rapport sur les régimes dans les médias, les images mises en avant par les entreprises et les messages considérés comme acceptables par la société. Des magazines aux podcasts, en passant par les livres, les réseaux sociaux et les émissions de radio, immergez-vous dans tout ce qui peut véhiculer la philosophie de *Je m'aime donc je mange.* Débarrassez vos étagères ou votre liseuse de tous les livres sur les régimes, dont ceux qui se font passer pour des guides sur la santé. Arrêtez de lire et d'écouter tous les podcasts et fils de discussion sur Facebook, Twitter, Instagram et Pinterest consacrés aux régimes, à la santé, à la minceur, à la forme physique et aux comparatifs avant/après. Résiliez vos abonnements aux magazines de santé qui font la promotion de l'alimentation miracle sous toutes ses formes et consultez des experts de la forme physique qui ne décortiquent pas l'apport et la dépense caloriques dans le but de perdre du poids. Trouvez plutôt l'inspiration dans votre existence en vous entourant d'images de personnes épanouies qui vous ressemblent (et qui sont pourtant différentes de vous). Soutenez les marques et les organisations et entreprises qui prônent l'acceptation et le respect de soi, qui vous encouragent à accepter votre corps et à le traiter avec bienveillance, fuyez celles qui établissent une discrimination en fonction du gabarit – ou de n'importe quel autre critère ! – et contribuez à la création d'un monde dans lequel tous les corps sont traités sur un plan d'égalité, avec dignité et compassion.

À vous ! Comment modifier ce que vous consommez délibérément et inconsciemment dans les médias traditionnels, sur les réseaux sociaux et ailleurs ?

Même si vous choisissez de ne jamais révéler votre projet *Je m'aime donc je mange*, les autres remarqueront la transformation qui s'opère en vous et cette graine plantée pourrait donner un fruit plus tard. Votre entourage s'inspirera de la manière dont vous vous acceptez et vous continuerez d'améliorer votre relation avec la nourriture et votre corps. Donner ainsi aux autres est une manière de perpétuer le phénomène et d'entretenir la capacité à être généreuse envers vous-même.

Pratiquer la générosité est une chose extrêmement courageuse. Cette approche n'est pas dans l'air du temps, et vous vous sentirez peut-être à contre-courant. Prendre le risque d'interrompre une dynamique, vous afficher et révéler votre programme aux autres et, d'une manière générale, sortir des sentiers battus et ne plus remettre à plus tard l'expérience de la vraie vie peut vous rendre vulnérable, hypersensible. Dans le même temps, vous commencerez peut-être à voir comment se concrétise la confiance accordée à votre corps et à vous-même. À chaque fois que vous vous sentez épuisée par cette avancée en territoire inconnu, prenez du recul et reposez-vous.

Repose dans la nature de l'*alaya*, l'essence.

Cette devise du lojong nous rappelle qu'il existe quelque chose en quoi croire et un lieu vers lequel revenir sur cette voie tortueuse : la grandeur naturelle de votre esprit. *Alaya* se traduit par l'essence, l'être que nous sommes vraiment. Comme évoqué plus haut dans ce chapitre, il existe dans votre esprit une conscience ou intelligence pure dénuée de toute idée préconçue et de tout jugement, une chose qui ne peut pas être circonscrite aux dimensions les plus élémentaires que sont la positivité, la négativité ou la neutralité. Il s'agit de l'être que vous êtes, de l'essence de l'humanité et de la bonté élémentaire. C'est l'espace que vous rejoignez lorsque vous vous sentez submergée, seule, plongée dans l'incertitude ou épuisée. Dans ces moments-là, vous pouvez vous dire : « Actuellement, je me sens ____________. Ça ne va pas durer éternellement, mais je dois maintenant revenir vers la grandeur de mon esprit et me reposer. » La méditation est ce qui conduit le plus sûrement à l'*alaya*, aussi bien dans le cadre de la pratique méditative qu'en dehors. Quand on médite, il n'existe pas de destination. Il suffit de ressentir son corps en train de respirer. Cet espace est toujours présent en vous, même si ce n'est pas le cas au départ, et votre pratique méditative deviendra pour vous un lieu familier, un endroit où vous reposer.

La pratique de la paramita de la générosité est le début (le milieu et la fin) le plus efficace pour commencer votre programme *Je m'aime donc je mange*. Servez-vous de cette paramita pour vous connecter à la conscience supérieure de vos sens, revenez en permanence vers votre corps. Il est fondamentalement bon et intelligent. La générosité ordinaire, l'absence de peur et le partage du *dharma* sont à la base de votre pratique méditative, appliquez-les et créez une base solide pour habiter votre corps tel qu'il est, afin d'en prendre soin comme il le mérite.

4

LA PARAMITA DE LA DISCIPLINE

LES ADEPTES DES RÉGIMES connaissent bien le terme « discipline ». Dans notre société occidentale, la discipline est synonyme de modération, de respect des lois et de sanctions. Pour nombre d'entre nous, le terme « discipline » signifie observer des règles strictes, toujours être « bon », résister à la tentation et suivre des programmes de préparation physique éreintants. C'est peut-être cette notion de discipline qui vous a poussée à surveiller vos repas, à peser minutieusement votre nourriture. Pour résister à un morceau de chocolat, vous vous êtes répété cette maxime *Quelques secondes dans la bouche, et toute la vie sur les hanches* (je déteste cette expression...). Cette discipline vous réveillait parfois à l'aube pour une séance de sport qui vous faisait bien transpirer et que vous n'appréciiez qu'une fois terminée (et non quelque chose que vous aviez hâte de vivre).

La définition couramment donnée de la discipline est : « Ensemble de lois, d'obligations qui régissent une collectivité et destinées à y faire régner l'ordre ; obéissance, soumission aux règles que s'est données le groupe auquel on appartient ; sorte de fouet utilisé pour se flageller dans un but de mortification et de pénitence. » En dehors de l'armée, des pensionnats ou de la prison, je ne vois guère que l'alimentation miracle où peuvent s'appliquer à merveille ces définitions, car ce type d'alimentation renferme un code de conduite à respecter et une pénitence (généralement que l'on s'impose) prévue pour toute infraction. Le problème, c'est que appliqué à l'alimentation et à notre corps, on obtient l'effet inverse que celui escompté. Une telle rigidité sur ce que nous devons et ne devons pas manger, même si nous nous y conformons pendant un moment, réveille le dragon rebelle qui sommeille en chacune de nous et il est alors difficile de le faire se rendormir – et c'est plutôt une bonne chose. Manger est l'un des premiers moyens que nous trouvons pour dessiner notre individualité, notre autonomie. C'est ce qui nous aide à nous séparer de notre mère. Cela demeure un moyen d'exprimer notre pouvoir tout au long de notre vie. Et lorsque l'on nous prive de ce pouvoir, que nous le déléguons volontairement à une autre instance que nous-même, il se produit une déconnexion. L'alimentation miracle est une forme d'abus mental, une manipulation psychologique que nous finissons par nous appliquer à nous-mêmes (contribuant inconsciemment à la manipulation de notre entourage), ce qui entraîne une perte de confiance en soi.

Parfois, nous réagissons à ce conflit interne et à cette confusion en nous immergeant dans toujours plus de discipline. Mais le pendule finit par osciller dans la direction opposée et, au lieu de contrôler et réduire notre consommation tout en ignorant nos sensations de faim et de satiété, nous contournons ces signaux et tombons dans l'hyperphagie. D'une manière ou d'une autre, nous ne répondons pas aux véritables besoins de notre organisme. Après avoir décidé que cette approche de la discipline ne portait pas ses fruits et alors que nous souhaitons reprendre le contrôle de notre corps, nous doutons de nous-mêmes, nous remettons en cause notre jugement et nous devenons insensibles aux sensations internes qui nous disent, quoi, quand et en quelle quantité manger.

Heureusement pour nous, l'acception bouddhiste de la discipline est très différente de l'acception dogmatique militante.

Le bouddhisme ne prévoit aucun code de conduite rigide, ni de sanctions pour mauvais comportements. Il s'agit plutôt de refaire connaissance avec notre corps, qui est toujours dans l'instant présent, encore et encore. Comme l'a dit Chögyam Trungpa Rinpoché, « La discipline, c'est abandonner la quête de la distraction ». C'est côtoyer ce qui est, ici et maintenant, avec bienveillance, précision et même avec joie. Notre corps est notre seule source d'information en ce qui concerne ses besoins, qu'il s'agisse de nourriture ou d'une autre forme d'attention. C'est la pierre de touche vers laquelle nous revenons toujours. Notre pratique méditative représente un retour aux sources similaire. Nous portons notre attention sur les sensations de la respiration et, lorsque nous nous apercevons qu'une pensée nous absorbe, nous la laissons disparaître et reprenons doucement conscience de notre respiration. Cela renforce l'habitude qui consiste à revenir en permanence vers ce que nous vivons, la seule chose vraie, qui se déroule toujours *ici et maintenant.*

Autre perception de la notion de discipline, la capacité de discernement, ou de perspicacité. Dès l'instant où l'on arrête de prêter attention aux signaux extérieurs pour se concentrer sur nos sensations, discerner ce qui se produit réellement à l'instant T, ainsi que nos véritables besoins, demande une certaine discipline. Lorsque nous travaillons sur la générosité, nous pratiquons l'écoute et réagissons aux informations de faim physique et de satiété communiquées par notre corps intelligent. Nous servir de notre capacité à identifier clairement ce que nous dit notre corps est un moyen de réagir d'une manière pure et authentique. Nous développons la faculté de reconnaître et de répondre aux sensations physiques de la faim et de la satiété et nous prenons également conscience de leur absence.

Ce n'est pas un problème d'avoir très envie de manger lorsque vous n'avez pas physiquement faim. Encore une fois, *Je m'aime donc je mange* n'est pas un régime qui vous invite à manger lorsque vous avez faim. Le choix de manger – sans aucune forme de jugement – vous incombe toujours. Dans le même temps, il peut s'avérer problématique de ne pas être en mesure de distinguer la faim physique d'une faim par nature plus émotionnelle. Si vous avez l'habitude de manger lorsque vous n'avez pas physiquement faim, cela signifie souvent que des besoins émotionnels plus profonds ne sont pas satisfaits. Même lorsque nous sommes capables de repérer la différence entre la faim physique et la faim émotionnelle, mais que nous réagissons uniquement à la faim émotionnelle en mangeant, c'est la double peine, dans le sens où nous ne répondons pas à nos véritables besoins : traiter avant tout l'émotion, pas la faim. Cela détruit l'estime de soi. Une forte envie de manger lorsque l'on est sous le coup d'une émotion nous apprend toujours quelque chose sur nous-même. Il faut écouter et analyser ce processus et non pas l'occulter et en avoir honte.

La pédiatre et autrice Jan Chozen Bays, spécialiste de l'alimentation intuitive, a désigné sous le nom de « faim du cœur » l'un des types de faim que nous éprouvons tous. Le cœur, siège des émotions, entre dans beaucoup d'expressions lourdes de sens : avoir le cœur serré, le cœur lourd, le cœur brisé, prendre les choses à cœur. La « faim du cœur » traduit joliment ce sentiment de vide qui doit être comblé. Lorsque des clientes mangent afin de nourrir une faim émotionnelle, elles se retrouvent inévitablement insatisfaites. Il suffit de visualiser la nourriture qui entre dans leur bouche, est avalée, descend dans l'œsophage et arrive dans leur estomac, s'approchant très près mais dépassant néanmoins sa cible, le cœur. Manger pour combler le vide de la faim du cœur n'est jamais véritablement satisfaisant. Bien que la motivation d'origine soit de se sentir mieux, tout bien-être obtenu n'est au mieux qu'éphémère. Ce n'est que grâce à la discipline qui consiste avant tout à identifier la faim du cœur, puis au repérage de ce dont vous avez réellement besoin dans ces moments, que cette faim-là peut disparaître.

PAULA ET MOI travaillions ensemble depuis quelques mois lorsque son mari a fait un AVC sans gravité. S'il se remettait petit à petit, s'occuper de lui, mais également de sa mère âgée, sans compter un emploi exigeant, était particulièrement stressant. C'est à ce stade de notre collaboration que nous nous sommes plus concentrées sur les épisodes d'hyperphagie émotionnelle de Paula, qui survenaient surtout le soir.

Paula s'était déjà autorisée à manger ce qu'elle voulait, quand elle le souhaitait, dans la quantité qu'elle décidait. En même temps, elle avait le sentiment que ces repas nocturnes allaient au-delà de la simple envie de certains aliments. Avant que son mari ne soit victime de cette attaque, c'est le soir qu'ils passaient tous les deux des moments agréables – ils assistaient à des événements, cuisinaient ensemble ou simplement se câlinaient sur le canapé. C'était également le moment où ils étaient le plus à même de faire l'amour, partie importante de la relation qui avait radicalement changé après l'AVC de son conjoint. Depuis, le mari de Paula souffrait de dépression et, le soir, il se mettait souvent seul sur le canapé devant la télévision. Un jour, Paula est entrée dans mon cabinet, l'air triste. Elle m'a raconté qu'elle avait eu une illumination, la veille au soir. Après avoir partagé un bon dîner avec son mari, ce dernier s'était une nouvelle fois dirigé vers le canapé pendant que Paula s'était réfugiée dans la chambre avec un cône de glace. Tout en prêtant attention à ce qu'elle s'apprêtait à manger, lentement et en pleine conscience, seule dans son coin, elle s'est mise à pleurer. Paula a réalisé que les rapports sexuels avec son mari lui manquaient et qu'elle essayait de combler ce vide avec la nourriture. Après cette prise de conscience, Paula a pu s'autoriser à éprouver la tristesse et la solitude auxquelles elle résistait et à accepter sa peine et son manque. Elle a décidé de parler à son mari de l'éventualité de consulter, aussi bien seuls qu'en couple, afin de gérer ce qu'ils vivaient séparément et de trouver des moyens de conserver une vie sexuelle alors que leur corps continuait de changer.

La paramita de la discipline nous offre les outils dont nous avons besoin pour identifier les moments où nous sommes à la croisée des chemins, stade de la transformation où nous avons le choix entre suivre un chemin connu ou innover. La recherche a démontré la plasticité neuronale, notre cerveau peut être guidé vers des modes de pensée qui favorisent le bien-être et la compassion et qui permettent de prendre soin de soi. Comme je l'ai déjà dit, l'esprit est un objectif bien meilleur dans le cadre de notre développement personnel (à condition, bien entendu, de faire preuve de bienveillance), tandis que la forme de notre corps demeure largement incontrôlable.

La neuroplasticité désigne la capacité du cerveau à former et réorganiser la connexion entre ses cellules, en réponse à l'apprentissage ou à différentes expériences. Qu'est-ce que cela signifie pour nous ? Qu'il est possible de modifier notre façon de penser et de le « rééduquer », en quelque sorte. C'est le *comment* qui rend ceci possible. J'aime utiliser la métaphore de la randonnée pour parler de la neuroplasticité. Lorsque nous sommes sur un sentier, un chemin a généralement été tracé, puis marqué par les personnes qui l'ont fréquenté. Lorsque nous empruntons ce sentier, nous remarquons une petite piste, en marge du sentier principal. Peu de randonneurs l'ont foulée, pourtant, elle existe et quelqu'un l'a empruntée au moins une fois. La différence entre le sentier principal et cette piste annexe est le nombre de fois qu'il a été utilisé. Les pensées habituelles sont comme ce sentier principal. À chaque fois que nous suivons le fil d'une pensée habituelle, nous renforçons son importance et sa vérité perçue. Si nous repérons un autre mode de pensée qui pourrait, pourquoi pas, être meilleur pour nous, nous avons le choix d'emprunter la piste annexe. Emprunter une seule fois cette piste annexe ne suffit pas à la rendre aussi praticable que le sentier principal. Mais, à force de la suivre, elle deviendra la route habituelle.

Avant de modifier des schémas de réflexion ordinaires, nous devons admettre que nous sommes à un stade de transformation, à savoir aller au-delà d'un fonctionnement automatique, nous tourner constamment vers notre corps et reconnaître que nous sommes parvenues à une étape où nous avons le choix entre suivre ce chemin familier ou essayer d'innover. À chaque fois que nous sommes face à un tel carrefour, nous sommes de nouveau confrontées à cette décision. Renforcer un nouveau schéma de pensée ou un comportement exige de la discipline, à savoir revenir sur le sujet et pratiquer la bienveillance, autant d'éléments entretenus par la pratique méditative.

La neuroplasticité occupe une place prépondérante dans la paramita de la discipline, surtout concernant notre manière de recourir à la nourriture lorsque nous sommes confrontées à la faim du cœur. Lorsque j'ai découvert pour la première fois la devise du lojong à suivre, j'ai commencé à percevoir le chevauchement entre les préceptes bouddhistes et notre relation avec la nourriture et le corps. Et c'est de là que provient essentiellement le concept *Je mange donc je m'aime*. En découvrant cette devise, j'ai pris conscience que cet enseignement était à lui seul au centre de nombre de nos difficultés – pas seulement celles en rapport avec la nourriture et l'image corporelle, mais avec la vie en général. Il capte notre préférence pour le plaisir et jusqu'où nous sommes capables d'aller pour éviter de souffrir. Il dit tout de notre capacité à nous percevoir avec lucidité et à travailler sur nos schémas récurrents afin de nous libérer de leur emprise.

Trois objets, trois poisons et trois graines de vertu.

L'étude de cette devise du lojong nous aide à comprendre notre quête de plaisir et notre fuite du déplaisir ; elle nous aide à prendre conscience de la manière dont nous utilisons la nourriture à cet effet, dont nous pouvons nous libérer de ce piège destructeur. Pour commencer, quelques définitions.

Les trois objets sont les suivants :

1. Les choses que nous aimons.
2. Les choses que nous n'aimons pas.
3. Les choses dont nous n'avons rien à faire ou que nous avons peur d'observer.

Les trois poisons sont les suivants :

1. Nous raccrocher aux choses que nous aimons (la passion).
2. Résister aux choses que nous n'aimons pas ou essayer de les changer (l'agression).
3. Fermer les yeux sur les choses sans importance, ou que nous avons peur d'observer, d'une manière légèrement différente de l'agression (l'ignorance).

Les trois graines de vertu sont les suivantes :

1. Liberté de l'emprise de la passion.
2. Liberté de l'emprise de l'agression.
3. Liberté de l'emprise de l'ignorance.

Approfondissons maintenant la relation des trois objets, des trois poisons et des trois graines de vertu avec les critiques émises envers la nourriture et le corps.

LA NOURRITURE, L'UN DES TROIS POISONS

Nous remplaçons nos véritables besoins par la nourriture en nous accrochant au plaisir, en fuyant le déplaisir ou bien pour anesthésier la douleur. Nous mangeons pour nous accrocher au plaisir, ou bien nous avons des épisodes d'envie incontrôlable de nourriture dont nous pensons qu'ils nous procureront du plaisir. Nous mangeons afin de résister à des émotions douloureuses ou pour modifier notre ressenti, ou bien nous mangeons pour anesthésier toute souffrance. Bien que les aliments que nous ingérons ne soient pas toxiques au sens propre, ce type de relation à la nourriture peut l'être. Le recours à la nourriture comme l'un des trois poisons énoncés nous empêche de percevoir ce qui se produit et de réagir avec authenticité.

L'attachement

Que nous mangions notre plat préféré – qui n'est plus aussi savoureux qu'au départ, car nous sommes repues – ou que nous ayons atteint le stade de la satiété agréable, manger pour se raccrocher au plaisir, c'est chasser un plaisir qui est en train de s'évanouir ou qui a déjà disparu. C'est rester sourd aux signaux envoyés par notre corps. Lorsque nous travaillons sur cet attachement, nous devons d'abord reconnaître ce qui se passe en nous et avoir conscience de la contradiction qui est en train de s'opérer. En recentrant notre attention sur les sensations corporelles, nous évaluons si un aliment commence à nous paraître moins bon à mesure que nos papilles s'y habituent ou si notre estomac est sur le point de dépasser le stade de la satiété agréable. C'est également le moment de garder à l'esprit l'impermanence de toute chose. Toutes les envies, toutes les émotions et sensations apparaissent, se stabilisent, puis disparaissent. Les expériences alimentaires suivent elles aussi ce cycle. Vouloir poursuivre un bon repas qui est en train de prendre fin *comme si* nous souhaitions retrouver le plaisir éprouvé à son début se soldera toujours par un échec, voire un malaise, psychologique ou physique.

Une fois le conflit entre notre corps et notre esprit repéré, nous percevons plus nettement cette tendance à se raccrocher au plaisir. C'est le point de transformation. Essayez de faire une pause, d'interrompre la dynamique de l'action qui est en contradiction avec les besoins de votre corps, réfléchissez à cette déconnexion et rappelez-vous que la nourriture sera toujours là lorsque vous la désirerez de nouveau, à savoir quand la faim physique fera sa réapparition, plus tard, peu importe quand. Puisque vous avez la permission absolue de manger cet aliment en particulier, cela signifie que ce ne sera pas la dernière fois. Si, en revanche, vous avez mis le doigt sur cette envie de vous raccrocher au plaisir, mais que vous n'êtes pas capable de vous arrêter, cela constitue quand même un progrès.

Savoir où nous en sommes nous offre des choix qui, quand on ne sait pas où l'on en est, sont invisibles. Remarquer cela, être bienveillantes avec nous-mêmes et admettre que nous suivons notre propre voie nous permet de parvenir à nos fins, en temps et en heure. En nous autorisant à être dans la situation précise qui est la nôtre et en cessant de vouloir atteindre un point situé plus loin, nous admettons le fait que l'objectif *est* le chemin. Sur la base de cette perception, réussir, c'est simplement afficher cette prise de conscience et avoir la volonté de rester au contact de la véritable expérience vécue. (Remarque : certains affirment que le fait de se raccrocher au plaisir de manger prouve qu'il existe des addictions – aux glucides ou au sucre –, mais, encore une fois, aucune étude scientifique sérieuse n'étaye réellement cette hypothèse. Si addiction il y a, elle est dans le fait de vivre le plaisir éprouvé dans l'acte de manger afin de fuir un sentiment désagréable… voir la suite.)

L'agression

Lorsque nous mangeons pour résister à des émotions douloureuses ou désagréables ou pour les atténuer, nous essayons de remplacer ce que nous jugeons indésirable par une sensation agréable. Tout le monde préfère le plaisir à la douleur. Mais en essayant constamment d'échapper au malaise émotionnel grâce à la nourriture, notre souffrance s'accroît. Non seulement nous ne développons aucun progrès dans notre désir d'apaisement et dans l'envie de prendre soin de nous, mais nous ne tirons même jamais les enseignements que l'on peut toujours tirer de la souffrance. En outre, manger pour éviter une souffrance émotionnelle peut provoquer une douleur physique et des maladies, entretenir une alimentation chaotique, déclencher des troubles alimentaires et nuire à notre santé en général, car nous mangeons en permanence plus que ce dont notre corps a besoin.

Lorsque nous mangeons afin d'atténuer une émotion, nous devons encore une fois remarquer qu'il existe un décalage entre les signaux envoyés par notre corps et notre passage à l'acte. Une fois cette bascule identifiée, nous nous retrouvons à un point de transformation : nous pouvons choisir de poursuivre sur la voie habituelle qui consiste à manger afin de fuir le déplaisir, ou changer de tactique.

L'ignorance

Lorsque nous mangeons pour nous anesthésier, ce qui peut aussi se produire lorsque nous bombardons nos sens de séries Netflix, de contenus de réseaux sociaux et de glace, notre objectif est de tout ressentir confusément – et par conséquent, ne rien éprouver de particulier. Lorsque nous mangeons dans l'ignorance, pour revenir à ce que nous vivons vraiment, une solution consiste à simplifier. Demandez-vous : *De quoi puis-je me passer à cet instant précis ?* Si vous submergez vos sens de différentes formes de distractions, vous pouvez par exemple en supprimer une source. Si vos capteurs sensoriels sont submergés par des aliments extrêmement épicés, à la texture et aux arômes très prononcés, concentrez-vous sur un aliment à la fois. Accordez-lui toute votre attention et voyez ce qui se produit.

Dans ces moments-là, nous nous tournons vers ce qui se passe sous la surface, au risque de vivre quelque chose de profondément désagréable, avec l'espoir de mieux nous comprendre. Nous admettons avec bienveillance et compassion que nous avons foulé le territoire inconnu qui est l'acceptation de notre état tel qu'il est.

LA FICHE D'EXERCICE DES TROIS POISONS

L'EXERCICE QUE JE VOUS PRÉSENTE peut servir à chaque fois que vous remarquez une utilisation inappropriée de la nourriture sous la forme de l'un des trois poisons. Que vous soyez seule à la maison après une dure journée, devant le réfrigérateur ou déjà la main plongée dans un paquet de biscuits, gardez cette procédure à l'esprit afin de convoquer l'intelligence de votre corps et la perspicacité de votre cœur.

Lorsque vous éprouvez une forte envie de manger (ou que vous avez déjà commencé à manger) en l'absence de faim physique...

1. Faites une pause et créez de l'espace

Prêtez attention à votre corps dans l'instant présent.
Respirez profondément à trois reprises.
Prenez note des sensations corporelles de la respiration en restant dans l'instant présent.

2. Demandez-vous : *Est-ce que j'ai physiquement faim ?*

Oui	Non
Mangez !	**Allez au point 3**

3. Demandez-vous : *Lequel des trois poisons est la cause de mon envie de manger ? (Allez à la page suivante)*

Attachement
amusement, fierté plaisir, amour contentement, soulagement intérêt, joie, admiration, compassion

Agression
tristesse, culpabilité, regrets, honte, peur, déception, colère, dégoût, mépris, haine

Ignorance
ennui, anesthésie, bouleversement, déconnexion des sentiments

4. Une fois que vous avez identifié votre ressenti, laissez tomber les mots et centrez-vous sur la sensation corporelle.

Où se situe-t-elle ?

Est-ce qu'elle se déplace ?

Est-ce qu'elle va et vient ?

Quelle est sa couleur, sa forme, sa texture ?

Est-elle dense ou légère ?

5. Posez-vous maintenant la question suivante : *De quoi ai-je vraiment besoin à cet instant ?*

Est-ce que je bénéficie des ingrédients de base (nourriture, eau, sommeil, etc.) ?

Est-ce que je bénéficie de sources de bien-être, de plaisir, de relations sexuelles et d'apaisement?

Est-ce que je suis prête à procéder à une introspection ?

Est-ce que j'ai grand besoin de l'attention des autres ?

6. Prenez la mesure qui s'impose selon vous.

En interrompant la dynamique des pensées et actes habituels, il est possible d'identifier précisément ce que nous sommes en train de vivre. Nous poser afin de respirer et d'être en phase avec nos véritables besoins nous fait nous évader de notre esprit et entrer dans notre corps (et notre cœur). Pour mieux connaître tout l'éventail de nos émotions et être plus à l'aise avec elles, il faut identifier ce qui appartient au registre de la passion (attachement), de l'agression (résistance) ou de l'ignorance (insensibilisation) et décrire le plus précisément possible ce que nous ressentons, à l'aide des signaux présentés dans la fiche d'exercice. Nous vivons chaque jour des milliers d'émotions, mais, parmi les plus élémentaires, figurent celles considérées comme relativement positives (intérêt, amusement, fierté, joie, plaisir, contentement, amour, admiration, soulagement, compassion), celles considérées comme relativement négatives (tristesse, culpabilité, regrets, honte, déception, peur, dégoût, mépris, haine, colère) et l'absence ou l'ignorance de toute émotion. Mettre un nom sur ce que vous ressentez vous aide à accepter ou à reconnaître ce qui se produit à l'intérieur de votre cœur. Si cela semble à votre portée, débarrassez-vous des mots proprement dits et ressentez simplement l'émotion physiquement.

Une fois que vous avez identifié ce que vous ressentez, vous avez atteint le point de transformation. En ayant conscience de votre état, vous êtes plus apte à détecter et satisfaire précisément vos véritables besoins. Même si vous n'êtes pas capable d'identifier précisément ce que vous ressentez dans ces moments, portez votre attention et votre curiosité sur votre malaise et admettez que la nourriture ne satisfera pas ce besoin. Ce sera là une façon de prendre soin de vous-même qui finira par produire un déclic quant à vos véritables besoins émotionnels. Vous commencerez à cerner les solutions les plus à même de les satisfaire. Ces besoins sont-ils élémentaires – bien-être et plaisir, introspection ou attention ?

Parmi ces besoins élémentaires figurent la sécurité, la chaleur et la protection, un repos et un état de détente, manger et boire régulièrement et de manière satisfaisante tout au long de la journée et bouger son corps de manière agréable. Lorsque n'importe lequel de ces éléments fait défaut, la nourriture devient un mauvais substitut. Encore une fois, ce désir de manger pour connaître le bien-être est instinctif et, par essence, bon. Simplement, il ne nous satisfera pas longtemps, car il ne cible pas le véritable problème.

Comme je l'ai expliqué dans le dernier chapitre consacré aux moyens de faire preuve de générosité envers nous-mêmes, le bien-être physique, le plaisir et l'apaisement nous aident à prendre soin de nous et à comprendre que nous sommes connectées à notre corps, aux autres et au monde qui nous entoure. Cela signifie accepter notre besoin humain de relations intimes, de toucher sensuel et d'expériences épanouissantes.

L'introspection peut consister à tenir un journal, à écouter des podcasts sur le sujet, à consulter des sites Web ou à lire des livres sur ce que vous êtes en train de vivre. Il peut également s'agir de rester calmement assise sans rien faire, de pratiquer la méditation Shamatha ou d'observer directement ce que vous ressentez dans un état méditatif. Consacrez ce moment à l'écoute des émotions que vous évitiez auparavant en vous mettant à manger. L'introspection amène à une compréhension de soi plus profonde. Cela peut également représenter une source de motivation et vous préparer à rechercher le soutien des autres.

L'attention que vous portent les autres pour vous soutenir peut prendre plusieurs formes : le soutien d'un partenaire, d'un ami, d'un proche, d'un conseiller, d'un thérapeute, d'un professeur de méditation, d'un nutritionniste ou d'un autre professionnel de santé. Qu'il s'agisse d'analyser, de traiter, de gérer ou de nous sortir de ce que nous vivons, l'attention d'un tiers nous permet d'arrêter d'éprouver honte et isolement vis-à-vis de nos secrets, d'extérioriser ce que nous craignons être le plus inacceptable chez nous, de découvrir que nous ne sommes pas seules et d'œuvrer pour trouver la paix.

À vous ! Quand vous arrive-t-il de vous raccrocher au plaisir, de résister au déplaisir en vous insensibilisant par la voie de l'ignorance ? Qu'est-ce qui vous permet de remarquer que vous vous servez de la nourriture comme de l'un des trois poisons ?

NOTRE CORPS, L'UN DES TROIS POISONS

S'il nous arrive d'utiliser la nourriture à mauvais escient comme l'un des trois poisons, nous réservons occasionnellement le même traitement destructeur à notre corps. Nous nous accrochons à ce que nous aimons, résistons brutalement ou bien nous essayons de changer ce que nous n'aimons pas et de nous couper de ce que nous ne voulons pas affronter. Cela peut paraître contre-intuitif, mais traiter notre corps aussi durement peut nous sembler familier et sans danger. Quand le chaos s'empare d'autres aspects de notre vie, le fait d'orienter nos pulsions négatives vers notre corps nous donne le sentiment de garder le contrôle. Notre répugnance envers l'incertitude ou l'impuissance peut s'avérer tellement forte que nous préférons des certitudes négatives, telles que « mon corps est inacceptable ». Notre tendance à considérer notre corps comme l'un des trois poisons peut s'amplifier lorsque nous sommes soumises à un stress intense. Nous pensons alors que notre corps est responsable de la douleur ressentie, et nous sommes généralement capables, grâce à un examen approfondi, de retracer le cheminement émotionnel afin d'identifier l'élément déconcertant ou douloureux.

Nous sommes attachées à certaines parties de notre corps ou bien nous pensons que celles-ci doivent prendre une certaine apparence pour que nous méritions l'acceptation (passion). Nous détestons certaines parties de notre corps et souhaitons les modifier afin de recueillir l'approbation (agression). Enfin, nous faisons peu de cas de certaines parties de notre corps ou nous n'y pensons même pas (ignorance). Assimiler notre corps à un objet faisant partie des trois poisons peut nous conduire à minimiser l'importance d'autres aspects de notre vie, à comparer notre corps à d'autres corps (réels, imaginaires ou photoshopés), à faire un bilan corporel consistant à évaluer et surveiller des parties de notre corps, à éviter de nous regarder dans le miroir ou simplement à nous sentir « grosses », à savoir « dévalorisées et dégoûtées ». Si nous devions représenter sur un graphique notre valeur en fonction de l'apparence de notre corps, par rapport à d'autres aspects de notre vie comme nos relations, notre vie professionnelle et notre spiritualité, quelle proportion cette apparence occuperait-elle ?

Rééquilibrer notre point de vue est l'antidote à la façon de voir notre corps comme l'un des trois poisons, et ce, de deux manières : en réévaluant notre corps de manière plus holistique et en le mettant au cœur de ce qui est important à nos yeux. Comme nous l'avons exploré dans la devise du lojong sur le caractère rare et précieux d'une vie humaine, notre corps est fondamentalement bon. Il mérite d'être aimé dans sa globalité et traité avec bienveillance et compassion. En nous penchant sur la bonté élémentaire du corps, nous reconnaissons que certaines parties sont plus faciles à accepter, que d'autres nous mettent en difficulté et que d'autres encore ne font même jamais l'objet de notre attention. Lorsque nous habitons notre corps en voyant en lui l'instrument qui nous permet d'être au monde, et non comme un objet à exploiter et perfectionner pour le plaisir des yeux des autres, un changement s'opère. Sous cet angle, nous sommes plus susceptibles d'apprécier et de traiter toutes les parties de notre corps avec respect.

LE BALAYAGE CORPOREL PLEIN D'AUTOCOMPASSION

L'UN DES MEILLEURS MOYENS de rééquilibrer le regard que nous portons sur notre corps est de procéder à un balayage corporel empreint d'autocompassion.

Enfilez des vêtements amples dans lesquels vous vous sentez bien. Allongez-vous sur une surface ferme, un lit ou un tapis de yoga. Commencez par quelques respirations pendant lesquelles votre attention se porte sur l'air qui entre et sort de votre corps. Puis prononcez mentalement les énoncés suivants à mesure que votre attention parcourt votre corps de bas en haut :

Mon corps fait de son mieux.
Mon corps ne veut pas que je souffre.

Pieds Plantes, talons, ongles des orteils et orteils. Soutien et adaptation. La peau, les petits os et les muscles travaillent ensemble à trouver en permanence un équilibre et à me faire avancer. Oignons, orteils en marteau, ampoules, verrues. Combien de fois mes pieds ne sont pas reconnus à leur juste valeur. Je leur demande beaucoup.

Chevilles Os, ligaments et peau. Comment elles plient et s'adaptent à différentes surfaces afin de faciliter mes mouvements.

Tibias et mollets La texture de la peau et des poils qui les recouvrent. Os, ligaments, tendons, vaisseaux sanguins. Les muscles qui me portent, critiqués parce qu'ils sont trop gros ou trop petits.

Genoux Os, peau, petits muscles, ligaments et tendons. Ils absorbent constamment les chocs en faisant preuve de souplesse. Ils sont très sollicités. Ils communiquent la douleur. Ils s'adaptent à de très nombreux changements.

Cuisses Faces avant et arrière. Os les plus longs et muscles les plus gros du corps. Partie de mon corps extrêmement sollicitée. C'est là que je stocke de la graisse pour ma sécurité. Peau, poils, duvet et cellulite. Texture de la peau, vergetures. Preuve de la manière dont mon corps s'adapte à tout ce que je lui ai fait subir.

Hanches et bassin Peau, poils, os, muscles et graisse. Protection. Mon centre de gravité. Ma source de puissance. Une source de vulnérabilité.

Là où se trouve ma sexualité. Ce qui me permet de donner la vie, de créer et de ressentir le plaisir sexuel.

Fesses Peau, graisse, muscles. Elles amortissent, me soutiennent et me protègent.

Abdomen Peau, poils, muscles, organes, graisse. Vergetures et cicatrices. Grains de beauté. Renferme de nombreux organes auxquels je ne pense jamais. Estomac, intestins, reins, foie, pancréas, utérus, ovaires, vessie. Le centre de commandement lorsque l'on est enceinte. Le lieu où l'adaptation est la plus intense. La cible d'une grande partie de l'autocritique. Le centre d'alimentation et de développement.

Buste et poitrine Peau, os, muscles, ligaments, graisse. Renferme le cœur et les poumons. Centre de commandement et de prise en charge du corps. Côtes qui protègent. Petits muscles qui s'étirent et soutiennent. Seins qui grossissent et évoluent avec le temps, qui nourrissent un bébé, qui sont avec moi depuis ma naissance.

Dos Os, peau, muscles et graisse. Grains de beauté, problèmes de peau, acné. Colonne vertébrale, vertèbres, nerfs. Récepteur sensoriel, centre d'adaptation, amortisseur, dispositif à toute épreuve et centre d'évaluation de la douleur.

Bras Haut des bras, avant-bras, mains, doigts, ongles. Peau, poils, graisse, os, ligaments, tendons. Biceps et triceps. L'objet de très nombreuses critiques. Épaules, aisselles, nerfs et muscles. Nous permettent de nous connecter à autrui.

Cou Gorge, voix, respiration. Peau, os, graisse. Manger et avaler. Change de peau en permanence. Colonne vertébrale, rotation, adaptation.

Visage Peau, gras, livide, sec. Acné, cicatrices. Os, poils, graisse, muscles. Yeux, nez, bouche, sourcils, cils, oreilles. Joues, menton, front. Centre de connexion, d'expression et de communication. Lieu de changements et de mouvements permanents.

Tête Cheveux, couleur, texture, épaisse ou fine, crâne. Centre de protection, de perception, d'apprentissage, de changement et de connexion. Abrite les sens de la vue, de l'ouïe, de l'odorat et du goût.

Concluez votre balayage corporel en respirant à plusieurs reprises tout en vous concentrant sur l'air qui entre et sort de votre corps.

À vous ! Quelles parties de votre corps aimez-vous ou estimez-vous qu'elles vous permettent dans un certain sens d'être bien dans votre peau ? Comment pouvez-vous leur parler avec compassion ?
Quelles sont les parties de votre corps que vous n'aimez pas et que vous souhaitez changer afin d'être mieux dans votre peau ? Comment pouvez-vous leur parler avec compassion ?
Quelles sont les parties de votre corps qui n'ont pas d'importance à vos yeux ou auxquelles vous pensez rarement ? Comment pouvez-vous leur parler avec compassion ?

Traiter votre corps comme un objet à modifier, que ce soit par l'exercice physique afin de rentrer dans le jean que vous portiez à l'université, en vous asseyant sur une chaise afin de prendre le moins d'espace possible ou en choisissant, pour vos selfies, un angle de prise de vue vous faisant paraître plus mince, ne fait que rétrécir votre univers. Considérez votre corps comme l'instrument dans lequel vous habitez pendant que vous vivez votre vie – engagez-vous pour une cause, militez, enlacez quelqu'un que vous aimez, prenez la parole en public pour défendre une idée chère à votre cœur. Voilà tout ce qui peut élargir votre univers et le rendre meilleur.

Une fois que nous avons travaillé directement sur la bonté élémentaire de notre corps dans toute sa globalité, élargissons notre point de vue de manière à relativiser l'importance de notre corps physique par rapport à d'autres valeurs. Quand on y pense, il existe généralement de nombreuses choses plus importantes à nos yeux que la taille et la forme de notre corps : les relations avec les proches, les amis, les collègues, les animaux de compagnie et notre communauté ; le travail que nous effectuons et notre manière de contribuer à la marche du monde, même si cela n'intervient qu'à travers nos relations de bureau, avec des clients, des patients, des étudiants, des inconnus ou des anonymes de services clients au téléphone ; la façon dont nous passons notre temps à méditer, à participer à des activités artistiques, à danser, à chanter, à être au milieu de la nature, à montrer notre affection, à entretenir des rapports avec les personnes les plus importantes de notre vie, à faire l'amour, à aider les autres ; l'entretien de notre spiritualité, la connexion à autrui et la compréhension du monde lorsque nous essayons de vivre une existence de qualité. Au final, voilà les éléments qui définissent le mieux notre vie.

À vous ! Qu'éprouvez-vous lorsque vous traitez votre corps comme un objet ? Qu'éprouvez-vous lorsque vous traitez votre corps comme un instrument ? Qu'est-ce qui est important à vos yeux dans vos relations, votre travail, votre spiritualité et les activités que vous pratiquez ?

Lorsque nous sommes physiquement ou émotionnellement stressées, il est difficile d'accéder à ces nouveaux modes de pensée et comportements. Pour cette raison, il faudrait que nous soyons très compatissantes et patientes envers nous-mêmes lorsque nous ressentons un manque dans ce domaine. (Pour en savoir plus, rendez-vous au chapitre suivant consacré à la paramita de la patience, p. 179.) Comme le dit si bien l'adage, « les vieilles habitudes ont la vie dure » et c'est en grande partie parce que le stress nous ramène souvent vers nos vieux schémas. Plus nous sommes capables de rebondir et de laisser de côté ces expériences afin de nous recentrer sur notre corps dans l'instant présent, plus nous sommes à même d'emprunter la direction souhaitée à long terme. Et c'est le long terme qui nous intéresse.

Lorsque vous avez la chance de vivre des périodes où le stress est moins important, mettez-les à profit pour travailler sur votre esprit et l'orienter vers des pensées et des comportements plus sains et plus compatissants envers vous-même. Tout comme la pratique méditative nous permet de nous recentrer sur notre respiration, la paramita de la discipline permet de revenir systématiquement vers le corps afin de déchiffrer nos sentiments et nos besoins. C'est grâce à cette conscience pure que nous sommes capables de prendre soin de nous-mêmes du mieux possible.

5

LA PARAMITA DE LA PATIENCE

Notre manière de penser notre corps et d'en prendre soin est subtile et personnelle à la fois. Nous sommes les seules à nous comprendre nous-mêmes, de la première fois où nous avons dit « non » à une autre bouchée de banane écrasée – les débuts de l'autonomie ! – à la première fois où nous avons dit « non » à un aliment par crainte qu'il nous fasse grossir. Depuis l'instant où nous avons compris que notre corps nous permettait de ramper et de prendre du plaisir, jusqu'au moment où nous avons pris conscience que quelque chose clochait dans certaines parties de notre corps. Chaque jour, des dizaines de milliers de pensées et de jugements conscients et inconscients renforcent notre perception de la nourriture, du fait de manger et de notre corps. Les origines de ces sentiments remontent à loin… Il est souvent difficile d'identifier le moment où cette image s'est altérée, à cause de l'alimentation miracle. Si vous lisez ces lignes, c'est bien parce que vous avez estimé, pendant des décennies, que votre corps *devait* changer. En renonçant à l'alimentation miracle, vous vous recentrerez sur votre sagesse intérieure. Voilà qui nous amène à la paramita de la patience.

La patience est précisément ce que vous devez viser : donnez-vous le temps de vous adapter à un nouveau rapport à la nourriture, à votre corps et au monde qui vous entoure. La patience nous permet de nous défaire des croyances, des habitudes, et d'apprendre – ou de nous en souvenir – ce qui est réellement bon pour nous. La durée et la qualité de ce processus dépendent de notre parcours et de nos expériences. La patience nous apprend à nous adresser à nous avec compassion et à nous pardonner à nous-mêmes les mauvais traitements que nous nous sommes infligés pendant tant d'années. La patience nous aide à ramener le calme dans notre esprit, lorsque l'on pense à la nourriture, à l'alimentation et à notre corps – elle crée de l'espace autour de nos actions. Plutôt que de réagir sous le coup de l'irritation, de la frustration ou de la peur, nous devons apprendre à, justement, ne pas réagir. Cette patience nous permet de répondre à une nouvelle situation avec bienveillance et nous offre le temps nécessaire pour développer la confiance en notre capacité à gérer n'importe quel obstacle.

Afin de cultiver la patience, identifiez les croyances et les comportements autour de l'alimentation miracle. Une fois qu'ils sont identifiés, commencez à les examiner, à les remettre en question et à trouver des failles dans leur logique et leur validité. À mesure que vous disséquez ces croyances, il est possible de les remplacer par des pensées plus authentiques, plus personnelles, fondées sur votre ressenti et sur la communication que vous entretenez avec votre corps.

À vous ! Quels événements survenus pendant votre enfance, votre adolescence et votre vie d'adulte ont contribué à faire naître votre adhésion à l'alimentation miracle et les pensées concernant votre corps ? Pendant combien d'années avez-vous entretenu ces croyances ? Quelles croyances concernant l'alimentation miracle gardez-vous encore en vous sur la base de ces événements ?

Au fil des ans, l'alimentation miracle s'est peu à peu cristallisée dans votre esprit. Apprenez à faire confiance à votre corps et servez-vous-en comme d'un instrument. Votre corps n'est pas un objet à façonner jusqu'à la perfection ; il est soumis à un processus permanent, qui s'exécute tout au long de votre vie. Se détacher de l'alimentation miracle n'est pas une opération qui s'effectue d'un claquement de doigts. Lorsque des clientes viennent me voir en disant qu'elles ne veulent « tout simplement plus penser à la nourriture », je leur annonce gentiment qu'il leur faudra toujours penser à la nourriture (car tout le monde y pense !), mais que c'est le regard qu'elles portent dessus qui va devoir changer.

Pour nombre d'entre nous, être patient signifie endurer calmement une situation, jusqu'à ce qu'elle s'éloigne, ou jusqu'à ce qu'un objectif soit atteint. Pour pratiquer la véritable patience, rien de tout ceci n'est nécessaire. Au lieu de serrer les dents ou les poings face aux difficultés qui se dressent inévitablement tout au long du programme *Je m'aime donc je mange*, nous pratiquons la patience en nous débarrassant, justement, de toute attente. Nous acceptons ce qui se produit dans notre corps et notre cœur, nous le traitons bien et nous allons de l'avant. Ce faisant, nous nous familiarisons avec ce qui entraînait auparavant notre fuite dans la direction opposée. Plutôt que de réagir immédiatement avec passion, agression ou ignorance, comme indiqué dans le chapitre sur la paramita de la discipline, nous respectons tout ce qui nous arrive avec la volonté de le ressentir et non de l'éviter. Parfois, comme nous le verrons plus amplement, ne rien faire est, en soi, une façon d'agir.

Plutôt que d'exprimer les choses d'une manière habituelle, notre pratique méditative nous aide à faire preuve de souplesse et de résilience face au malaise et à réagir intelligemment, au lieu de nous exprimer automatiquement et de nous rendre compte des conséquences après coup. La pratique de la patience est par nature courageuse. Elle renforce notre connexion à notre corps, à notre esprit et à ce que nous vivons vraiment.

Bien évidemment, se débarrasser de toute attente va à l'encontre de l'alimentation miracle, qui nous promet le bonheur, la disparition soudaine des problèmes, l'amour, des relations sexuelles plus épanouies, la fin des souffrances. Toutes ces attentes nous écartent de l'instant présent et nous déconnectent de ce qui se produit dans notre corps, dans notre cœur et dans notre environnement. Supprimer ces attentes nous aide à porter de nouveau notre attention et notre conscience sur notre corps intelligent. Ce changement est un travail de longue haleine. Et il faut respecter le rythme auquel il se met en place.

LORSQUE ADRIANA est venue me consulter, cela faisait plus de trente ans qu'elle enchaînait les programmes minceur. Elle avait décidé de ne plus jamais se mettre au régime et tenait à réparer les dégâts qu'elle s'était infligés. Lorsque nous avons commencé notre collaboration, nous avons toutes deux réalisé qu'elle s'accrochait farouchement à certaines croyances en matière de régime, comme l'importance de se peser et de limiter au maximum les calories. Avec le temps, Adriana s'est débarrassée de ces croyances. Elle a jeté sa balance, a tenu tête à certains professionnels de santé qui tenaient à la peser alors que rien ne le justifiait et elle a redessiné certaines limites avec ses proches. Elle a laissé ses goûts alimentaires et ses sensations corporelles guider ses choix. Elle a cessé de boire des boissons édulcorées que, de toute façon, elle n'aimait pas, et qui lui provoquaient des maux d'estomac. Elle a découvert que son envie de sucre après le dîner était très occasionnelle et non pas systématique. Elle a traversé une période de colère contre les régimes et l'alimentation miracle et contre ses parents, ses pairs et la société qui l'avaient obligée à tant de privations. Elle était en colère de ne pas avoir vraiment vécu, persuadée de ne pas avoir le « bon » corps. En s'autorisant à éprouver pleinement ce ressentiment, elle l'a dépassé et a fini par être capable d'accéder à une profonde tristesse, camouflée par cette colère. Adriana avait envie d'une vie plus sensuelle. Une des croyances avait la vie dure : elle ne le mériterait qu'après avoir maigri. Elle éprouvait encore des difficultés, mais elle a appris à s'adresser à elle-même, ainsi qu'à son corps, comme si elle parlait à une amie. Elle a ainsi décidé de prendre mieux soin d'elle et de le montrer au monde extérieur. Elle a coupé ses longs cheveux, ce qui fut un acte radical puisqu'on lui avait toujours dit que les cheveux courts n'allaient pas avec la forme de son visage, et elle a commencé à porter des boucles d'oreilles. Elle s'est mise à prendre des leçons de batterie et des cours de salsa pour mettre plus de mouvement dans sa vie. Voici l'un des propos tenus par Adriana pendant une séance : « Est-ce que la honte a déjà guéri quelqu'un ? » Nous avons décidé que la honte avait plus de chances de faire rentrer quelqu'un dans le rang que de lui permettre d'aller de l'avant.

Se débarrasser d'attentes et pratiquer la patience signifie nous retrouver là où nous sommes, quelle que soit notre situation. Chaque pièce du puzzle – faim physique, faim émotionnelle, satiété physique, satiété ou satisfaction psychologique, mouvement « habité » et image corporelle – existe à de multiples niveaux. Au début, nous pensons avoir atteint une forme d'illumination, grâce à l'alimentation miracle. Ce n'est qu'en identifiant et défaisant ces premières couches de programmation que nous pouvons lever le voile sur notre aveuglement. De nombreuses clientes, même après avoir longuement travaillé à se défaire de leurs croyances sur les régimes, m'ont révélé avoir découvert à quel point ces dogmes étaient subtilement mais solidement ancrés. Ce n'est qu'une fois qu'elles ont été vraiment prêtes qu'elles ont fini par s'en départir.

Le plus grand obstacle à la patience est l'agression : résister à ce qui se produit dans notre existence, recourir aux comportements habituels afin de changer ce qui finit par changer, quoi que l'on fasse. Voyez simplement en la paramita de la patience un moyen de vous autoriser à : être dans la situation qui est la vôtre aujourd'hui, ressentir le mal-être associé à des situations inconnues et à des émotions fortes, ne pas toujours savoir comment réagir, évaluer au mieux la situation et continuer d'aller de l'avant.

L'AUTOCOMPASSION

L'outil le plus utile pour pratiquer la paramita de la patience est l'autocompassion. Nombre d'entre nous ont commis l'erreur de penser « Si je suis dure avec moi-même, je serai motivée et je remplirai mes objectifs ». Être dur avec soi-même peut permettre d'obtenir des diplômes, des promotions, des augmentations, etc. Et pourtant, cette approche, quand il s'agit de prendre soin de son corps et de le nourrir, se solde toujours par un échec. Nous imaginons par exemple que, dès que nous aurons perdu du poids, que nous mangerons plus sainement – en résumé, dès que notre corps aura changé, nous ferons preuve de plus de douceur envers lui. Or c'est dans l'autre sens qu'il faut considérer les choses : si être dures avec nous-mêmes avait pour résultat de vraiment nous rendre plus minces, alors pourquoi sommes-nous toujours en échec ? Il n'y a rien de plus contre-productif que l'auto-agression pour prendre soin de soi ; il est temps de passer à une méthode plus efficace : la bienveillance et l'autocompassion.

Apprendre de nouveaux moyens de prendre soin de votre corps et de gérer vos pensées est un défi. Lorsque vous avez mené pendant longtemps une lutte contre la nourriture et votre corps, il faudra inévitablement passer par une période pendant laquelle vous devrez désapprendre des choses et en réapprendre d'autres, réapprendre à faire confiance à votre corps et à votre jugement et accepter l'incertitude liée au fait de ne plus suivre aucun diktat. Pour que le changement s'opère au niveau du corps et de l'esprit, il est essentiel de rester curieux, neutre, et de pratiquer l'autocompassion.

Dans *S'aimer : Comment se réconcilier avec soi-même*, le docteur Kristin Neff, chercheuse et autrice, identifie les trois piliers de l'autocompassion : faire preuve de bienveillance envers soi-même, sans juger nos erreurs, nos défauts et nos imperfections, admettre que la condition humaine est faite de souffrance, d'imperfection et de vulnérabilité, et enfin, considérer les émotions et les expériences négatives pour ce qu'elles sont, sans les amplifier ni les minimiser. L'autocompassion n'est pas un auto-apitoiement, lequel nous déconnecte des autres et nous centre sur notre souffrance. Ce n'est pas non plus de la complaisance, laquelle nous incite à porter un regard exagérément positif sur nous-même et qui fausse notre jugement objectif sur nous-même. Il ne s'agit pas non plus d'un travail sur l'estime de soi, qui veut faire de nous plus que ce que nous sommes, que nous nous voyions meilleures que les autres, toujours dans une quête permanente de la réussite. Les gens qui pratiquent l'autocompassion sont plus résilients, ils se perçoivent plus conformément à la réalité, ont des relations plus profondes et enrichissantes, sont moins narcissiques et réagissent moins souvent par la colère. Des travaux de recherche laissent également entendre que les personnes qui portent un regard plein de compassion sur leur corps – qui se montrent donc honnêtes, ne portent pas de jugement et se traitent avec respect et bienveillance – ont tendance à mieux prendre soin d'elles-mêmes.

Pour faire preuve de plus d'autocompassion, la première étape est d'identifier les façons dont nous nous adressons à nous-mêmes. Chacun connaît cette petite voix qui nous dit quand nous sommes bons ou mauvais. C'est la bande originale qui joue en fond sonore durant toute notre vie. La plupart des gens sont durs avec eux-mêmes, dans certains domaines de leur existence. Cependant, il est important de prendre conscience des nuances et de travailler à plus de bienveillance et de compassion.

TOUT LE MONDE DISAIT de Chelsea qu'elle était une fille intelligente, pleine d'esprit et pince-sans-rire. Mais avec elle-même, elle était très sévère. Toute petite, Chelsea avait appris que le pire défaut était d'être « imbu de soi-même ». Elle avait donc appris à se rabaisser en permanence. Elle était gentille avec les autres, mais ne l'était jamais envers elle-même. Ce jugement vis-à-vis d'elle touchait tous les pans de sa vie. Elle luttait contre sa faim, la rejetait jusqu'à ce qu'elle parvienne au point de rupture. Elle enchaînait donc des épisodes de privations et d'hyperphagie. Elle luttait contre son corps lorsqu'elle pratiquait la course à pied, car elle n'était pas la plus rapide. Avant que l'on commence à travailler ensemble, Chelsea pensait qu'être dure avec elle-même la motiverait à s'améliorer. Ce n'est qu'après avoir commencé à prêter plus d'attention à sa petite voix intérieure qu'elle a réalisé à quel point cet autodénigrement ne la motivait jamais, mais la poussait à se détester. Chelsea était sceptique à l'idée de pratiquer l'autocompassion, car l'autoflagellation était son mode de fonctionnement, et c'était donc une sensation sécurisante. Mais elle avait confiance en ce processus et elle a continué de venir me voir afin de travailler sur ses pensées négatives. Elle était tellement persuadée de ne mériter aucune autocompassion qu'elle ne manquait pas de chercher des failles dans chacun de mes arguments. Puis Chelsea a changé de regard sur elle-même. Il lui est même arrivé un jour de porter sur elle un jugement positif en se croisant dans un miroir, avant de comprendre qu'il s'agissait de son reflet. Chelsea a fini par devenir plus compatissante, à ne plus avoir honte d'elle, bien qu'exprimant toujours les choses avec sa voix de râleuse. « Se détester n'a jamais fait progresser personne », a-t-elle dit lors de l'une de nos dernières séances. Ce qui, venant d'elle, m'a beaucoup fait rire. C'était une belle victoire.

À vous ! Quelles autocritiques se font le plus souvent entendre sur votre bande-son personnelle ? Dites-les une par une à voix haute et voyez ce que cela vous fait de les entendre ainsi, peut-être pour la première fois.
Quels sentiments et pensées inondent votre esprit lorsque vous entendez ces déclarations ? Dans quelle partie du corps cela se manifeste-t-il ? Que ressentez-vous au niveau du cœur ? En quoi chaque énoncé a-t-il pu influencer votre approche de l'alimentation et la manière de prendre soin de vous-même ?

Lorsque vous diffusez votre bande-son à voix haute, vous découvrez peut-être avec surprise à quel point vous êtes cruelle envers vous-même. Nombreuses sont mes clientes à être frappées par la méchanceté de leurs propos envers elles-mêmes. Elles n'auraient jamais pensé parler ainsi à leurs amis, leurs enfants, leurs sœurs ou leur mère. Maintenant que vous avez conscience de l'influence de votre petite voix sur la manière de prendre soin de vous-même, pourriez-vous imaginer un état d'esprit qui ne vous ferait pas ressentir ça ? Pourriez-vous imaginer ce que cela vous ferait de *ne pas être* aussi dure avec vous-même ? Que ressentez-vous lorsque vous percevez, le temps d'un instant, l'absence d'autocritique ? Prêtez-y attention, sachant qu'il peut s'avérer difficile d'y parvenir ou de conserver cet état d'esprit.

Une fois explorés en détail les effets très concrets de votre bande-son personnelle, étudiez de nouveau chaque énoncé. Voyez s'il est possible de reformuler chaque critique d'une manière plus neutre. Par exemple, *Les bourrelets de mon ventre sont dégoûtants* pourrait devenir *C'est un ventre humain, il est blanc/rose/marron/noir, lisse et rond.* Éliminez les jugements et remplacez les critiques par une neutralité. Cela crée de l'espace dans notre cœur et notre esprit et nous aide à voir les choses telles qu'elles sont, ni négativement ni positivement.

À vous ! Comment commencer à reformuler les énoncés de votre bande-son afin qu'ils deviennent neutres ?

Avec du temps et de la pratique, les énoncés neutres peuvent à leur tour être reformulés afin d'être pleins de compassion. *C'est un ventre humain* peut finir par se transformer en *C'est* mon *ventre et il est bien plus que des bourrelets. Il abrite mes organes, fonctionne tout seul et s'adapte à d'innombrables changements, comme faire grandir un autre être humain. Mon ventre est une partie de mon corps qui mérite de l'attention et d'être accepté par le simple fait qu'il existe.*

À vous ! Comment reformuler vos énoncés neutres de manière à ce qu'ils deviennent des énoncés d'autocompassion ?

Faire preuve d'autocompassion ne signifie pas ne jamais avoir de pensées négatives à propos de son corps. Si nous nous attachons à cultiver la permission absolue de manger, nous avons aussi la permission absolue de *penser.* Cela signifie qu'aucune pensée n'est interdite. Elles sont toutes les bienvenues. En cas de pensées négatives ou agressives envers vous-même, allez à leur rencontre, essayez de découvrir leur provenance et trouvez un moyen de leur répondre en toute neutralité, puis en ajoutant progressivement chaleur et compassion.

Patience et autocompassion seront les armes qui nous aideront à affronter les nombreux obstacles rencontrés sur le programme *Je m'aime donc je mange*. L'alimentation miracle repose sur quantités d'évitements : ne pas faire ses courses le ventre vide, boire un verre d'eau avant un repas de fête, s'installer près du présentoir de légumes au cours d'un cocktail plutôt que près du plateau de fromages. De mon point de vue, il faut toujours accueillir ce qui se présente plutôt que de l'éviter – les obstacles sont toujours riches en enseignements.

Dans la philosophie bouddhiste, l'un de mes concepts préférés est que tout ce que vous rencontrez fait partie de l'aventure. Chaque pensée, sentiment, réaction et interaction doit être considérée comme faisant partie de la compréhension de la nature de la réalité et donc, de vous-même. Cela semble plus particulièrement vrai pour notre rapport à la nourriture et à notre corps.

Lorsque le monde est rempli de maux, transforme toutes les difficultés dans la voie de la bodhi.

Dans cette devise du lojong, les *maux* correspondent à tout ce qui distrait ou décourage votre attention à l'intelligence de votre corps. Les *difficultés* sont les obstacles qui se dressent sur cette voie. Elles peuvent passer pour des problèmes, mais n'en demeurent pas moins essentielles pour une compréhension profonde et sincère de la manière de prendre soin de vous-même. Et la voie de la bodhi est la voie *Je m'aime donc je mange*, que vous empruntez en tant que bodhisattva, au centre de laquelle se trouvent la compassion et la conscience de ce qui se produit dans votre corps et votre esprit à chaque instant, ainsi qu'une volonté d'y revenir avec curiosité et sans émettre de jugement.

Dans la mesure où l'alimentation miracle et la culture des régimes se fondent sur une classification d'aliments bons ou mauvais, de décisions bonnes ou mauvaises, il est facile d'être déboussolée. Selon cette approche extrêmement étroite, un seul faux pas peut tout gâcher. Nombre de mes clientes me décrivent leurs expériences en matière de régime, au cours desquelles elles font un choix (manger un cookie ou tout un paquet de cookies) qui les déstabilise au point d'arrêter de penser à leur manière de s'alimenter pendant tout le restant de la journée et de promettre de repartir sur de bonnes bases le lendemain.

Dans notre programme, il n'y a pas de mauvaises décisions, ni de mauvais aliments. Les prétendues difficultés sont autant d'occasions d'approfondir la compréhension de votre corps et de votre esprit et d'accroître votre tolérance. Oui, l'incertitude et le déplaisir sont deux éléments essentiels qui enrichissent votre existence, et qui peuvent vous apprendre à prendre soin de vous-même et à vous nourrir. Voici certaines des difficultés les plus courantes sur la voie de l'alimentation et de la compassion pour votre corps. Lorsque vous les étudiez, revoyez la fiche d'exercice des trois poisons présentée plus haut. Elle vous aidera à identifier et à savoir précisément ce que vous ressentez, ainsi qu'à aller de l'avant avec bienveillance.

Oublier de se connecter à ses sens

Tout comme notre objectif est de ressentir notre corps en nous connectant à nos sens lorsque nous mangeons (et aussi en dehors des repas), notre but est de remarquer lorsque nous *ne sommes pas* dans notre corps. À cause des différentes croyances sur ce que *nous devons* et ne *devons pas* manger, sur les bons aliments et ceux qui font grossir, ou ceux qui sont susceptibles de nous rendre malades, il n'est pas rare de manger avec notre corps pendant que notre esprit est ailleurs. Voici les obstacles les plus courants à la connexion sensorielle : distractions régulières, culpabilité, voire anxiété et déconnexion délibérée de ce que nous vivons sur l'instant afin de modifier notre ressenti.

Lorsque nous sommes régulièrement distraites, notre conscience est comme divertie alors que nous mangeons. Nous ne sommes pas complètement présentes et sommes alors susceptibles de passer à côté de la dimension sensuelle et satisfaisante de la nourriture. Cette distraction régulière peut nous pousser à manger plus que de besoin pour nous sentir satisfaites, en passant à côté des sensations corporelles de satiété. Pour éliminer toute distraction, il est important de nous attacher uniquement à manger pendant une durée donnée. Au cours de n'importe quel repas, essayez de manger la première bouchée en étant totalement attentive. Essayez ensuite de garder une grande attention pendant les cinq premières minutes du repas. Une fois ces cinq minutes écoulées, autorisez-vous à laisser votre esprit divaguer de façon plaisante. Avec le temps, vous découvrirez peut-être qu'il est préférable de manger en étant attentive plutôt qu'en étant distraite.

Le deuxième obstacle à la connexion à vos sens pendant que vous mangez est la culpabilité ou l'anxiété. Lorsque l'on se sent coupable de manger quelque chose qu'on ne devrait pas, ou qui pourrait engendrer des conséquences négatives (prise de poids ou problème de santé), on se déconnecte de nos sens. Quand notre corps est en train de manger alors que notre esprit se sent coupable ou anxieux, nous sommes bien moins à même de manger en nous basant sur nos sensations internes. Il se peut que nous mangions plus que nécessaire pour nous sentir satisfaites, en nous promettant que *c'est la dernière fois*, ou que nous écourtions notre repas, le jetions à la poubelle – j'ai même connu des personnes qui versaient de l'eau sur leur assiette pour s'empêcher de la terminer. D'une manière ou d'une autre, la culpabilité et l'anxiété nous privent de la joie de manger et nous empêchent d'en apprendre davantage sur ce que nous aimons et n'aimons pas. Nous sentir coupables ou anxieuses à table sous-entendrait que nous avons commis une sorte de péché ou que nous avons volontairement ingéré un poison. Comment cela serait-il possible, si nous n'avons fait que manger une part de gâteau au chocolat ou des chips au fromage bien croustillantes ?

Se sentir coupable et anxieuse quand on mange est une conséquence indirecte de l'alimentation miracle qui donne à la nourriture une dimension morale. Ce type de pensée est une impasse émotionnelle. L'alimentation miracle renforce nos pensées et nos comportements dysfonctionnels, pour provoquer encore plus de souffrance. L'antidote à la culpabilité et à l'anxiété à propos de l'alimentation est de vous autoriser sans réserve à manger, avec l'intention de relier vos sensations internes à ce que vous vivez vraiment : vos sensations corporelles pendant que vous mangez, une heure plus tard, le lendemain. Souvent, lorsque les gens se débarrassent de l'anxiété liée à la consommation de certains aliments et s'accordent une autorisation sans aucune restriction, leur réaction vis-à-vis d'eux-mêmes change elle aussi.

Même si vous êtes en train de manger un aliment qui ne vous réussit pas – soit parce qu'il vous donne des maux d'estomac ou occasionne beaucoup de gaz (à noter qu'il est normal d'avoir des gaz quand on est doté d'un corps) –, se sentir coupable ou anxieuse n'arrange rien. Il est bien plus utile de se connecter à son corps et d'admettre que, bien que la consommation d'un aliment donné soit agréable sur le moment, cela débouchera sur un désagrément physique que vous préféreriez ne pas éprouver. Préférer ne pas éprouver un désagrément physique plutôt qu'apprécier manger certains aliments peut provoquer l'apparition d'un sentiment de privation, de tristesse ou d'envie qui ne doit pas constituer un problème. La permission absolue signifie que vous avez toujours le choix de votre mode d'alimentation et de vos priorités. (Vous en saurez plus sur le sujet dans le chapitre consacré à la paramita de la sagesse, voir p. 249.)

Le troisième obstacle à une bonne connexion survient lorsque l'on cherche à se couper délibérément d'un ressenti désagréable. Que nous ne tenions tout simplement pas compte de ce que nous mangeons, ou que nous fassions de l'hyperphagie émotionnelle, notre corps et notre esprit ne sont pas au même endroit. En nous déconnectant de notre corps, nous ne prêtons pas attention à nos sensations internes, ne sentons pas ce qui est en train de se produire ou ne sommes pas vraiment à l'écoute de nos besoins. Par exemple, nous submergeons nos sens par la quantité ou des caractéristiques sensorielles envahissantes – comme ma cliente avec ses poignées de M&M's –, nous mangeons et nous avalons très vite et, bien entendu, nous mangeons d'une manière agressive et punitive, source de mal-être, de maladie ou de douleur.

Trouver le moyen de se reconnecter lorsque l'on se coupe délibérément de ses sens est plus complexe que pour les deux cas précédents. L'important est d'observer : remarquez quand apparaît ce désir de se déconnecter et de ne rien ressentir ou de ressentir autre chose. Souvent, nous ne prenons conscience des choses qu'après leur apparition. Considérez cela comme de la *pleine conscience après-coup* (mais cela reste néanmoins de la pleine conscience). Moyennant une attention permanente, de la pratique et de la bienveillance, notre pleine conscience de ce qui se déroule se rapproche de plus en plus du temps réel. Cela peut même aller jusqu'à anticiper ce qui va se produire tant le déroulement des événements vous est familier.

Notre corps nous accompagne constamment. Nos sens nous sont toujours accessibles, mais il peut nous arriver d'oublier de nous y connecter. À chaque fois que nous oublions les bases, la solution est d'admettre notre oubli, de nous reconnecter à nos sens dans la mesure du possible et de nous résoudre à répéter cela autant de fois que nécessaire. Cela vaut pour notre pratique méditative. Je pratique la méditation depuis une dizaine d'années, et j'oublie parfois les instructions. Ma technique est trop approximative et j'ai alors tendance à rêvasser et non à méditer. Quand je m'en rends compte, je me remets à lire des choses sur la technique de méditation, à écouter une méditation guidée ou bien je me donne des instructions de base. De même, quand vous vous apercevez que vous avez oublié de vous connecter à vos sens, revenez à la devise du lojong *Examine la nature de la conscience intrinsèque* (voir p. 106).

Nous concentrer sur un sens à la fois accroît également la conscience de nos sens et notre connexion à eux. Sortez contempler votre environnement immédiat en sollicitant un sens à la fois :

- Concentrez-vous sur le sens de la vue dans un jardin, une rue, un musée, en faisant les vitrines, dans un restaurant ou une boutique que vous appréciez pour son charme et sa stimulation visuelle.
- Concentrez-vous sur le sens de l'ouïe sur une plage, dans une rue bondée, dans une bibliothèque, à un concert, en écoutant votre morceau préféré.
- Concentrez-vous sur le sens de l'odorat, chez un fleuriste, une parfumerie, dans une boulangerie, dans une pizzeria ou en marchant sur une pelouse qui vient d'être tondue.
- Concentrez-vous sur le sens du goût avec des aliments qui vous font parcourir toute la palette gustative (sucré, salé, épicé, aigre, amer et umami).
- Concentrez-vous sur le sens permettant de ressentir la température (bouillant, chaud, froid, frais) et la texture (croquant ou crémeux, juteux ou sec, croustillant et cru ou mou et cuit).
- Concentrez-vous sur le sens du toucher avec différentes textures, comme une écharpe en soie, en passant votre main sur des briques ou un dallage, en faisant glisser du sable entre vos doigts, de l'eau sur votre peau, les pieds nus dans l'herbe.

À vous ! Quand vous arrive-t-il d'oublier de vous connecter à vos sens en mangeant ? Comment appliquer cet antidote ? Comment reformuler cette expérience avec compassion ?

Avoir trop faim / Ne pas manger régulièrement

Notre corps a besoin de nourriture et d'eau à intervalles réguliers au cours de la journée afin de fonctionner et de se développer.

Et pourtant, il nous arrive souvent de ne pas satisfaire ce besoin régulièrement.

CHLOÉ PRENAIT SOUVENT son petit déjeuner tôt le matin, puis ne mangeait plus rien jusqu'à ce qu'elle rentre du travail tard le soir, moment où elle mangeait à l'excès des aliments, riches en glucides et en graisses, roboratifs et réconfortants. Elle avait à peine conscience des sensations de faim qui allaient et venaient au cours de la journée et trouvait plus facile de compartimenter son alimentation ainsi de façon à ne pas être distraite par des détails aussi terre à terre pendant sa journée déjà éprouvante. Quand nous avons travaillé à intégrer des repas ou en-cas moins copieux à intervalles réguliers, ses sensations de faim naturelles ont commencé à refaire leur apparition. Plus elle réagissait à leur survenue, plus ces sensations revenaient régulièrement et plus elle apprenait à déceler les différentes nuances. Ses épisodes d'hyperphagie du soir ont également diminué et elle a opéré différents choix de nourriture, privilégiant la variété des produits et la satisfaction. Bien qu'elle ait encore parfois des difficultés à se nourrir régulièrement, Chloé a pris conscience que l'origine de ses problèmes était d'avoir trop faim et de ne pas se nourrir régulièrement.

Quand nous travaillons sur la faim et la satiété, notre objectif est d'éviter les extrêmes. Lorsque nous avons faim au point de ne pas être capables de mener à bien des tâches physiques ou intellectuelles, la tendance naturelle sera de manger d'une manière extrême, à l'inverse, à savoir nous gaver à en être malades.

Le meilleur moyen d'éviter cet écueil et cette faim extrême est d'identifier les signaux de la faim quand ils sont encore légers, mais clairs. Même s'il n'est pas toujours possible de prendre un repas entier quand la faim est trop légère, conserver des en-cas dans le réfrigérateur, dans un tiroir de notre bureau, dans la voiture, à la maison, dans notre sac de sport et dans notre sac à main peut nous rendre service. Voici des idées d'en-cas nourrissants et faciles à conserver.

- Mélanges de noix, de graines, de fruits secs et de pépites de chocolat.
- Barres énergétiques bien équilibrées en protéines, glucides et graisses.
- Yaourt au lait entier avec du muesli.
- Une pomme ou une banane avec de la purée de noix.
- Des biscuits aux céréales entières avec de la purée de noix et de la confiture.
- Des œufs durs avec des carottes et du houmous.

Nos choix n'ont pas besoin d'être parfaits. Tant que nous avons l'intention d'écouter notre corps et de faire de notre mieux pour y répondre, nous poursuivons notre programme en toute confiance.

À vous ! Quand vous arrive-t-il d'avoir trop faim ? Pourquoi avez-vous du mal à vous alimenter régulièrement ? Comment pouvez-vous gérer cet obstacle ? Comment pourriez-vous aborder avec compassion ce que vous vivez alors ?

Dépasser le stade de la satiété agréable

Manger est une expérience agréable, et parfois, nous éprouvons déception et tristesse quand ce plaisir prend fin. Quand vous identifiez et répondez à cette satiété agréable, où que se trouve votre juste milieu, il se peut que vous dépassiez de temps en temps ce stade pour diverses raisons : une réaction face à de trop nombreuses de privations ou face à des injonctions de l'alimentation miracle – parmi lesquelles ne pas vous accorder la permission de manger –, un désir de prolonger une expérience agréable et l'évitement d'une reprise d'activité. Il nous incombe de choisir le niveau de satiété à atteindre. Il n'existe aucun impératif moral d'arrêter de manger une fois parvenues à notre juste milieu. Mais si le dépassement du stade de la satiété agréable produit des effets indésirables tels qu'un désagrément physique, mais aussi le fait qu'il serait plus intéressant d'affronter le problème qui se cache derrière cette résistance, procéder à un examen plus approfondi est toujours utile.

Une façon de gérer cette dynamique consiste à cesser de manger dès que vous avez le sentiment d'être rassasiée, à reposer alors votre fourchette et à vous dire, en vous-même ou à voix haute (en fonction des circonstances et s'il est socialement acceptable de vous parler à vous-même à ce moment-là) : *Je m'arrête de manger afin de ressentir les désirs et les besoins de mon corps.* Si à ce stade vous souhaitez décider plus tard de terminer ou non votre repas, poursuivez en disant : *Je m'accorde la permission absolue de continuer à manger, mais je choisis de ne pas le faire à cet instant parce que* ______________________. Complétez la phrase avec ce qui vous semble vrai, qu'il s'agisse de : *Je veux découvrir ce dont j'ai vraiment besoin à cet instant, je veux apprécier la nourriture que je viens de manger* ou de *je veux voir ce que cela fait d'arrêter avant de me sentir mal pour avoir trop mangé.* Faites une pause de dix minutes en gardant à l'esprit que vous avez la permission absolue de revenir à votre repas si vous le souhaitez. Pendant ces dix minutes, consignez par écrit ce que vous ressentez, méditez, exécutez une tâche que vous évitez ou menez une autre activité qui vous paraît neutre ou agréable.

À vous ! Quand vous arrive-t-il de dépasser le stade de la satiété agréable ? Comment pouvez-vous gérer cet obstacle ? Comment pourriez-vous aborder avec compassion ce que vous vivez alors ?

Prendre à tort un souvenir pour le moment présent

À propos du dépassement du stade de la satiété agréable, vous continuez peut-être parfois à manger, alors que vous assez mangé, tout simplement parce que ce qui se trouve dans votre assiette est savoureux. Mais lorsque vous vous connectez à vos sens et que vous restez concentrée sur celui du goût tout au long du repas, vous constaterez peut-être que ce dernier évolue d'une bouchée à l'autre. C'est l'un des premiers messages que notre corps nous envoie pour nous dire qu'il est satisfait. Lorsque vous mangez comme si le goût était aussi marqué qu'à la première bouchée, peut-être vous accrochez-vous au souvenir de cette première bouchée, au lieu de vivre pleinement les suivantes. À d'autres moments, un aliment ne vous paraît pas aussi bon que vous le pensiez parce que vous le mangez tout en vous accrochant au souvenir d'une fois précédente où il avait meilleur goût. Le meilleur moyen, et peut-être le seul, de traiter cet obstacle est d'admettre que vous mangez avec votre souvenir en tête et non avec votre corps et de reporter votre attention sur ce que vous vivez actuellement.

DALE TENAIT à boire ses deux tasses de café du matin mais se retrouvait la plupart du temps avec un trop-plein de caféine. Lorsque nous avons étudié sa situation, Dale m'a dit qu'elle adorait la première moitié de sa première tasse de café, quand la température était parfaite, que les enfants n'étaient pas encore réveillés et qu'elle profitait, seule, de quelques instants de calme. Mais après cette première demi-tasse, sa satisfaction diminuait et son envie de boire du café se renforçait. Dale s'est rendu compte que l'intensification de son envie de café, même si elle n'appréciait pas autant sa tasse, était due à un désir de revivre le plaisir éprouvé en buvant cette première demi-tasse. Cette prise de conscience a permis à Dale de se passer de son deuxième café, qui ne la satisfaisait pas entièrement, et de vraiment apprécier chaque matin les premières gorgées de la première tasse, mais aussi d'accepter la disparition progressive de ce plaisir.

À vous ! Quand vous arrive-t-il de prendre à tort un souvenir pour le moment présent ? Comment pouvez-vous gérer cet obstacle ? Comment pourriez-vous aborder avec compassion ce que vous vivez alors ?

Confondre quantité et qualité

Tout comme nous confondons parfois le souvenir d'un repas agréable avec ce qui s'est réellement passé, il est possible de confondre quantité et qualité.

JACKIE AVAIT toujours au congélateur une glace adaptée à son régime, qui remplaçait celle de sa marque préférée. Mais dès qu'elle savait qu'elle avait ce type de glace 0 % chez elle, elle vidait le pot intégralement. Une grande partie de nos premières séances a été consacrée à cette énigme. Après avoir repassé à maintes reprises ce scénario, elle s'est rendu compte qu'elle compensait ce qu'elle avait perdu en qualité (la glace qu'elle aimait tant, riche en matières grasses et en sucres) par une plus grande quantité de son substitut. Une fois que Jackie a remarqué l'absence de satisfaction que lui procurait sa glace de régime et qu'elle a admis qu'aucune quantité ne suffirait à remplacer la satisfaction de sa glace à la crème et au sucre, elle s'est autorisée à manger sa glace préférée et a fait confiance à son corps pour lui signifier quand elle en avait assez.

Ce qu'a vécu Jackie est un effet de compensation très connu chez tous ceux qui ont un jour suivi un régime. Les gens mangent souvent une quantité plus importante de la version inférieure d'un aliment afin de compenser la qualité perdue du produit original. Pour gérer cet obstacle, il faut admettre cette déconnexion, renforcer votre permission absolue de manger, accorder la priorité à la satisfaction et manger en pleine conscience.

À vous ! Quand vous arrive-t-il de confondre quantité et qualité ? Comment pouvez-vous gérer cet obstacle ? Comment pourriez-vous aborder avec compassion ce que vous vivez alors ?

Confondre arrêter de manger une fois la satiété agréable atteinte et se priver

Nombre de clientes m'ont dit résister au fait de s'arrêter de manger une fois la satiété agréable atteinte, car cela s'apparentait à leurs yeux à de la privation, cette privation qu'elles se sont imposée pendant des années et qu'elles s'évertuaient à éradiquer de leur vie en s'octroyant une permission absolue de manger. Cette réaction est assez courante, elle montre le doute que vous avez en votre capacité de manger ce qui vous plaît, quand vous le souhaitez et en quantité suffisante, tout en étant convaincue que vous saurez identifier le moment où vous en aurez assez. Continuer de manger est une réaction à ce doute : il se peut que vous cherchiez à vous rassurer en continuant de manger. Il est important, une nouvelle fois, de souligner le fait que vous êtes encore en phase de convalescence de vos antécédents en matière de privation, que vous avez la permission absolue de manger, et qu'avec de la patience et de l'autocompassion, vous saurez vous écouter, et vous arrêter. Prendre la décision que vous avez assez mangé n'est pas émotionnellement plus difficile que celle de continuer.

À vous ! Quand confondez-vous manger une fois la satiété agréable atteinte et vous priver ? Comment pouvez-vous gérer cet obstacle ? Comment pourriez-vous aborder avec compassion ce que vous vivez alors ?

Manger par ennui

Nombre de personnes disent manger lorsqu'elles n'ont pas physiquement faim, non pas parce qu'elles ont envie d'un aliment particulier, mais plutôt parce qu'elles s'ennuient. Dans la pensée bouddhiste, il existe deux types d'ennuis : le premier est un ennui qui est une réaction au fait qu'il ne se passe rien. Face à cet ennui, vous pouvez vous sentir agitée, nerveuse, incapable de rester en place. C'est le sentiment d'avoir besoin de quelque chose tout en étant incapable de mettre le doigt sur la nature de ce besoin. Ce type d'ennui est une réaction aux espaces ou aux vides qui apparaissent naturellement dans notre existence, ces moments où il ne se passe rien de particulier. Ce sont des moments très angoissants, dans cette culture des loisirs à outrance et de la productivité. Ne rien vivre nous paraît inconfortable et même douloureux. Ce sentiment de vide nous expédie souvent vers le réfrigérateur, le congélateur ou les placards. Le geste qui consiste à prendre un aliment, à le porter à la bouche, à le mâcher et à l'avaler, geste qui se répète encore et encore, est préférable à l'ennui, à la vacuité. Cependant, lorsque nous comblons chaque instant un peu inerte de notre existence en mangeant – ou en recourant à d'autres sources de distraction – nous passons à côté de quelque chose. Si nous ne nous autorisons jamais à éprouver de l'ennui, nous ne sommes jamais en mesure de ressentir l'ennui dans tout ce qu'il a de bon.

Le deuxième type d'ennui est celui que nous provoquons lorsque nous nous asseyons pour méditer. Nous calmons notre corps, apaisons notre esprit et voyons ce qui se produit quand nous n'avons pas la moindre intention. Cela révèle souvent tous ces petits riens sur lesquels nous nous arrêtons et qui attirent notre esprit, même lorsque nous sommes assises dans le silence sur un coussin. Lors de la première séance de méditation, la technique proprement dite peut paraître intéressante et divertissante, mais ce sentiment s'estompe rapidement. Après cette période d'apparente facilité, vous êtes plus à même d'éprouver l'ennui qui apparaît naturellement lorsque vous *ne remplissez pas* les espaces et *ne réagissez pas* à votre réaction, positive ou négative. Que vous soyez sur votre coussin de méditation ou dans la vie, considérez l'ennui comme une invitation à être avec vous-même. Il s'agit de se familiariser et d'apprivoiser ce qui se produit dans votre esprit, votre corps et votre cœur. Accepter de s'ennuyer fait partie intégrante de la méditation et de la vie en général.

À vous ! Quand vous arrive-t-il de manger par ennui ? Comment pouvez-vous gérer cet obstacle ? Comment pourriez-vous aborder avec compassion ce que vous vivez alors ?

L'hyperphagie émotionnelle

Quelle que soit la clarté de notre intention de manger en fonction de nos sensations physiques internes et la régularité de notre pratique, il peut arriver que nous mangions plus par faim émotionnelle que par faim physique. Ce n'est pas non plus un problème. Nous rencontrons tous des difficultés. La manière dont nous réagissons à ces périodes est conditionnée par tout un tas de variables : la santé physique, le bien-être ou la maladie, la quantité de sommeil et d'eau, notre alimentation, le degré d'intimité et de soutien émotionnel reçu, ainsi que l'intensité du stress vécu.

Il est utile de nous rappeler que, derrière notre hyperphagie émotionnelle, se trouve le désir de nous sentir bien. Même si elle est devenue un comportement dysfonctionnel, l'hyperphagie émotionnelle peut avoir, à un moment donné, porté ses fruits, car à ce moment-là, manger était tout simplement de la meilleure chose à faire. Pour ces raisons, nous devons traiter notre hyperphagie émotionnelle avec bienveillance et compassion sans autocritique ni autoflagellation, et sans défaitisme. Ce n'est que lorsque nous apprenons à nous tourner vers nos difficultés avec bienveillance et sans agressivité que nous sommes en mesure de découvrir ses origines et de nous orienter vers de meilleurs moyens de les gérer.

Notre volonté d'accepter notre situation est également susceptible de transformer notre rapport à ce comportement habituel. Plus nous créons d'espace pour les pensées et sentiments qui surgissent, quels qu'ils soient, moins l'hyperphagie émotionnelle nous apporte de soulagement. Cela s'apparente à un deuil à faire, mais c'est pourtant la preuve de votre courage et de vos progrès.

À vous ! Quand vous arrive-t-il de céder à l'hyperphagie émotionnelle ? Comment pouvez-vous gérer cet obstacle ? Comment pourriez-vous aborder avec compassion ce que vous vivez alors ?

Remplacer les relations humaines par la nourriture

Une forme particulière d'hyperphagie émotionnelle consiste à remplacer les relations humaines, de quelque nature qu'elles soient – une amitié profonde, une histoire d'amour ou une relation purement physique – par la nourriture. Aucune relation à l'autre n'est simple. Nous sommes tous vulnérables face à l'autre, et c'est ce qui rend cette relation à la fois puissante et terrifiante. Les enjeux sont importants lorsque la relation est importante à vos yeux et que vous vous dévoilez réellement. Manger, en revanche, est une chose simple, et qui procure immanquablement du plaisir. Lorsque nous mangeons en privé, à l'abri de tout jugement extérieur, nous ne craignons pas la gêne, le rejet ou le chagrin. Et pourtant, la nourriture ne remplacera jamais vraiment les relations humaines et toute la dimension intime qu'elles représentent.

Pour gérer cet obstacle, entraînez-vous à le remarquer en faisant preuve d'une grande compassion. Une fois que vous l'avez identifié, admettez les peurs, l'anxiété ou les expériences passées qui vous empêchent d'aller vers les autres comme vous y invite votre cœur.

Si possible, acceptez votre tristesse, vos désirs, votre douleur, ou n'importe quelle autre émotion qui se trouve derrière cette peur, et vivez-la pleinement. À vous de fixer la durée de l'expérience.

À vous ! Quand vous arrive-t-il de remplacer les relations humaines par la nourriture ? Comment pouvez-vous gérer cet obstacle ? Comment pourriez-vous aborder avec compassion ce que vous vivez alors ?

Passer de l'incarnation de votre corps à son observation depuis l'extérieur

Même lorsque nous parvenons à incarner pleinement notre corps et à prendre de bonnes décisions pour prendre soin de nous, il arrive que quelque chose nous incite à changer de perspective. Cela intervient par exemple au cours d'une activité physique, d'un comportement lié à la culture des régimes qui nous pousse à nous comparer. Cela déclenche des pensées négatives ou critiques envers notre corps. Quand vous n'incarnez plus votre corps, quelle qu'en soit la raison, et que vous ne prenez plus de décision sur la base de ce regard intérieur, mais que vous vous mettez à vous critiquer depuis votre poste d'observation externe, sachez immédiatement reconnaître ce qui est en train de se produire. Identifiez ce qui a pu se produire, puis revenez doucement à votre incarnation corporelle à l'aide de la vue, de l'odorat, de l'ouïe et du toucher. Cet exercice nous aide à identifier des pensées et comportements auto-agressifs tenaces, à y renoncer et à revenir dans notre corps sur l'instant. Plutôt que de passer du temps à nous en vouloir, à essayer de nous changer, nous nous percevons alors en toute franchise : comme des êtres merveilleusement imparfaits et en constante évolution qui gèrent sur l'instant les événements à mesure qu'ils surviennent.

À vous ! Quand remarquez-vous que vous êtes sortie de votre corps pour vous observer ? Comment pouvez-vous gérer cet obstacle ? Comment pourriez-vous aborder avec compassion ce que vous vivez alors ?

Ressentir de la nostalgie pour l'alimentation miracle

Bien que l'approche *Je m'aime donc je mange* repose sur la bienveillance, la compassion et nos véritables besoins, il peut arriver que certains éléments de l'alimentation miracle nous manquent. Nous rêvons alors par exemple de l'enthousiasme et de l'espoir qui nous animaient à l'heure de commencer un nouveau régime, même si cet engouement était de courte durée. Nous pouvons regretter ce sentiment de contrôle – illusoire –, et replonger dans une vision de notre avenir une fois que notre nouveau corps, plus mince, aurait enfin fini par nous rendre heureuses, même si une partie de nous-mêmes sait pertinemment que c'était trop beau pour être vrai.

Derrière la tristesse se trouve souvent la nostalgie. Le renoncement à l'alimentation miracle donne parfois naissance à un processus de deuil. Lorsque vous avez enchaîné les régimes et fini par prendre conscience qu'ils reposent sur une folie, leur côté gratifiant diminue. Même si nous sommes tentées de revenir à cette alimentation miracle, notre nouvelle prise de conscience rejette l'élément qui nous poussait auparavant à nous priver et à traiter notre corps de manière agressive.

Il est normal d'éprouver de la nostalgie pour les anciennes habitudes lorsque l'on met en place un changement d'envergure. Le fait d'admettre ce que nous ressentons nous maintient sur cette voie, en reprenant contact avec notre corps, en découvrant ce que nous ressentons, en distinguant bien ce dont nous avons le plus besoin. Notre nostalgie ne doit pas entraver notre progression. Il faut éviter de lutter contre de telles pensées pour les terrasser, car c'est également une forme d'auto-agression. Lorsque tous les sentiments et pensées sont les bienvenus, nous continuons de gérer la situation et d'avancer vers le bien-être défini par la pleine conscience.

À vous ! Quand vous arrive-t-il d'éprouver de la nostalgie pour l'alimentation miracle ? Comment pouvez-vous gérer cet obstacle ? Comment pourriez-vous aborder avec compassion ce que vous vivez alors ?

Les obstacles se dressent pour nous apprendre quelque chose d'essentiel. Si ce qui se produit au cours de notre programme personnel correspond précisément à ce qui doit arriver, la seule véritable difficulté est de souhaiter qu'il en soit autrement. L'antidote à toute résistance et à tous les obstacles est de pratiquer la paramita de la patience.

La devise suivante conforte notre pratique de la patience en nous rappelant que tout ce que nous rencontrons enrichit notre cheminement. Les difficultés rencontrées sont essentielles à l'approfondissement de la compréhension que nous avons de nous-mêmes. Sans elles, nous n'apprenons rien. Les progrès réalisés approfondissent également la connaissance que nous avons de nous-mêmes. Sans eux, nous ne percevons pas l'orientation vers le changement positif et la paix avec la nourriture et notre corps.

Unis tout ce que tu rencontres subitement à la méditation.

Lorsque vous identifiez les différents aspects de ce que vous vivez, de ce qui vous surprend, vous fait plaisir et vous perturbe, soumettez-les à la méditation, en laissant ces idées apparaître, se stabiliser puis disparaître sans vous y attacher. Contentez-vous de les observer comme n'importe quelle pensée qui surgit pendant la méditation Shamatha. Comme pour la pratique de la tranquillité, laissez la conscience de votre esprit emprunter les vagues de la respiration, puis revenez dessus à chaque fois qu'elle s'égare, sans réagir de manière automatique, jusqu'à ce que la nature de la mesure à prendre soit claire (si tant est qu'il y ait une mesure à prendre...). Pour cela, inutile d'être assise sur un coussin ou sur une chaise. C'est la méditation en action, un moyen d'agir avec la vraie vie.

À vous ! Quelles ont été vos difficultés au cours de votre programme Je m'aime donc je mange *? Qu'en avez-vous retenu ? Quelle difficulté* *êtes-vous en train de traverser actuellement ? Quels enseignements en tirez-vous ?*

La pratique méditative renforce notre capacité à identifier et à surmonter les obstacles avec patience et autocompassion. Les outils dont nous avons besoin pour pratiquer la méditation – notre corps, notre cœur et notre esprit – sont toujours à nos côtés.

6

LA PARAMITA DE L'EFFORT

L'EFFORT EST LA MANIÈRE DE rester connecté à soi-même, lors des inévitables écueils de la vie et des étapes de votre changement. C'est un engagement de tous les instants, vis-à-vis de vous-même, fait de compassion et du désir de s'ouvrir aux autres. En étant déterminées dans vos choix, vous resterez de marbre devant l'idée de faire un régime, vous tirerez de la joie et de la motivation de vous voir, ainsi que vos pensées et comportements, en toute lucidité. Contrairement aux régimes, qui sont statiques et ne s'adaptent pas à la fluctuation des besoins, l'approche *Je m'aime donc je mange* évolue avec vous jour après jour, après chaque repas et chaque bouchée.

La différence entre *Je m'aime donc je mange* et un régime, qu'il soit ou non désigné clairement sous ce terme, c'est que cette approche dure toute la vie, tandis qu'un régime n'est que temporaire. À la base des régimes se trouve le désir d'être mince, de manger équilibré et de débarrasser le corps de toxines, mais nous comprenons aujourd'hui qu'à la base de ce désir se cache en réalité un profond malaise que nous tentons de conjurer en maltraitant notre corps. Le cycle interminable de la privation, de la frustration et de l'hyperphagie mène inexorablement à l'échec. Cela ramène toujours au point de départ : le souhait d'être mince, de manger équilibré ou de débarrasser le corps des graisses et toxines.

Aussi fou que puisse être ce cycle, il est séduisant. Les tout premiers jours d'un nouveau régime sont pleins d'enthousiasme, un peu comme lorsque l'on tombe amoureux. Même si vous avez le sentiment de vous priver, vos espoirs vous font avancer. Les résultats initiaux, comme la perte d'un ou deux kilos, justifient l'investissement. Mais lorsque le caractère nouveau de ce régime s'estompe et est remplacé par la frustration, l'impatience et l'abattement, votre motivation disparaît et vous fait plonger vers les excès. Vous arrêtez alors de prendre soin de vous-même, même de manière agréable, car la promesse de perte de poids n'est pas au rendez-vous – vous vous punissez de votre échec. Une approche sur le long terme nécessite une nouvelle perspective.

L'effort est une mobilisation des forces physiques, intellectuelles, morales. Cela demande une énergie, motivée par un désir et des valeurs. Il nous arrive toutes de faire preuve de paresse, ce qui n'est pas un problème. Considérez cela comme un obstacle supplémentaire à la possibilité d'approfondir notre engagement envers nous-mêmes et la compréhension de ce que nous sommes. Dans la pensée bouddhiste, il existe trois types de paresse : la paresse ordinaire, le découragement et le fait de se laisser submerger par l'activité. Il est possible de lutter contre ces trois types de paresse.

La paresse ordinaire revient à ne pas apporter de joie et d'énergie dans ce que vous faites, par manque de pleine conscience et d'attention précise. L'antidote à la paresse ordinaire est de revigorer votre pratique de la pleine conscience en étant plus attentive, en renouant avec vos sens et en revenant encore et encore vers votre corps. Cela peut passer par un rappel de votre motivation et des raisons pour lesquelles vous vous êtes engagée dans cette voie. Cela pourrait être l'occasion de revoir les bases : se débarrasser des conséquences néfastes de l'alimentation miracle. C'est de votre vécu que vous apprendrez le plus de choses. Et votre corps, dans l'état qui est le sien aujourd'hui, est votre principal point de référence. C'est en vous tournant de nouveau vers lui et en vous demandant quels sont ses besoins que vous parviendrez à entretenir le lien avec lui. En appliquant l'antidote à la paresse ordinaire, la nouveauté superficielle des régimes est remplacée par la véritable nouveauté consistant à être toujours capable de prendre un nouveau départ.

À vous ! Quand vous arrive-t-il d'être confrontée à la paresse ordinaire au cours de votre programme Je m'aime donc je mange *? Comment appliquer l'antidote ?*

Le deuxième type de paresse, le découragement, survient lorsque vous perdez foi dans le processus et vous résignez au *statu quo*, et que vous vous dites « à quoi bon ? ». En empruntant la voie *Je m'aime donc je mange*, et en commençant à travailler sur les émotions désagréables, au lieu de les anesthésier en ingérant de la nourriture, vous pouvez même avoir le sentiment que la situation empire ! Les émotions qui vous poussent à manger à l'excès peuvent vous sembler s'intensifier. En outre, nombre de personnes se sentent seules, car elles sont à contre-courant, alors que les autres continuent de se heurter aux contradictions de l'alimentation miracle sans se poser de questions. Le fait de ne jamais être certaine de bien faire peut vous décourager et faire naître une certaine nostalgie de l'alimentation miracle laquelle, même si elle était tyrannique, indiquait au moins clairement ce qui était bien et mal. Il existe une forme de perfectionnisme qui consiste à abandonner le programme *Je m'aime donc je mange* car on ne peut supporter l'idée de flancher ou de faire des erreurs. Or cette méthode consiste justement à étudier ses erreurs et les transformer. Les perfectionnistes sont donc exposés à ce type de découragement. Admettre à quel point il est difficile d'éprouver toute la palette des émotions et de modifier notre rapport à elles peut parfois être démoralisant. L'antidote au découragement est de l'accepter, de vous autoriser à le ressentir, de rééquilibrer votre perception en appréciant vos réussites et en vous reconnectant à vos valeurs.

Travailler sur le découragement, ce n'est pas refuser d'éprouver des sentiments négatifs à propos de ce processus. Au lieu d'anéantir ces sentiments, admettez que vous les éprouvez tout en vous traitant avec bienveillance. Lorsque vous remarquez l'apparition du doute, de la colère, de la tristesse, de la solitude ou de l'envie, admettez ce sentiment à voix haute ou par écrit et ressentez-le jusqu'à ce qu'il change, se transforme ou disparaisse comme il est venu. C'est toujours ce qui se produit. Traitez-le comme n'importe quelle pensée qui survient pendant une séance de méditation ou, comme l'a dit Shunryu Suzuki, « Laissez la porte de devant et la porte de derrière ouvertes. Permettez à vos pensées d'aller et venir. Ne leur servez tout simplement pas le thé ». Le fait de savoir que ce sentiment ne durera pas nous permet de nous en débarrasser.

Lorsque vous éprouvez des émotions difficiles, gardez également à l'esprit les progrès effectués depuis l'instant où vous avez remis en cause l'alimentation miracle, jusqu'au moment où vous avez repéré comment vous l'aviez intégrée et où vous avez progressivement évolué vers plus de compassion vis-à-vis de vous-même. Fêtez vos progrès, même les plus modestes – cela vous rappelle tout le chemin parcouru, chasse le découragement et vous aide à percevoir la tendance qui se dessine. Lorsque vous avez la preuve que vous progressez, rappelez-vous que cette évolution était déjà en cours même si vous n'en aviez pas pleinement conscience, quand vous sentiez le découragement vous gagner. En cas de difficultés ou de stagnation, imaginez que quelque chose est en cours de maturation. De cette manière, lorsque le découragement frappe à votre porte, il ne s'éternise pas.

Une fois votre découragement ressenti et que vous vous êtes souvenue des progrès effectués, reconnectez-vous aux choses importantes. Jouer avec ses enfants, promener le chien, être au contact de la nature, marcher sur la plage, cuisiner un repas savoureux sans culpabiliser. Connectez-vous aussi souvent que nécessaire à vos valeurs les plus profondes – c'est un bon moyen de prendre du recul. Le fait d'admettre nos frustrations et nos difficultés, de saluer nos progrès et nos victoires et de nous reconnecter à nos valeurs nous permet d'avoir un regard plus lucide sur ce qui se produit, sur le chemin parcouru.

À vous ! Quand vous arrive-t-il d'être découragée ? Quelles sensations ce découragement produit-il en vous ? Dans quels domaines devez-vous progresser lorsque vous vous sentez découragée ? Parmi vos valeurs, lesquelles sont cohérentes avec le programme Je m'aime donc je mange *?*

Le troisième type de paresse, se laisser submerger, se manifeste lorsque tout le reste prend le pas sur nos efforts de prendre soin de nous, qu'il s'agisse du travail, des tâches ménagères, des réseaux sociaux ou des besoins de la famille, des amis... L'antidote à la surcharge est de réviser vos priorités. Lorsque votre fonctionnement habituel est de vous occuper de tout le monde avant de satisfaire vos propres besoins, vous êtes en mode survie. Manger, boire suffisamment, dormir et d'autres aspects de la prise en charge de soi passent alors au second plan.

Nous ne sommes vraiment utiles aux autres que lorsque nos propres besoins élémentaires sont satisfaits. Nous ne traitons réellement les autres avec bienveillance et compassion que lorsque nous adoptons d'abord la même attitude envers nous-mêmes. Pour citer les consignes de sécurité à bord d'un avion, « Une fois votre masque à oxygène ajusté, il vous sera possible d'aider d'autres personnes ». Quand vous êtes frappée par ce type de paresse, c'est le moment idéal de revenir à la paramita de la générosité et aux raisons pour lesquelles votre corps mérite toute votre attention.

À vous ! Quand éprouvez-vous la paresse de vous laisser être submergée ? Comment pouvez-vous appliquer l'antidote ?

Tout au long de votre programme *Je m'aime donc je mange*, il est probable que vous soyez confrontée aux trois sortes de paresse à un moment donné. Et ce n'est pas un problème.

ERICA AVAIT GRANDI auprès d'une mère qui suivait des régimes et qui était toujours prête à croire les promesses de l'alimentation miracle. Elles étaient souvent au régime ensemble et elles se soutenaient mutuellement afin de bien respecter des programmes absurdes. Par la suite, à l'âge de 33 ans, Erica avait trouvé du travail dans un cabinet d'avocats au sein duquel l'activité était intense. Ses collègues ne se souciaient pas de leurs besoins élémentaires en nourriture, eau et sommeil, mais ils se levaient tous à 5 heures du matin pour s'adonner à des séances de sport éreintantes. Avec Erica, nous avons travaillé à déboulonner ses croyances en matière d'alimentation miracle afin qu'elle se recentre sur l'intelligence de son corps. Au cours de cette période, elle a connu des hauts et des bas, des vacances et des phases où elle prenait soin d'elle, et elle a aussi connu les trois types de paresse. L'un des plus gros obstacles d'Erica, quand il s'agissait de prendre soin d'elle, était son travail. Elle travaillait souvent tard le soir et le week-end et sa capacité à identifier et répondre aux besoins de son corps en pâtissait. Lorsqu'il lui arrivait de faire des pauses, elle trouvait plus simple de ne rien faire, sur le canapé, plutôt que de mettre à profit son temps libre pour mieux prendre soin d'elle. Erica s'autorisait parfois à simplement paresser, tandis qu'à d'autres moments, elle décidait de revoir les objectifs que nous avions fixés au début de notre collaboration – ne pas avoir trop faim, respecter ses préférences et ses désirs et accorder la priorité à ses ressentis corporels. Lorsqu'elle s'est retrouvée vraiment submergée par son travail et que les besoins du cabinet sont passés avant ses objectifs, elle a créé un rituel hebdomadaire d'achat et de préparation, de façon à pouvoir profiter d'une semaine de déjeuners qui lui faisaient plaisir, et qui répondaient à ses besoins – même si ce n'était jamais parfait. Les fois où il lui était impossible de mener à bien son rituel, elle s'autorisait à consommer de bons plats à emporter.

À cause de ses antécédents de privation, il lui a fallu du temps pour avoir le sentiment de pouvoir faire confiance à son corps tout en se faisant plaisir. Parfois, elle dépassait le stade de la satiété agréable, parce qu'une partie d'elle-même était toujours inconsciemment convaincue que cette abondance aurait une fin. Résultat, elle prenait du poids. Quand Erica cédait au découragement, notre travail consistait à faire en sorte qu'elle éprouve sa tristesse et sa déception dans leur intégralité, qu'elle relise les notes des séances précédentes afin de remarquer ses progrès, et qu'elle fasse enfin le deuil de cette idée qu'un corps plus mince serait un gage de bonheur. Lors de l'un de nos rendez-vous, au moment de Hanoukka, nous nous sommes penchées sur la même époque, l'année précédente, et nous avons constaté qu'Erica, à ce moment de l'année, avait vécu dans l'angoisse de voir toute cette nourriture disponible, sous ses yeux, et elle s'était montrée plus angoissée par les possibles commentaires de sa mère sur son alimentation ou son poids. Mais à présent, elle avait hâte de manger ses plats préférés, elle avait échangé des messages avec sa mère sur la façon dont celle-ci pourrait l'aider. Elle avait retrouvé une certaine confiance en son corps et en l'intelligence de ce dernier. Elle avait également gagné en assurance, grâce à sa nouvelle garde-robe, très classe, et très confortable.

Même une fois les différentes sortes de paresse traitées, il n'en reste pas moins difficile de maintenir sur le long terme l'énergie et la motivation. Le chemin est long et quelque peu imprévisible. Disposer d'un cadre pour revigorer notre pratique nous aide à renforcer en permanence notre engagement et à garder à l'esprit les raisons de notre investissement.

Le cœur des instructions est condensé dans les cinq forces, travaille-les.

Les cinq forces décrites dans cette devise sont : la détermination, la familiarité, la graine de vertu, le reproche et l'aspiration. Plongeons au cœur de ces cinq forces et voyons comment elles contribuent à renforcer votre effort tout au long de votre programme *Je m'aime donc je mange.*

La détermination ferme

Faire preuve de détermination, c'est se connecter à ses intentions. C'est évaluer en permanence sa relation avec la nourriture et son corps et s'engager dans la compassion, la bienveillance et l'altruisme. L'un des moyens de pratiquer la détermination ferme est de commencer chaque matin par réaffirmer votre engagement envers votre programme, de garder à l'esprit pourquoi vous prenez soin de votre corps, afin que vous puissiez vous sentir bien, et que vous puissiez exploiter tout votre potentiel altruiste. Vous pouvez par exemple vous dire en silence : « J'accepte cette journée en prenant soin de moi du mieux que je peux, en faisant des choix enrichissants pour mon corps et mon esprit, afin que je participe au changement positif de ma propre existence et de celle des autres. »

Chaque soir, rappelez-vous votre détermination en repassant le fil de votre journée et en remarquant si vous vous êtes montrée capable d'entretenir votre intention ou si cela s'est avéré difficile ou impossible. Si vous êtes parvenue à conserver votre intention, cherchez ce qui a rendu cela possible. Dans le cas contraire, pardonnez-vous et recherchez l'origine de cette difficulté. Commencez votre journée en choisissant une intention et endormez-vous en dressant un bilan : cela vous permettra de faire corps avec votre détermination.

À vous ! Comment pouvez-vous réaffirmer chaque matin votre engagement envers votre programme Je m'aime donc je mange *? Lorsque vous dressez en fin de journée un bilan de votre engagement, quels sont les points faciles à respecter et quels sont ceux qui sont les plus compliqués ?*

La familiarité

La deuxième des cinq forces est la familiarité. Cela signifie associer à votre routine tous les aspects de votre vie, toutes les façons dont vous vous nourrissez et vous prenez soin de votre corps. Il n'existe pas de séparation entre vous et votre programme *Je m'aime donc je mange.* Ce dernier est familier et intime, il est donc complètement intégré à votre existence. Même lorsque vous vous retrouvez face à des obstacles et des difficultés, vous revenez vers ce que vous connaissez. Comme vous l'avez appris dans le précédent chapitre sur la patience, les obstacles ne sont pas considérés comme des problèmes mais comme des sources d'enseignement essentielles. Dans le chapitre sur la discipline, vous avez étudié la possibilité de percevoir les nouveaux schémas de pensée et comportements comme des « sentiers annexes » qui sont renforcés lorsque vous identifiez le point de transformation que vous choisissez d'emprunter, ce qui vous amène progressivement vers les modes de pensée et les comportements souhaités.

La volonté de nous familiariser avec tous les aspects de notre expérience a toujours quelque chose de merveilleux. En ce qui concerne la nourriture et le corps, nous fonctionnons beaucoup sur un mode problème-solution. En pratiquant la familiarité, avant même de percevoir quelque chose comme un problème, nous nous offrons la possibilité de le ressentir.

MONICA EST VÉTÉRINAIRE. Elle s'est toujours sentie différente de sa famille et de ses amis. Dans son enfance, elle était déjà plus sensible que ses pairs. Ses parents, qui avaient tendance à prendre sa sensibilité pour une pathologie, l'emmenaient consulter toutes sortes de pédopsychologues. Dans la mesure où son père (qui subvenait seul aux besoins de la famille) travaillait de manière irrégulière, sa famille a connu des phases d'abondance et de privation. De temps en temps, Monica n'était pas nourrie à sa faim. Elle a appris à craindre la sensation physique de la faim, associée à la négligence et au danger. Quand Monica réagissait physiquement et émotionnellement à sa faim extrême, ses parents minimisaient l'effet que cela avait sur elle, ce qui lui donnait le sentiment de ne pouvoir faire confiance ni à son corps ni à son esprit. Au bout de quelques années, puis à l'adolescence et enfin, à l'âge adulte, elle a essayé tous les régimes dont elle entendait parler afin de maîtriser son appétit et de contrôler son corps. L'inévitable privation physique et psychologique qu'elle éprouvait poussait Monica à manger à l'excès, ce qui n'a fait que renforcer sa conviction selon laquelle il lui fallait encore plus se contrôler. Lors de sa première consultation avec moi, Monica m'a fait part du cycle dont elle était prisonnière. Elle est passée du sentiment de malaise à cause de son corps à l'habitude de regarder beaucoup de femmes très minces, pour s'en inspirer, puis à pincer les parties de son corps qu'elle trouvait trop grosse et à se restreindre afin de se sentir tout en contrôle. Cela a inévitablement entraîné... une perte de contrôle et de l'hyperphagie. Les périodes pendant lesquelles elle mangeait à l'excès duraient entre quelques jours et plusieurs semaines. Elle se sentait ensuite de nouveau mal dans son corps et redémarrait alors le cycle en question.

Au cours de notre collaboration, nous avons commencé à mieux comprendre le fonctionnement du cycle de Monica. En s'abstenant de considérer chaque étape de ce cycle comme un problème à diagnostiquer, puis à régler, Monica a appris à ressentir ce qu'elle vivait et à s'habituer aux nuances de chaque étape. Nous avons découvert que la moindre menace pour sa sécurité, réelle ou imaginaire, la poussait à redoubler d'efforts pour contrôler son corps, que son désir de plaire aux autres l'incitait avant tout à se punir à travers la nourriture et que cette grossophobie lui apprenait à accorder plus de valeur aux corps minces qu'aux corps massifs. Lorsque je lui ai présenté le principe de culture de la gentillesse envers les événements douloureux de son existence, Monica a éclaté de rire. « Désolée, mais c'est de la folie », a-t-elle répliqué. Mais elle a indiqué par la suite que se familiariser avec ce qu'elle jugeait auparavant intolérable l'avait aidée à percevoir la relation de cause à effet de son cycle et à enrayer cette dynamique.

À vous ! À quoi ressemblent vos cycles d'alimentation miracle ? Familiarisez-vous avec vos propres pensées concernant votre alimentation et votre image corporelle.

La graine de vertu

La troisième des cinq forces est la graine de vertu, à savoir utiliser notre esprit, notre parole et notre corps pour planter des graines qui finiront par se transformer en compassion, bienveillance et compréhension. La signification du mot « graine » est que même les actions, paroles et pensées les plus modestes ont de la valeur et de l'importance pour nous faire avancer vers la paix. Aucun geste n'est trop petit pour avoir de l'importance.

À certains moments, vous porterez ces graines sans fournir le moindre effort. À d'autres moments, vous aurez le sentiment que c'est plus difficile. Il est plus facile de conserver un état d'esprit positif lorsque nous vivons une période sans stress, que nous nous traitons avec bienveillance et si les événements ne renforcent pas l'emprise de l'alimentation miracle. En revanche, il est plus difficile de garder une attitude positive lorsque nous sommes malades ou émotionnellement stressées. À ce moment-là, planter une graine de vertu consiste à nous connecter à nos intentions – faire preuve de douceur, gentillesse et de compassion envers nous-mêmes. Il est plus facile de retrouver de la positivité avec cette méthode, plutôt que de nous auto-flageller.

Ce n'est qu'en reconnaissant les plus petits mots, les actions et les pensées les plus anodines que nous pouvons voir la tendance qui se dessine, celle d'une relation plus bienveillante avec la nourriture et avec notre corps. Voici quelques questions à vous poser pour planter les graines de vertu en vue d'instaurer et de pérenniser cette relation.

À vous ! Comment travailler aujourd'hui avec compassion sur mes pensées ? Comment puis-je me parler aujourd'hui, ainsi qu'aux autres, avec gentillesse ? Quelles petites actions puis-je mener aujourd'hui pour démontrer toute l'attention que je me porte ? Quelles petites actions puis-je mener aujourd'hui avec les autres afin de planter des graines de vertu ?

Comment puis-je utiliser aujourd'hui mon corps comme un instrument et non comme un objet ? Qu'est-ce qui m'aide à percevoir la valeur de la caractéristique, si modeste soit-elle, de mon programme Je m'aime donc je mange ?

Le reproche

La quatrième force est le reproche, à savoir reconnaître les dégâts subtils, mais étendus, provoqués par l'alimentation miracle. Pratiquer le reproche consiste à démasquer la culture des régimes, voir en quoi celle-ci vous a affectée aussi bien personnellement que dans le cercle plus large des autres femmes, des hommes et des enfants. Cela signifie également comprendre la façon dont vous avez intériorisé et exploité l'alimentation miracle, et à quel point vous avez été dure, critique et agressive envers vous-même et peut-être également envers les autres. En pratiquant le reproche, nous voyons volontiers les tromperies de la culture des régimes et sa manière de déformer le sens profond des termes « prendre soin » et traiter les autres avec respect.

Le reproche envers la culture des régimes et l'alimentation miracle peut prendre de nombreuses formes, grandes ou petites. Nous autoriser à nous asseoir confortablement sur une chaise plutôt que chercher à prendre le moins d'espace possible, bien nous habiller tout en étant à l'aise, et non chercher une apparence flatteuse pour apparaître plus mince. Nous présenter aux autres d'une manière qui nous plaît et non camoufler ou dissimuler les parties de notre corps que les autres considèrent comme peu séduisantes. Et enfin participer à des activités qui nous mettent à l'aise, sans nous soucier de l'image que nous donnons aux autres.

Le reproche peut également se manifester sous la forme d'un activisme anti-alimentation miracle, comme *ne pas* enrichir l'industrie des régimes qui pèse des milliards de dollars dans le monde, ne pas soutenir le marketing dans le domaine de la mode, des produits de beauté et de tout ce qui cible nos vulnérabilités, modifier notre mode d'utilisation des réseaux sociaux, changer notre mode de consommation d'objets qui s'apparente à de la propagande pour l'alimentation miracle, comme les photos retouchées et les histoires avant/après mensongères, dénoncer clairement les préjugés sous toutes leurs formes et condamner la discrimination fondée sur le sexe, l'âge, la race, la culture, l'orientation sexuelle, l'identité de genre, la situation financière, le statut, les capacités et la corpulence. Chaque journée est l'occasion de pratiquer le reproche en nous demandant : « *Qu'est-ce que je peux faire aujourd'hui pour rendre le monde meilleur et pour perturber l'industrie de l'alimentation miracle et les préjugés de toutes sortes ?* »

À vous ! Que remarquez-vous aujourd'hui (que vous n'aviez peut-être pas remarqué) concernant les effets de l'alimentation miracle ? Comment pouvez-vous lutter contre l'industrie de l'alimentation miracle dans votre propre existence et dans la société, au sens le plus large ?

L'aspiration

La cinquième force est l'aspiration ou le fait de se connecter au désir d'apaiser la souffrance, éprouvée, par vous-même et par les autres et causée par l'alimentation miracle. La pratique de l'aspiration prend de nombreuses formes, mais un moyen simple est de faire en sorte que l'intérêt de tout ce que nous faisons au cours de ce programme soit d'être utile à tous les êtres (dont nous faisons partie). Cela s'applique par exemple à une séance de méditation. Appliquez aussi ce principe à tous les aspects de notre programme *Je m'aime donc je mange* – lorsque nous nous surprenons à emprunter un sentier familier, que nous choisissions de rester sur ce sentier ou d'essayer quelque chose de nouveau, lorsque nous remarquons ne serait-ce qu'une légère progression, lorsque nous faisons quelque chose dans un esprit de générosité, de discipline, de patience, d'effort, de méditation ou de sagesse ou quand nous nous traitons, nous ou les autres, avec bienveillance et compassion, et même lorsque nous apprécions une bouchée d'un plat exquis, à table.

Tous les propos, pensées et actions ont le mérite de pouvoir être mis au service de notre aspiration. Vous pouvez par exemple dire : « Que mes intentions, propos et actions sur mon programme *Je m'aime donc je mange* visant à faire la paix avec la nourriture et avec mon corps aident les autres à trouver eux-mêmes cette clarté, cette bienveillance et cette compassion. » Il se peut que nous ignorions si nos intentions, nos propos et nos actes sont en fait utiles aux autres, mais nous continuons d'appliquer ce principe en souhaitant que les autres s'éveillent au lieu de renforcer les pensées et les comportements destructeurs habituels.

À vous ! Comment pouvez-vous dédier l'intérêt de votre pratique Je m'aime donc je mange *à vos propos, pensées et actions ?*

Intégrez l'effort à votre programme *Je m'aime donc je mange*. Pour ce faire, revenez chaque jour vers votre cœur et votre corps, revoyez les valeurs qui vous ont amenée ici et redonnez de l'énergie en permanence à vos pensées, à vos propos et à vos actions. En travaillant sur ces trois formes de paresse et en pratiquant les cinq forces que sont la détermination ferme, la familiarité, la graine de vertu, le reproche et l'aspiration, notre programme *Je m'aime donc je mange* demeure un processus dynamique et engagé qui grandit et change avec nous.

7

LA PARAMITA DE LA MÉDITATION

La pleine conscience est une chose merveilleuse. Lorsque nous portons toute notre attention sur ce que nous sommes en train de faire, le résultat est authentique et bénéfique. Mais dans la mesure où la pleine conscience se pratique désormais à grande échelle, la méditation est souvent laissée de côté, ce qui laisse entendre que le simple fait de prêter plus attention à nos activités quotidiennes est un raccourci vers la paix intérieure. Après des années de recherche, je ne suis pas d'accord. La pleine conscience sans la méditation, c'est comme un gâteau sans graisses : dur, dense et sans aucun moelleux. De même, votre programme *Je m'aime donc je mange* risque de tourner court et de manquer totalement de profondeur si vous ne pratiquez pas la méditation. Vous pourrez lire le livre, effectuer les exercices de pleine conscience et modifier votre compréhension intellectuelle de l'alimentation miracle. Et c'est merveilleux ! Mais tant que vous n'aurez pas commencé à solliciter votre esprit à l'aide de la méditation (même si vous commencez par de tout petits pas), vous n'avancerez pas. Comme vous l'avez découvert au chapitre 2, la méditation modifie à la fois la structure et le fonctionnement du cerveau d'une manière qui influe sur notre vie aussi bien pendant les séances qu'en dehors. Comme le dit mon professeur de méditation, « nous ne pratiquons pas la méditation pour devenir bons en méditation, nous pratiquons la méditation pour devenir aptes à bien vivre notre vie ».

Je sais cela d'expérience. Après une rupture douloureuse, alors que je me demandais si je n'avais pas un problème d'alcool, un ami m'a recommandé de lire *Les bastions de la peur* de Pema Chödrön. C'était avant que je m'initie à la méditation et bien avant que je devienne bouddhiste, mais le titre m'a parlé et j'ai donc acheté ce livre. Il m'est immédiatement apparu que la sagesse présente dans ce livre correspondait exactement à ce que j'étais en train de traverser (et que nous traversons tous). Elle pointait du doigt quelque chose dont j'avais une vague idée depuis l'enfance, mais que je n'avais jamais pu verbaliser : apprivoiser le déplaisir. J'ai été particulièrement frappée par le principe selon lequel ce n'est pas en changeant nos émotions négatives que nous nous libérons, mais en les côtoyant directement que nous modifions la manière de les appréhender. Tout au long de ce livre, l'autrice désigne la méditation comme le fondement de la culture de cette sagesse. Mais bien que ses mots m'aient interpellée, je n'étais pas encore prête à m'asseoir et à méditer. J'ai plutôt essayé d'appliquer à ma propre vie l'explication que Pema Chödrön donne de l'existence, ce qui s'est avéré extrêmement utile.

Des années plus tard, une fois devenue adepte de la méditation, j'ai rouvert ce livre et l'ai trouvé complètement différent. Le fait d'avoir commencé à travailler sur mon propre esprit grâce à la méditation a modifié ma compréhension de quantité de choses, et particulièrement ma relation aux aspects les plus difficiles et désagréables de ma vie, comme la raison pour laquelle j'avais eu recours à l'alcool, pourquoi j'étais sans cesse au régime, pourquoi je passais par des épisodes d'hyperphagie émotionnelle ou d'achats compulsifs – la panoplie complète pour éviter la souffrance. Que ce soit dans les périodes difficiles ou lorsque tout allait bien, les gens de mon entourage ont commencé à remarquer que je devenais plus calme. Je n'étais pas moins émotive, mais plus à même de composer avec les hauts et les bas de la vie.

Lors de la première lecture de son livre, Pema Chödrön m'est apparue comme la personne la plus qualifiée qui soit, celle à qui m'en remettre quant à ce qui était bien pour moi. À la deuxième lecture, après avoir commencé la méditation, ma perception s'est avérée très différente. Apprendre à rester assise avec moi-même m'a aidée à voir que personne d'autre que moi sur cette planète n'était mieux à même de juger ce qui se déroulait pour moi, avec moi et en moi.

En nous apprenant à être plus à l'aise face au déplaisir, la méditation agit comme une désensibilisation par exposition à un élément anxiogène. Plutôt que de transcender la condition humaine et éviter la souffrance, la méditation nous permet de vivre notre existence sans filtre et de devenir vraiment nous-même, à nous autoriser à être telles que nous sommes, sans essayer de changer et avec la volonté de gérer n'importe quel événement désagréable qui ne manquera pas de surgir un jour.

La pratique de la méditation est en fait la fondation sur laquelle nous pouvons appliquer les autres paramitas. Elle nous permet de nous connecter à la conscience intrinsèque des sens, de nous abandonner à nos sensations internes – la faim, la soif, l'envie, la satiété, etc. – et non plus aux systèmes externes. La méditation nous offre, à nous et à notre entourage, la générosité ordinaire, l'absence de peur et le partage du *dharma*. La méditation ralentit le cours des planètes afin que nous puissions découvrir la véritable nature de notre corps, de notre cœur et de notre esprit. Elle nous encourage à pratiquer la discipline du discernement, de manière à pouvoir réagir avec précision et habileté à ce qui nous arrive. Méditer adoucit notre cœur et nous permet d'être en lien direct avec des émotions fortes en faisant preuve d'ouverture, de curiosité et de gentillesse et de nous adresser à nous-mêmes avec compassion à mesure que nous traitons les obstacles qui se dressent naturellement sur notre route. Et la méditation nous alerte lorsque nous avons besoin de nous reconnecter à notre programme *Je m'aime donc je mange*. Comme vous le verrez dans le chapitre suivant sur la sagesse, la méditation nous aide à réintégrer intelligemment certaines informations extérieures, et ce, pour mieux prendre soin de nous-mêmes. En quelques mots : la méditation est l'exercice fondamental du guerrier bodhisattva.

Pema Chödrön a dit : « La pratique méditative ne consiste pas à essayer de se débarrasser de ce que nous sommes afin de devenir une meilleure personne. Il s'agit de se lier d'amitié avec qui nous sommes déjà. » L'industrie de l'alimentation miracle a énormément joué sur cette affirmation qui consiste à nous convaincre de nous débarrasser de ce que nous sommes pour accéder à ce qu'il y a de meilleur en nous, en nous apprenant à nous méfier de notre corps et de notre esprit pour savoir ce qui est bien ou mal. L'alimentation miracle nous apprend que, livrées à nous-mêmes, nous mangerions des gâteaux au chocolat et des cheeseburgers chaque jour, que nous ne ferions jamais aucune sorte d'exercice physique, que nous serions en mauvaise santé et que personne ne nous aimerait jamais. La crainte de subir ces conséquences conduit fatalement à faire confiance à cette source extérieure à notre propre corps, notre propre esprit. Suivre la voie *Je m'aime donc je mange* en entretenant une relation pleine de compassion et apaisée avec la nourriture et notre corps signifie récupérer ce pouvoir et faire de nous le principal décideur. Nous nous lions d'amitié avec nous-mêmes en devenant fidèles à notre propre point de vue.

Des deux témoins, retiens le principal.

Dans n'importe quelle situation, il y a votre propre point de vue – le principal – et le point de vue de n'importe qui d'autre, qu'il s'agisse des diktats de l'alimentation miracle, d'un soi-disant expert en santé ou d'un médecin, d'un diététicien, d'un proche ou d'un ami bien intentionné. En nous demandant d'incarner le rôle du témoin principal, cette devise nous demande de faire confiance à notre propre opinion et non à celle d'autrui. Nous sommes la seule personne qui sait ce qui se passe dans notre corps et dans notre esprit. Nous seules pouvons connaître nos propres besoins. Nous seules faisons l'expérience de vivre dans notre corps : pas pour y trouver des problèmes à régler, mais seulement pour nous observer objectivement. Sur la base de cette perception, nous seules savons si nous sommes en train de faire preuve de bienveillante, d'ouverture et de compassion envers nous-mêmes, et si nous sommes sur le point de traiter notre corps avec générosité, discipline, patience, effort et sagesse.

Notre pratique méditative est l'outil le plus important pour apprendre à être notre propre témoin principal. Dans la méditation Shamatha, la pratique de la tranquillité, nous remplaçons notre esprit par un autre objet d'attention – la respiration. Elle est toujours là, dans l'instant présent. Tandis que nous ressentons la respiration, adoptons une posture confortable, le dos bien droit, et trouvons l'équilibre entre état de détente et inspiration. Laissons notre esprit se calmer, mais n'essayons pas de faire le vide ou de modifier les pensées qui surgissent. Laissons simplement celles-ci exister, la pensée qui vient d'apparaître rejoint l'*arrière-plan* de notre attention, tandis que la respiration prend sa place au *premier plan*. Enfin, entraînons notre esprit à déceler lorsque nous sommes absorbées par une pensée, puis à porter de nouveau avec précision et bienveillance notre attention sur la respiration.

Plutôt que de nous obliger à arrêter de penser à n'avoir que des pensées agréables, ce qui serait une forme d'auto-agression, ce qui ne provoquerait que de la frustration, nous avons la permission d'être telles que nous sommes. En laissant notre esprit être comme il est, sans essayer de le changer, nous créons l'espace nécessaire qui nous permettra d'entretenir une relation différente avec nos pensées. Dans cet espace, nous commençons à remarquer ce qui apparaît, sans porter de jugement ni céder à nos réactions habituelles. En matière de méditation, il est toujours intéressant de revenir aux instructions de base – relisez les instructions détaillées de la méditation Shamatha fournies en début d'ouvrage, ainsi que celles qui suivent.

Asseyez-vous confortablement, à même le sol les jambes croisées et relâchées devant vous ou sur une chaise, avec les pieds posés à plat sur le sol. Faites en sorte que vos jambes soient lourdes et bien ancrées dans le sol, pendant que la partie supérieure de votre corps paraît légère et tirée vers le haut, sans forcer. Votre dos est droit, il soutient votre posture, tandis que votre cage thoracique reste souple, ce qui vous permet de rester ouverte et réceptive. Détendez vos épaules et votre dos et laissez vos mains reposer à plat sur vos cuisses. Relâchez tous les muscles du visage, du cou et de la gorge. Gardez les yeux ouverts et détendus et regardez à 2 mètres environ devant vous. Inspirez et expirez normalement par le nez.

Ressentez votre respiration. Ayez le sentiment d'accompagner l'air qui entre par vos narines, remplit vos poumons puis ressort de votre corps pour gagner l'espace autour de vous. Vous pouvez même imaginer incarner vous-même la respiration et laisser la conscience de votre esprit effectuer tout le cycle respiratoire à chaque inspiration et expiration. Restez alors du mieux que vous pouvez à son contact, remarquez les pensées qui continuent à surgir, à osciller ou à défiler et qui vont et viennent toutes seules, la plupart du temps, si nous ne nous y attachons pas.

Remarquez en cet instant votre état d'esprit, celui que vous avez intégré à votre pratique méditative. Est-il agité, survolté, placide, rêveur, inquiet, ridicule ? Remarquez la texture de vos pensées. Sont-elles vives, molles, endormies, irritées, tendues, relâchées, changeantes ?

Remarquez ce que vous ressentez lorsque vous placez la conscience de votre esprit sur les sensations respiratoires. Quel effet le fait d'entretenir cette connexion vous procure-t-il ? Que ressentez-vous lorsque vous perdez cette dernière ? Quelle séquence d'événements vous a poussée à être absorbée par une pensée ?

Entraînez-vous pendant quelques minutes à utiliser cette technique de placement au premier plan des sensations respiratoires tout en reléguant tout le reste à l'arrière-plan, avant de mettre fin à votre séance.

Pour nombre d'entre nous, lorsque nous nous asseyons et que nous tentons de réunir au même endroit et en même temps notre corps et notre esprit afin de méditer, nous prenons conscience de toute la difficulté que cela représente. Et notre corps n'y est pour rien, car il est toujours dans l'instant présent. Le cœur bat, le sang circule, les poumons respirent, les yeux voient et les oreilles entendent, toujours dans le moment présent. Notre esprit, en revanche, est plus volatil. Lorsque nous méditons, nous prêtons attention aux sensations de la respiration, mais notre esprit a tendance à vagabonder, à chercher une distraction et à être partout, sauf ici. Il peut se trouver dans le passé, à revivre des souvenirs, à revisiter d'anciennes joies ou de vieux regrets ou à souhaiter que les événements aient pu prendre une autre tournure. Il peut également se projeter dans le futur, à dresser des listes de choses à faire, à penser au déjeuner, à planifier vos prochaines vacances ou simplement à rêvasser. Même le fait de regarder la flamme d'une bougie vaciller sur la table devant vous ou d'imaginer des personnages de dessin animé sortir des lattes de bois du parquet pourrait sembler préférable à rester en prise avec ce que vous vivez sur l'instant.

Lorsque nous nous rendons compte que nous avons abandonné la respiration et que sommes désormais absorbées par une pensée, pendant quelques secondes ou toute la durée de la séance de méditation, nous laissons disparaître cette pensée avec précision et reportons tout en douceur notre attention sur la respiration. Quel que soit l'objet de cette pensée – bonne, mauvaise, ennuyeuse, triste, lumineuse ou n'importe quel stade intermédiaire – ou le nombre de fois où nous remarquons avoir égaré ladite attention, nous revenons sur la respiration et repartons de zéro. Déceler cet égarement est un moment d'éveil, de clairvoyance. Pour l'observateur extérieur, la méditation donne l'impression que nous ne faisons rien. Mais ce processus est plein d'activité. L'exécution de la technique de méditation implique de rester constamment au contact des divers changements, des énergies et des humeurs qui traversent notre esprit et ce, sans réagir.

Pour tendre vers la non-réactivité, un moyen consiste à remarquer une sensation de démangeaison pendant une séance de méditation. Notre instinct naturel nous incite à nous gratter afin de faire disparaître l'inconfort. Mais pour prendre bien conscience des réactions aux différents stimuli, plutôt que de se gratter immédiatement, restez simplement aux côtés de cette démangeaison en lui prêtant attention. Où se situe-t-elle précisément ? Quelles sont les sensations ? Évolue-t-elle d'un instant à l'autre ? Est-ce qu'elle disparaît, puis revient ? Est-ce qu'elle se déplace vers une autre partie du corps ? Traitez vos pensées de la même manière en vous posant pour observer les sensations générées – et non leur signification – avant de les laisser disparaître et de recentrer votre attention sur la respiration.

Tout comme nous faisons une pause avant de réagir de manière habituelle à une démangeaison ou à une pensée pendant que nous méditons, nous marquons une pause avant de réagir physiquement ou émotionnellement à des éléments déclencheurs de l'alimentation miracle. Prendre quelques instants pour être attentives aux sensations précises provoquées par un petit désagrément nous aide à en savoir plus sur notre mode de pensée et notre façon de réagir à différentes situations. Il faut énormément de courage pour se concentrer totalement sur notre inconfort, mais en réalité, c'est bien moins effrayant que de le repousser au moyen de la nourriture ou de toute autre substance. En développant notre capacité à tolérer notre propre malaise émotionnel, nous renforçons notre connexion aux autres, qui souffrent et luttent inévitablement, tout comme nous. Ainsi, nous rompons notre isolement et nous renforçons notre compassion envers nous-mêmes et envers les autres.

À vous ! Quels sont les facteurs qui vous ont empêchée de faire confiance à votre corps et à votre jugement ? Quel effet avez-vous ressenti à jouer le rôle de témoin principal dans votre pratique méditative ? En règle générale, comment réagissez-vous aux désagréments ? Que ressentiriez-vous si cet inconfort s'installait durablement ?

Le programme *Je m'aime donc je mange* est dynamique et en perpétuelle évolution. La méditation est le meilleur moyen d'identifier le changement en temps réel et d'être capable de nous adapter pour continuer de répondre à nos besoins. J'ai remarqué que les clientes avec qui je collabore et qui pratiquent la méditation sont généralement plus à l'écoute de ces changements que celles qui ne méditent pas. Les adeptes de la méditation se perçoivent plus clairement, sans illusion, sans minimiser ni exagérer n'importe quel aspect de ce qu'elles vivent. Elles repèrent les changements au fur et à mesure qu'ils se produisent, les anticipent parfois grâce à l'opinion qu'elles se sont forgée lors d'expériences passées et elles sont capables d'évaluer en permanence les besoins de leur corps, de leur cœur et de leur esprit. Enfin, elles savent précisément ce qu'elles doivent mettre en avant dans leur pratique, qu'il s'agisse de la générosité, de la discipline, de la patience, de l'effort ou de la sagesse.

ASHLEY A COMMENCÉ à méditer quelques mois après le début de notre collaboration. À l'époque, elle luttait contre des épisodes d'hyperphagie émotionnelle et des soucis d'image corporelle, elle évitait les miroirs et mettait des hauts à manches longues et des pantalons, même par grande chaleur. Certains aliments étaient formellement interdits dans ses placards, car elle craignait de les engloutir. Elle était obsédée par la perte de poids et ne croyait pas que son corps allait atteindre un poids naturel si elle se mettait à manger ce qui lui faisait envie.

Ashley et moi avons travaillé pendant plus d'un an à analyser les informations que son corps lui envoyait, et notamment les sensations de faim physique. Puis elle s'est appliquée à manger ce qu'elle désirait vraiment et à faire l'expérience d'arrêter de manger dès qu'elle notait une satisfaction corporelle. Lorsqu'elle avait un besoin physiologique de certains aliments en l'absence de toute faim physique, nous avons renforcé la notion de permission absolue et fait en sorte qu'elle ait toujours un stock suffisant de sa glace préférée au congélateur. Pendant cette période, Ashley a continué de méditer, même si c'était parfois de manière irrégulière. Elle a commencé à se documenter sur le *dharma* et les relations humaines à travers ses lectures, puis elle a assisté à plusieurs conférences dans un centre de méditation de son quartier.

Ashley a commencé à percevoir, directement et indirectement, le lien entre sa progression et sa pratique méditative. Ralentir la cadence et reconnaître lorsqu'elle était parvenue à un point de transformation, se sentir plus en mesure d'affronter des émotions douloureuses et ressentir simplement ce qui se produisait dans son corps en temps réel a permis de renforcer à la fois sa pratique méditative et son programme *Je m'aime donc je mange*.

En continuant de méditer et de faire confiance à son corps, Ashley s'est constitué une expérience faite de moments où elle mangeait ce qu'elle voulait, quand elle avait faim, jusqu'au point d'être satisfaite, mais sans aller au-delà. Elle luttait encore beaucoup contre son image corporelle, même si elle perdait peu à peu du poids. Elle a également commencé à chercher son style, elle s'est mise à porter des robes, des hauts sans manches et même des maillots de bain une pièce. Elle est devenue plus tolérante, s'est mise à accepter les émotions fortes et n'a plus traversé d'épisode d'hyperphagie émotionnelle. À l'heure de notre dernière séance, trois pots de sa glace préférée s'entassaient dans son congélateur, et ce depuis plusieurs semaines.

Lorsque l'on poursuit notre programme *Je m'aime donc je mange*, nos pensées envers la nourriture, l'alimentation et le corps évoluent. Ce qui était au départ une obsession devient peu à peu une conscience centrée et réfléchie. Bien que vous puissiez avoir le sentiment d'avoir toujours autant de pensées sur la nourriture et le corps, ces pensées ne sont plus pénibles, ce ne sont plus des obsessions. Enfin, la conscience se transforme en *pleine conscience*, ce qui permet à des pans de ce processus de devenir une seconde nature. Notre pratique méditative et notre rapport à la nourriture, à notre corps et à notre environnement jouent leur rôle en permanence, même lorsque nous n'y prêtons pas entièrement attention. Et dans la mesure où le programme *Je m'aime donc je mange* demeure quelque peu contraire à la culture dominante, nombre de distractions pourraient vous pousser à vous interroger.

Si tu peux pratiquer, même distrait, tu es bien entraîné.

Pour décrire cette devise, nombre de personnes ont recours à la parabole du cavalier. Lorsqu'il devient de plus en plus expérimenté, il peut laisser son esprit vagabonder sans tomber de cheval. Lorsque votre façon de travailler sur votre esprit est conforme à la manière dont vous nourrissez votre corps, votre pratique *Je m'aime donc je mange* s'intègre sans peine à votre vie quotidienne. Votre conduite sera de plus en plus naturelle. Sortir dîner au restaurant avec des amis, déguster du pop-corn en regardant un film ou manger un en-cas pour combler un petit creux sont des gestes empreints de la reconnaissance et de la réponse à la faim physique, à la satiété, à vos goûts et à la satisfaction.

En même temps, modifier votre relation avec la nourriture et votre corps n'est pas un processus rapide ou linéaire. Ce qui peut être considéré comme un écart n'est pas un échec, mais un signal qui nous invite à nous recentrer dans l'instant présent sur notre corps en faisant preuve d'autocompassion. Si, au cours d'un repas avec votre conjoint, la conversation s'envenime et que vous vous retrouvez à manger de manière émotionnelle, cet instant vous rappelle que vous devez y prêter attention, être bienveillante et réagir à ce que vous jugez être votre besoin immédiat.

L'incertitude est peut-être l'élément le plus à même de vous distraire de votre cheminement *Je m'aime donc je mange.* Si les régimes passés n'étaient pas parfaitement adaptés à nos véritables besoins, ils fournissaient un cadre extrêmement solide, plein de chiffres ronds, de calories ou de grammes, de lipides, de protéines et de glucides. La perte de poids n'était qu'une équation mathématique facile à mettre en œuvre. Les régimes nous donnent des directives bien précises, évaluent notre progression et quantifient la réussite ou l'échec. L'approche de *Je m'aime donc je mange* est dénuée de ce genre de certitude car, en réalité, la certitude est une chose qui n'existe pas. En travaillant sur vos besoins actuels en matière de faim, de satiété et de satisfaction, vous sollicitez votre capacité à émettre le meilleur jugement, mais vous n'êtes jamais sûre à 100 % que vos décisions sont les bonnes. Il est essentiel d'accepter cette incertitude pour apprendre à vous faire confiance sur le long terme. Vous saurez que vous aurez franchi une grande étape quand vous prendrez naturellement vos décisions, tout en jetant sur vous-même un regard indulgent, sur l'instant présent, puis en évaluant avec compassion l'efficacité de ces décisions. Vous n'obtiendrez certes pas le réconfort de type « tout ou rien » offert par l'alimentation miracle, mais ce que vous récolterez sera bien plus précieux : confiance en soi, flexibilité et résilience.

Vous allez bientôt instaurer un rapport bienveillant avec votre corps. Ce dernier est l'instrument de votre vie. Il y aura certes des moments où le discours nocif fera sournoisement son retour dans un coin de votre tête. Bien sûr, ce n'est pas un problème. Avoir de temps en temps des pensées et des sentiments négatifs à propos de son corps est normal. Nombre de personnes réagissent aux pensées négatives en essayant de les court-circuiter, de les réduire au silence ou d'arrêter carrément de penser. Ce n'est qu'une autre forme d'auto-agression. Dans notre pratique, toutes les pensées ont leur place. Lorsque vous remarquez l'apparition de pensées négatives, allez vers elles, animée d'un esprit bienveillant. Tout comme vous le faites lorsque vous méditez, touchez cette pensée en douceur avec votre esprit, puis laissez-la disparaître ou réagissez-y par une autre pensée plus neutre ou même pleine d'autocompassion, comme décrit dans le chapitre sur la patience.

Le moyen le plus efficace de travailler sur les distractions est toujours de revenir à votre corps. Tout comme la respiration joue le rôle d'objet dans la méditation, le corps est l'objet de votre pratique *Je m'aime donc je mange*. Lorsque vous réalisez que vous êtes absorbée par l'attachement, l'agression, l'ignorance, les fantasmes et des pensées pleines de préoccupations sur ce que vous devriez ou ne devriez pas manger ou par des pensées critiques envers votre corps, revenez avec bienveillance et précision à ce qu'il est. La technique se résume à cela. Et vous pouvez l'appliquer à l'infini. À chaque fois que l'intelligence de votre corps vous conduit à faire des choix qui vous font du bien, vous apportez une pierre de plus à l'édifice de votre confiance en vous.

À vous ! Quelles parties de votre programme Je m'aime donc je mange *sont en train de devenir comme une seconde nature ? Lorsque vous avez fait des écarts, comment avez-vous réagi ? Comment souhaitez-vous réagir dans le futur ?*
Quand éprouvez-vous une certaine incertitude à propos de vos choix et de vos pensées ? Comment avez-vous déjà réagi à cela ? Comment souhaitez-vous réagir dans le futur ?

CRÉER UNE PRATIQUE MÉDITATIVE DURABLE

Plusieurs éléments vous aideront à créer une pratique méditative durable : fixez-vous des objectifs réalistes, adoptez une routine que vous pourrez facilement respecter, et soyez consciente de la valeur que cette pratique a dans votre vie. Lorsque vous adoptez un nouveau comportement, il peut être tentant de vouloir s'y adonner corps et âme. S'engager à méditer une heure chaque jour jusqu'à la fin de nos jours est le meilleur moyen d'échouer et de se décourager de toute pratique méditative. Cette approche extrême vient de la croyance selon laquelle la méditation va nous réparer, ce qui est faux, pour deux raisons : premièrement, vous n'êtes pas cassée et, deuxièmement, la méditation n'a pas pour objectif de réparer quoi que ce soit, mais d'entretenir une relation différente avec la réalité.

Entretenir une relation différente signifie admettre que les êtres humains sont par essence inconstants et imparfaits et qu'une pratique méditative n'a pas besoin d'être extrême pour être bénéfique. Voici une attente réaliste : pratiquez dix minutes par jour, trois jours par semaine, pendant un mois, avant de faire un bilan et de vous réengager. Une fois que vous êtes à l'aise avec ce rythme de dix minutes par jour et trois jours par semaine et que vous pratiquez relativement régulièrement, vous pouvez ensuite passer à cinq jours par semaine, avant de procéder à d'autres changements.

Inutile de vous précipiter, il n'y a aucun but. Faites juste en sorte d'être dans le moment présent.

Comme pour les pensées et les comportements ayant trait à l'alimentation et à l'image corporelle, ce que nous faisons régulièrement au fil du temps a un grand impact dans nos vies. Disposer d'un endroit dédié et d'un moment récurrent pour méditer permet de ne pas en faire une corvée quotidienne. Le fait d'associer votre séance de méditation à une chose que vous faites déjà, comme méditer le matin juste après avoir avalé votre tasse de café ou de thé, accroît la probabilité que vous respectiez votre rituel. Le fait de choisir un endroit tranquille et dédié à la méditation, comme une chaise ou un coussin dans un coin dans lequel vous vous sentez bien, au calme, permet de créer un espace plus propice. De plus, accueillir avec compassion les inévitables doutes associés à n'importe quel changement de vie sera ce qui vous fera réellement avancer. Il est très utile d'admettre que le changement est, par essence, difficile lorsque l'on commence à méditer régulièrement. Dans la mesure où notre pratique sera imparfaite et parfois irrégulière, il est également important de faire preuve de bienveillance envers soi-même. Cela ne sert à rien de s'en vouloir de ne pas avoir médité pendant un jour ou deux, une semaine, un mois ou même une année. Rien n'est plus stérile que l'autoflagellation, l'alimentation miracle ou la détestation de son propre corps. L'auto-agression fait que nous sommes mal dans notre peau et moins susceptibles de provoquer le bien-être. En étant bienveillantes et pleines d'autocompassion envers nous-mêmes, nous sommes en mesure d'admettre ce qui a provoqué ce décrochage, tout comme nous pouvons prendre des mesures pour y remédier.

Peu importe la durée ou la régularité, ce qui nous ramène systématiquement à la pratique méditative est la valeur que celle-ci apporte à notre vie en dehors des séances. La tenue d'un journal de méditation est un moyen d'en avoir conscience. Ce journal n'a pas besoin d'être très compliqué. Il suffit de noter la date, la durée de la séance (même si le chiffre est de zéro), ainsi qu'un mot, une expression ou quelques phrases à propos de votre séance, si vous en avez envie. Un journal de méditation sert à plusieurs choses : il vous permet de garder une trace de votre pratique méditative sur la durée, c'est une mine d'informations à propos de ce que vous vivez à la fois sur et en dehors de votre coussin de méditation, c'est un recueil d'idées et d'observations résultant de votre pratique et c'est l'occasion d'observer le changement et la progression au fil du temps. Ce journal est strictement personnel. En ce qui me concerne, tenir un journal de méditation m'aide à faire preuve d'autocompassion. Je note la durée des séances, qu'il s'agisse de vingt minutes ou de cinq secondes, car cela m'incite à plus de bienveillance envers moi-même les jours où je ne pratique pas. Je pense à demain plutôt que de m'appesantir sur des sentiments négatifs.

Il existe d'autres moyens de renforcer votre engagement envers votre pratique méditative. Faites appel à un professeur de méditation, pratiquez avec une amie, à distance, en convenant de méditer à la même heure, ou dans un centre de méditation proche de chez vous. Vous pouvez aussi rejoindre une communauté de méditation virtuelle, elles fleurissent actuellement sur Internet, ou via des applications ou des sites dédiés. Méditer pendant des périodes plus longues, par exemple en faisant des retraites ou dans un centre (lorsque vous vous sentez prête), est idéal pour ranimer la flamme de votre pratique et vous remettre en tête les raisons pour lesquelles vous avez commencé à méditer.

À vous ! Comment aimeriez-vous entamer votre pratique méditative ? Pendant combien de minutes souhaiteriez-vous méditer ? Quels jours ? Où et quand ? À quel stade ferez-vous un bilan ?
Que vous apporte votre pratique méditative ? Comment souhaiteriez-vous approfondir le lien qui vous unit à votre pratique ?

Notre pratique méditative est l'alpha et l'oméga de tout ce que nous faisons au cours de notre programme *Je m'aime donc je mange.* En entraînant notre esprit et notre corps à être dans l'instant présent, nous renforçons la capacité à l'accepter tel qu'il est et à nous afficher tels que nous sommes. Le maître zen, poète et activiste de la paix Thich Nhat Hanh dit de la pratique de la méditation qu'elle « consiste à générer notre propre présence pour pouvoir toucher en profondeur la vie qui est là, disponible, à chaque moment. Nous devons être là pour nous-mêmes. Nous devons être là pour la vie, avec ses merveilles. Nous devons être là pour celui ou pour celle que nous aimons. C'est simple et c'est clair : "Je suis là pour toi". »

8

LA PARAMITA DE LA SAGESSE

La sixième et dernière paramita est la sagesse, également connue sous le nom de discernement. La sagesse apporte l'intelligence aux cinq autres paramitas dans notre manière de percevoir la nourriture, l'alimentation et notre corps. Elle nous aide à faire des choix, à amener un changement permanent, à vivre et à traiter notre corps conformément à nos valeurs. La sagesse est souvent associée à la compassion et elle nous aide à comprendre la différence entre la vraie compassion et la compassion passive, laquelle consiste à favoriser les habitudes nuisibles en ne leur offrant aucune résistance. Avec la paramita de la sagesse, nous explorons comment faire cohabiter toutes les données de la science de la nutrition avec notre intelligence, et ainsi aller de l'avant.

Je suis titulaire d'un master en nutrition et en sciences des aliments à l'université Tufts et, après avoir obtenu mon examen de diététicienne certifiée, je disposais, prétendument, d'une très grande connaissance scientifique sur l'alimentation, le métabolisme et le corps. Mais j'avais le sentiment que la citation de Thomas Edison s'appliquait parfaitement à moi : « Nous ne connaissons pas le millionième d'un pourcent de quoi que ce soit. » Plutôt que prodiguer à mes patientes des conseils en matière de régime qui ne me convainquaient pas, j'ai décidé que j'étais mieux armée pour effectuer des recherches et écrire, afin de comprendre qui et quelles données on pouvait croire dans le domaine de la science de la nutrition.

En tant qu'autrice dans le domaine médical, j'ai été frappée par la difficulté à mener des travaux de recherche de qualité en matière de nutrition, à quel point cette difficulté influait sur ce que nous, chercheurs, cliniciens et consommateurs, tenions pour vrai, et à quel point les conseils nutritionnels qui en découlaient semblaient changer d'un jour sur l'autre. Moi-même adepte des régimes à l'époque, j'ai religieusement suivi les volte-faces des gros titres en matière de nutrition comme si je regardais un match de tennis :

Oléagineux : mauvais, composés de 95 % de lipides ! Peu importe, ils sont bons : c'est de la bonne graisse.

Pain : mauvais, fait grossir. Mais si c'est du pain aux céréales complètes, alors c'est bon. Eh puis non, en définitive, c'est mauvais : aussi addictif que du crack.

Margarine : mauvaise, ce n'est qu'un substitut triste et chimique du beurre. Non, bonne : moins chère et meilleure pour la santé. Non, en fait, mauvaise : encore de la nourriture transformée.

Beurre : bon. Naturel, sans acides gras trans. Non, mauvais : grosse empreinte carbone. Mais bon quand même : un aliment authentique, à savourer avec modération.

Crevettes : mauvaises. Trop riches en cholestérol. Bonnes : source de protéines de qualité ! De nouveau mauvaises : contiennent peut-être des métaux lourds. Et puis bonnes : comment peut-on reprocher quoi que ce soit aux crevettes ?

Chocolat : mauvais. Fait grossir et donne de l'acné. Bon, en fait, s'il contient 85 % de cacao, c'est excellent pour la santé.

Voilà... Comment prendre tout ceci au sérieux ?

Près de vingt ans plus tard, il me faut maintenant étudier les différentes réactions du cycle de l'oxydation des groupes acétyle, issus de la dégradation des glucides, des lipides et des protéines, libérés sous la forme de huit électrons (!) et la teneur en substances nutritives d'un sandwich au beurre de cacahuètes et à la confiture, mais je me sens bien plus éclairée. Qu'est-ce qui a changé ?

J'ai à la fois élargi mes connaissances de base, ma compréhension et me suis habituée à vivre dans un corps en constante évolution, avec un esprit qui peut être à la fois source d'une grande souffrance ou être curieux et qui éprouve de la satisfaction et du plaisir. Le plus important a peut-être été d'apprendre à mettre en contexte les idées provenant de l'extérieur et à rester ouverte et consciente de ma propre intelligence interne.

Qu'est-ce donc que la véritable sagesse ?

Nous avons tendance à associer la sagesse au savoir académique, qui transforme ce que nous intégrons en pensées et croyances. Les sources de connaissance externes deviennent des faits absolus. Selon la philosophie bouddhiste, la véritable sagesse serait issue du lien entre l'esprit, le cœur et le corps. Nous avons en nous une intelligence élémentaire qui *est* sage. Cela ne signifie pas pour autant que les informations extérieures sont inutiles. Le savoir acquis grâce à la recherche scientifique offre une idée précieuse de la façon dont le corps et l'esprit fonctionnent et indiquent quels aliments sont bons pour la santé et lesquels favorisent les maladies. Mais les sources de connaissance externes ne doivent pas être considérées comme supérieures à notre propre intelligence.

Pour le maître de la méditation Chögyam Trungpa Rinpoché, la sagesse, c'est « aiguiser son intelligence afin de travailler sur soi-même ». Ce processus qui permet d'aiguiser son intelligence pourrait certainement être comparé à ce qui se produit au cours du programme *Je m'aime donc je mange* lorsque notre pratique méditative et la compréhension de notre corps et de notre esprit gagnent en profondeur, lorsque nous apprenons à vivre l'instant présent et lorsque nous renforçons notre capacité à identifier et à répondre à nos véritables besoins.

Notre intelligence naturelle est la conscience issue de notre ouverture d'esprit et de notre attention envers notre corps. Voilà en quoi la paramita de la sagesse est l'aboutissement des précédentes paramitas. Elle élimine toute confusion, toute distraction et toute croyance en l'alimentation miracle. Elle nous permet de voir les choses dans toute leur vérité. Lorsque nous développons la faculté de voir les choses telles qu'elles sont, nous comprenons que certaines informations scientifiques avérées trouvent naturellement leur place dans notre conscience. Bien cerner la différence entre les informations externes utiles et celles qui relèvent de l'alimentation miracle fait toute la différence.

LA SAGESSE NUTRITIVE

Il est important de démarrer une section sur la nutrition en énumérant les faits suivants.

Aucun aliment ne vous rend en bonne ou mauvaise santé.

Aucun aliment ou groupe d'aliments ne provoque ou n'empêche l'apparition d'une maladie.

Il est inutile de détoxifier ou de purifier notre corps ; nos poumons, notre peau, notre foie et nos reins s'en chargent déjà.

Dans les limites de ce que nous pouvons contrôler, c'est l'équilibre général de ce que nous mangeons régulièrement sur une longue période qui a le plus d'influence sur notre bien-être.

Nous ignorons encore beaucoup de choses en matière de nutrition et de santé.

Ceci étant dit, tous les aliments renferment une combinaison de glucides, de protéines et de lipides – à savoir les trois macronutriments décrits au chapitre 3 (voir p. 101). Ces macronutriments se dégradent lors de la digestion et nourrissent le corps de diverses manières. Concevoir des repas et des en-cas associant des glucides, des protéines et des lipides est une bonne démarche pour satisfaire les besoins du corps à plus d'un titre. Outre ces macronutriments, notre nourriture contient des micronutriments sous la forme de vitamines et de minéraux, de phytonutriments ou de nutriments végétaux, de fibres, d'eau et d'autres composés qu'il n'est pas facile de classer par catégories. Ce qui suit ne doit pas être considéré comme une référence exhaustive en matière de nutrition. Jugez plutôt ces informations comme un complément à votre compréhension de l'*effet* produit par divers aliments dans votre organisme.

Les glucides et les fibres

Les glucides sont le principal carburant du corps et la source d'énergie préférée du cerveau, lequel a besoin d'environ 120 g de glucose – eh oui, du sucre – chaque jour pour fonctionner de manière optimale. Le rôle principal des glucides est de fournir de l'énergie à l'organisme lorsque notre corps en manque, comme lorsque nous restreignons l'apport en glucides ou que nous ne mangeons pas régulièrement. Il cherche alors une solution rapide à mettre en œuvre, souvent sous la forme de sucre ou de glucides raffinés, afin de réguler rapidement la glycémie et de conserver une homéostasie (autrement dit, un équilibre). Voilà pourquoi, associée à la croyance de l'alimentation miracle selon laquelle nous ne devons pas manger de sucre, nous avons, en réaction, des envies de bonbons lorsque nous ne nous nourrissons pas correctement, ce qui est le cas lorsque nous évitons ces aliments. Les gâteaux, bonbons, pâtisseries et boissons sucrées répondent à ces besoins immédiats en énergie mais sont métabolisés tellement rapidement qu'ils ne nous satisfont qu'à court terme et provoquent des pics de fringale assez rapidement. Cela peut être déconcertant.

Certains glucides se décomposent plus lentement dans l'organisme. Ce sont les féculents, ou glucides complexes, qui peuvent également contenir des fibres. On trouve des fibres sous forme soluble et insoluble. Les fibres solubles, qui se trouvent dans l'avoine, l'orge, les haricots, les pois, les carottes, les pommes, les agrumes et le psyllium se dissolvent dans l'eau et contribuent à abaisser le taux de cholestérol dans le sang, ainsi que la glycémie. Les fibres insolubles, que l'on trouve dans la farine de blé entier, le son de blé, les légumes, les haricots et les oléagineux, participent au transit intestinal en lestant, dans les intestins, les déchets non digérés. Les glucides complexes et les fibres contribuent à maintenir une glycémie constante, rassasient durablement et fournissent un niveau d'énergie stable.

Concernant les aliments complets, les glucides figurent dans les fruits et légumes, dont la canne à sucre et la racine de betterave à sucre, les oléagineux entiers, les céréales complètes, le riz, les haricots secs – qui contiennent des protéines –, et les produits laitiers, qui renferment des protéines et des lipides. Les aliments traités et préemballés qui contiennent des glucides, à savoir ceux dérivés des aliments entiers indiqués ci-dessus, sont les pâtes, le pain, les biscuits salés, les chips, les gâteaux, les bonbons, les pâtisseries, les sodas, les jus de fruits et les boissons énergisantes.

Manger des glucides qui renferment aussi des protéines favorise la production de tryptophane, précurseur de la sérotonine, une hormone régulatrice de l'humeur. Les céréales complètes sont une source importante de vitamine B. Les glucides, dont les fruits, les légumes et les céréales complètes, renferment tout un éventail de vitamines, de minéraux et de phytonutriments indispensables au métabolisme, que l'on trouve dans les aliments d'origine végétale.

Les protéines

Les protéines se dégradent plus lentement, ce qui se traduit par un sentiment de satisfaction plus durable. Non seulement les protéines fournissent de l'énergie, mais elles entrent dans le processus de création et de réparation des tissus musculaires. Elles sont impliquées dans la fabrication des hormones, des enzymes et des anticorps qui permettent à l'organisme de fonctionner et de protéger ces derniers de la maladie. On trouve des protéines dans le poisson, la volaille, la viande rouge, les œufs, les produits laitiers, certains substituts des produits laitiers (à vérifier sur l'étiquette, car certains sont très pauvres en protéines), les haricots, le tofu, les oléagineux, les céréales, les légumes (en petites quantités) et les poudres de protéines à base de petit-lait, de soja, de riz, ou de légumineuses, entre autres.

Les aliments contenant des protéines sont généralement riches en vitamines, en minéraux et en phytonutriments – lorsque ces aliments sont de source végétale. Les personnes qui suivent un régime riche en protéines et faible en glucides affichent souvent les symptômes suivants : difficultés à respirer, maux de tête et constipation, ainsi que des envies de sucre et d'autres glucides (précisément les aliments qu'elles s'interdisent). Ces régimes sont très dangereux sur le long terme, notamment pour les reins en raison de la métabolisation du surplus de protéines. Les risques physiques et psychologiques d'un régime très riche en protéines sont un exemple de la dangerosité potentielle des régimes dont on a l'habitude de dire qu'« ils ne peuvent pas faire de mal, n'est-ce pas ? ».

Les lipides

Les lipides, ou graisses, sont les macronutriments qui se dégradent le plus lentement dans le corps, ce qui explique que le fait d'intégrer un peu de lipides à vos repas et dans vos en-cas vous apporte une satisfaction physique durable. Les lipides confèrent une texture et un goût agréable aux aliments. Voilà pourquoi les aliments pauvres en graisses ou qui en sont totalement dépourvus ont tendance à être moins substantiels, moins savoureux, et dans l'ensemble, procurent moins de plaisir. En dehors de l'énergie qu'ils apportent, les lipides sont essentiels pour la régulation des hormones sexuelles, la protection des neurotransmetteurs et l'absorption des vitamines A, D, E et K liposolubles. On trouve des lipides dans les aliments végétaux comme les céréales, les oléagineux, les olives, la noix de coco et dans des aliments d'origine animale, tels que le beurre, le beurre clarifié, les produits laitiers, la viande et les œufs.

Il existe de très nombreuses sortes de lipides dans nos aliments. Les graisses monoinsaturées et les graisses polyinsaturées apportent de la vitamine E et peuvent faire baisser le taux de mauvais cholestérol (lipoprotéine de basse densité ou LDL). Les graisses monoinsaturées se trouvent dans l'huile d'olive, l'huile de colza et l'huile d'arachide, ainsi que dans les avocats, le beurre de cacahuètes, les oléagineux et les céréales. Les graisses polyinsaturées se trouvent dans le soja, le maïs et l'huile de tournesol, ainsi que dans les noix, les graines de tournesol, les graines de soja et d'autres produits à base de soja. Les acides gras oméga-3 sont un autre type de graisses polyinsaturées. Ils protègent le système cardio-vasculaire ainsi que les vaisseaux sanguins, font baisser la tension artérielle et la fréquence cardiaque, régulent les taux de triglycérides et ont un effet anti-inflammatoire global sur tout l'organisme. Les omégas-3 se trouvent dans les poissons gras comme le saumon, la sardine et l'anchois, ainsi que dans les noix, le lin, le chanvre, le chia, la viande et les produits laitiers provenant d'animaux élevés en plein air ainsi que dans certains légumes à feuilles comme les épinards et les choux de Bruxelles.

Les graisses saturées proviennent essentiellement de sources animales, telles que la viande, les produits laitiers et les œufs. Les sources végétales de graisses saturées sont l'huile de palme et la noix de coco. Les graisses saturées ont été le mouton noir de la famille des lipides pendant longtemps parce qu'elles augmentaient le risque de maladies cardio-vasculaires, mais des études plus récentes sont venues nuancer ces conclusions. Des études épidémiologiques ont établi une corrélation entre le risque de maladies cardio-vasculaires et les graisses saturées, mais cela ne signifie pas que les graisses saturées en sont la cause véritable. Lorsque les patients des études supprimaient les graisses saturées de leur alimentation et augmentaient leur apport en glucides, par exemple, leur risque de développer une maladie cardio-vasculaire *augmentait*. Une alimentation riche en graisses saturées n'est pas ce qu'il y a de mieux à avoir, mais il semble n'y avoir aucune raison de se priver complètement des sources de graisses saturées. À noter : la viande et les produits laitiers provenant d'animaux élevés en plein air contiennent généralement un taux d'oméga-3 supérieur à celui d'animaux élevés en batterie, ou qui ne voient jamais l'herbe d'une vraie prairie.

Le dernier type de lipides, les acides gras trans, est présent en petites quantités dans les produits d'origine animale. Mais ils sont surtout produits industriellement grâce à un processus de modification chimique appelé hydrogénation, qui permet aux huiles végétales liquides de rester solides à température ambiante – c'est le cas de la margarine. Ce procédé est bon marché, les produits fabriqués sont faciles à utiliser et se conservent bien, c'est pourquoi les entreprises de l'industrie alimentaire en raffolent. Les acides gras trans entraînent une augmentation du mauvais cholestérol (LDL) et une diminution du bon cholestérol (HDL, lipoprotéine de haute densité) et leur incidence sur le taux de maladies cardio-vasculaires, d'AVC et de diabètes de type 2 a été scientifiquement prouvé. Ce sont les seules graisses que je conseille de ne pas consommer. Si ces acides gras trans sont présents dans des aliments, ils sont le plus souvent désignés sous l'appellation d'« huiles partiellement hydrogénées » et leur nom apparaît sur l'étiquette des valeurs nutritionnelles. Les acides gras trans figurent encore dans certains aliments industriels frits, les viennoiseries industrielles préemballées et les spécialités à tartiner de type margarine.

L'eau

L'eau, que l'on ne place pas toujours dans la même catégorie que les macronutriments et micronutriments, n'en demeure pas moins essentielle à la santé. Elle contribue à réguler notre température corporelle, lubrifie les articulations et protège les organes et les tissus, apporte les nutriments et l'oxygène aux cellules et les rend accessibles pour le métabolisme, facilite le transit intestinal et contribue à éliminer les toxines. Lorsque nous ne buvons pas assez d'eau, cela influe sur l'énergie, le sommeil, l'appétit, l'humeur, le métabolisme et l'efficacité des traitements médicaux. On consomme de l'eau, certes, sous sa forme pure, mais aussi dans les soupes, des salades et des fruits et légumes riches en eau.

Les probiotiques et les prébiotiques

Les milliards de bactéries qui vivent dans votre système gastro-intestinal ou dans vos intestins font l'objet d'un très grand nombre d'études scientifiques. Les scientifiques ont découvert que, dans l'organisme, les cellules bactériennes présentes dans le tube digestif sont bien plus nombreuses que nos cellules tissulaires propres – les cellules qui composent tous les tissus du corps humain. En fonction de leur nature et de leur nombre, ces bactéries ont toutes un rôle à jouer pour notre santé – notre digestion, notre système immunitaire, physiologique et même notre humeur. Pour améliorer l'équilibre des bactéries intestinales et donc notre bien-être, un moyen consiste à ingérer des probiotiques et des prébiotiques.

Les probiotiques sont les bonnes bactéries de vos intestins. Parmi les plus courantes figurent les *Lactobacillus*, les *Bifidobacterium*, les *Saccharomyces boulardii* et les *Bacillus coagulans*. Les probiotiques se trouvent dans les aliments fermentés, tels que le yaourt, le kéfir, le kimchi, la choucroute, le miso, le kombucha, le tempeh et le natto. Les prébiotiques, en revanche, servent de nourriture aux probiotiques. Ce sont les glucides non digestibles consommés par les probiotiques dans le tube digestif afin de composer les diverses populations de bonnes bactéries dans les intestins. Voici de très bonnes sources de prébiotiques : les céréales complètes, les artichauts, les bananes, les graines de soja, les oignons et l'ail.

TROUVER L'ÉQUILIBRE ENTRE SAGESSE NUTRITIVE ET SAGESSE INTERNE

Toute la sagesse nutritive traitée précédemment est merveilleuse, mais comme je l'ai souligné encore et encore tout au long du programme *Je m'aime donc je mange*, aucune source externe de connaissance ne doit être considérée comme supérieure à la vôtre, comme le dit Chögyam Trungpa Rinpoché, « Les plus grandes difficultés proviennent du fait que nous sommes convaincus que nous ne pouvons avoir confiance qu'en ce que l'on nous dit, plutôt qu'en ce que nous ressentons ».

Comme évoqué dans les chapitres précédents, nombre de personnes ont peur de s'accorder la permission absolue de manger ce qu'elles veulent, quand elles le souhaitent et en quantité voulue, car, à leurs yeux, cela ne les conduira qu'à faire des excès. C'est souvent ce qui se produit dans un premier temps, mais, ensuite, l'appétit se régule de lui-même. Si, au début, le curseur passe de la restriction la plus draconienne à de très grands excès, il finit par trouver un juste milieu. Parmi mes patientes, toutes ont fini par découvrir que leurs envies les plus fortes évoluaient sous le coup de différentes influences, les amenant à adopter une alimentation équilibrée et variée qui répond à leurs besoins nutritionnels.

Parmi les différentes influences qui entourent votre appétit, figurent votre environnement immédiat, les changements de saison, l'héritage culturel et votre état émotionnel et physique. Si vous vivez sur la côte Atlantique, vous avez envie de fruits de mer l'été et de soupe de poisson l'hiver. Si vous faites un voyage dans le Sud-Ouest de la France, vous recherchez un bon confit de canard ou un foie gras. Les saisons ont une grande influence sur les aliments que vous rêvez de manger, même si certains plats de base demeurent les mêmes : barbecue/salade, par exemple, en été, et un bon pot-au-feu l'hiver. Bien qu'habitant les États-Unis depuis plus de dix ans, mon conjoint sicilien a toujours des envies de salade de tomates avec du basilic, de l'ail et de l'huile d'olive pendant tout l'été et il meurt d'envie de manger des pâtes et des haricots l'hiver, preuve de l'existence d'influences saisonnières et culturelles sur son appétit. Cela dit, si vous vivez dans une région où les saisons ne provoquent pas des variations de température flagrantes ou si tous les types d'aliment sont accessibles tout au long de l'année, vos goûts varient peut-être peu.

La manière dont vous vous sentez joue également un grand rôle sur vos préférences pour certains aliments. Je constate souvent que, lorsque l'on est malade, surtout dans des pathologies gastriques, ou en cas de grossesse, les envies de certains aliments se trouvent instinctivement décuplées. Lorsque vous vous sentez nauséeuse, vous ne savez pas trop ce que vous pouvez et ne pouvez pas supporter, ou ne serait-ce que ce qui vous ferait envie. En revanche, si vous êtes à la maison avec un mauvais rhume ou la grippe, vous aurez probablement très envie de bouillon de poule, ou d'un plat que vous adoriez quand vous étiez enfant ou d'un plat réconfortant, attaché à vous et votre famille. À d'autres moments, vous rêverez probablement d'aliments qui ont un effet sur la libération d'hormones du bien-être dans votre cerveau, comme le chocolat, qui accroît le taux de sérotonine, de dopamine et de phényléthylamine. Tout cela pour dire que, au fil du temps, vos goûts vous orientent généralement vers la satisfaction de vos besoins nutritionnels.

Le hasard n'a en fait rien à voir là-dedans. Notre corps est un expert en matière d'adaptation : il est programmé pour survivre. Le stockage et la répartition des graisses en sont la parfaite illustration. La masse graisseuse d'une petite fille est faible jusqu'à la puberté, moment où elle augmente pour soutenir l'ovulation et la menstruation. Lorsqu'une femme devient adulte, elle accumule d'abord de la graisse au niveau des seins, des hanches, des fesses et des cuisses afin d'être féconde. Le corps d'une femme adulte qui ovule stocke suffisamment d'énergie pour survivre à un épisode de disette pendant environ neuf mois. En période de famine, environ 10 % des femmes meurent, contre 50 % des hommes, preuve supplémentaire que la race humaine a survécu grâce aux réserves lipidiques. Lorsqu'une femme est proche de la ménopause, son poids augmente, car son métabolisme ralentit, ce qui est associé à un allongement de l'espérance de vie. À la ménopause proprement dite, l'organisme accroît la production des cellules lipidiques qui produisent les œstrogènes, et ces adipocytes s'accumulent au niveau de l'abdomen, afin de conserver une densité osseuse adéquate et de modérer les symptômes associés à la ménopause. Ce ne sont que quelques illustrations de l'intelligence du corps. Le fait que tant de femmes luttent contre les choses qui assurent justement leur survie et leur longévité – des hanches et des cuisses plus larges pendant les années de fécondité, avoir de la graisse au niveau du ventre, peut-être pour la première fois, au moment de la ménopause –, doit être une source d'attention, d'examen et de compassion.

Au quotidien, le corps s'adapte à toutes les situations provoquées par ce que l'on mange ; il devient plus ou moins efficace en fonction de la surconsommation ou de la carence de certains nutriments. Nous avons appris plus haut que le corps s'adapte à un apport calorique insuffisant en métabolisant les calories qu'il reçoit en quantité plus limitée, en devenant efficace et en s'armant pour survivre. De même, si l'apport énergétique est supérieur à ce dont a besoin notre corps pour maintenir un poids génétiquement défini, il dépensera ces calories pendant un moment, et perdra quelque peu en efficacité, afin de défendre son poids naturel. Si l'organisme n'absorbe pas suffisamment de vitamines et de minéraux, il utilisera le peu qu'il consomme avec plus de modération. Et s'il absorbe trop de vitamines et de minéraux, il les éliminera naturellement – sauf dans de rares cas de vitamines liposolubles – dans la transpiration, la respiration, les urines et les selles. Cela signifie qu'il n'y a absolument aucune raison d'opter pour une alimentation parfaite d'un jour à l'autre parce que notre corps s'adapte à l'incohérence humaine naturelle.

Adhérer à cette vision de notre corps et de sa faculté d'adaptation au changement, c'est faire preuve d'une extrême compassion. En cas d'abondance, de famine, de blessure, de maladie, de guérison, de convalescence et de vieillissement, notre corps s'attache en permanence à nous protéger.

INTÉGRER LA NUTRITION À VOTRE PROGRAMME PERSONNEL JE MANGE DONC JE M'AIME

Ce n'est qu'après avoir créé un rapport apaisé à la nourriture et à votre corps que vous devriez intégrer la nutrition à votre programme *Je m'aime donc je mange*. Comme pour toutes les étapes de ce processus, procédez avec bienveillance et avec la volonté d'observer la façon dont vous réagissez aux pensées qui vous viennent à l'esprit et en fonction des sensations corporelles provoquées par vos changements de comportement. Cela fait toujours penser à la prière de la sérénité, qui est prononcée à la fin des réunions des Alcooliques Anonymes : « Donnez-moi la sérénité d'accepter les choses que je ne peux changer, le courage de changer les choses que je peux, et la sagesse d'en connaître la différence. » Lors de la pratique de la paramita de la sagesse, il est capital de connaître la différence entre ce que nous pouvons et ne pouvons pas changer.

À vous ! Quel aspect de la sagesse de votre corps appréciez-vous le plus ? À quel aspect souhaiteriez-vous prêter plus attention ? En quoi avez-vous une relation apaisée avec la nourriture et votre corps ?

Lorsque mes clientes expriment le souhait d'intégrer la nutrition à leur programme *Je m'aime donc je mange*, elles se demandent si elles ne souffrent pas d'obscures sensibilités alimentaires et désirent manger des produits plus sains. Quand elles expriment des problèmes d'allergie, de sensibilité et d'intolérance à certains aliments, nous avons une conversation très franche : à quel point sont-elles influencées par la couverture médiatique et les derniers gros titres, les modes culturelles consistant à éviter certains aliments ? Réagissent-elles conformément à l'hystérie collective ou s'agit-il de véritables expériences physiques ? Nous nous demandons également si leurs préoccupations ne sont pas simplement des désagréments inhérents au corps humain, comme le fait d'avoir des gaz ou de se sentir fatiguée. Nous revenons toujours sur le fait que en dehors d'examens médicaux qui pourraient prouver la présence d'une allergie, d'une sensibilité ou d'une intolérance, leur corps est le meilleur indicateur de leur capacité à manger et métaboliser correctement différents aliments. Nous abordons aussi le fait que, même si une expérience physique est psychosomatique, à savoir qu'elle est une expression, par le corps, d'un malaise plus inconscient, elle n'en demeure pas moins très réelle.

Pour gérer ces anxiétés, il faut passer en revue tout ce que nous pensons connaître en matière de nourriture, cerner notre désir, évaluer le plaisir qu'elle nous procure et les effets qu'elle provoque, physiquement. Dans certains cas, les personnes décident de limiter les quantités de certains aliments en raison de résultats physiques désagréables. Si une personne présente une intolérance au lactose, elle peut décider de supprimer tous les produits laitiers de son alimentation parce que cela ne vaut pas la peine de risquer d'être confrontée à des problèmes gastro-intestinaux. Résultat, elle peut ressentir de la tristesse ou un sentiment de perte. Elle a alors la possibilité de consommer des produits laitiers sans lactose ou de prendre le risque, pour un aliment bien spécifique, une glace préférée, par exemple. À de très rares exceptions, il n'existe pas de bons ou de mauvais choix quand il s'agit de traiter des sensibilités alimentaires. Chaque expérience fournit des informations (physiques et émotionnelles) sur lesquelles fonder ses choix.

À vous ! Quels aliments vous posent problème ? D'où viennent probablement ces problèmes ? Que ressentez-vous physiquement lorsque vous mangez cet aliment ? Que ressentez-vous émotionnellement lorsque vous mangez cet aliment ? À l'avenir, comment déciderez-vous de la pertinence ou non de consommer cet aliment ?

Quand des clientes craignent de ne pas consommer suffisamment d'aliments bons pour la santé, je les encourage plutôt à ajouter des produits sains à leur routine plutôt qu'à soustraire quoi que ce soit, car interdire un aliment réveille souvent des angoisses de privation. Lorsque vous vous posez des questions sur la manière d'aborder ce problème, autorisez-vous à renoncer aux choses que vous n'aimez pas. Oubliez-les, tout simplement. Il n'y a aucune raison de manger des choux de Bruxelles si on déteste ça. Concentrez-vous sur ce que vous aimez, ce qui vous fait du bien et sur ce qui contribue à votre satisfaction et à votre bien-être. Voici une liste de quelques délicieux aliments à goûter, pour diversifier votre routine :

Céréales complètes : orge, maïs, farro, avoine, seigle, blé.

Graminées ou pseudo-céréales : amarante, quinoa, sorgho, millet.

Fruits : pomme, abricot, banane, mûre, myrtille, clémentine, canneberge, datte, pamplemousse, figue, mangue, melon, nectarine, orange, papaye, pêche, ananas, raisin sec, framboise, fraise, mandarine, pastèque.

Légumes : artichaut, avocat, brocolis, mini-brocolis, rapini, choux de Bruxelles, pak-choï, chou (rouge et blanc), carotte (orange, jaune, violette), céleri, chou vert, ail, gingembre, chou frisé, chou-rave, salade (laitue, laitue iceberg, roquette, trévise), oignons (blanc, jaune, rouge, vert), panais, poireau, poivron (rouge, vert, jaune, orange), pommes de terre, épinard, patate douce, bette, tomate, navet, courgette, courge d'hiver (potimarron, butternut, courge musquée...).

Sources de protéines : poisson, volaille, bœuf, agneau, gibier, porc, tofu, œufs, fromage, lait, yaourt, oléagineux, céréales.

Sources d'acides gras oméga-3 : poissons gras (saumon et maquereau), petits poissons avec des arêtes (anchois et sardines), graminées (comme le chanvre et le chia), soja, tofu, noix.

Haricots, lentilles et légumineuses : lentilles corail, lentilles vertes, pois chiches, haricots rouges, haricots blancs, haricots cannellini, arachides, fèves.

Oléagineux et graines : amandes, noix, noix de cajou, noix du Brésil, noisettes, noix de macadamia, noix de pécan, pignons, ainsi que les beurres et huiles fabriqués à partir de ces oléagineux.

Aliments fermentés : miso, kombucha, choucroute, pickles, kimchi, kéfir, tempeh, natto, yaourt, fromages au lait cru.

Autres probiotiques et prébiotiques : chocolat noir (plus de 70 % de cacao), petits pois, olives en saumure, pain au levain, kvas de betterave, fromages peu affinés.

À vous ! Comment reconnaîtrez-vous le bon moment pour ajouter des aliments riches en nutriments à votre routine ? Quels aliments aimeriez-vous inclure ? Pourquoi ? Comment vous sentez-vous physiquement et émotionnellement quand vous les consommez ?

Lorsque nous sommes prêtes, intégrer à notre conscience les connaissances extérieures génère une plus grande satisfaction et une sensation de bien-être. La volonté de consulter en permanence notre corps, notre esprit et notre cœur est le gage que nous accordons la priorité à notre propre sagesse au cours du programme *Je mange donc je m'aime.*

9

LE RESTANT DE VOTRE VIE

VOUS AVEZ PROBABLEMENT choisi ce livre parce que vous aviez un objectif. Il s'agissait peut-être de perdre du poids, même si j'espère qu'à ce stade, vous avez tiré un trait sur cette perspective. Peut-être souhaitiez-vous travailler sur votre relation obsessionnelle à la nourriture et au corps, démarche que je soutiens totalement. Nous abordons tous la nouveauté avec des objectifs et des aspirations en tête. C'est parfaitement humain. Mettre l'accent sur le but d'un programme donné a cependant l'effet de vous sortir du moment présent. Et cela vaut pour votre cheminement *Je m'aime donc je mange.* Si vous deviez entamer ce programme avec les yeux rivés sur l'objectif final, quelle que soit son importance pour vous, vous ne seriez pas totalement capable d'incarner votre corps d'une manière à voir se concrétiser un jour cet objectif. Quelle ironie ! Nourrir des espoirs de résultats est louable mais, lorsque nous y sommes trop attachées, nous perdons toute connexion avec le processus.

Abandonne tout espoir de résultat.

Pour décrire cette devise du lojong, nombre de personnes se servent de la parabole de l'archer qui comprend les dangers de se concentrer uniquement sur la cible. Il doit plutôt prendre conscience de sa posture, de sa façon de tenir l'arc et de la position de la flèche pour avoir un véritable but. L'archer n'est capable d'atteindre la cible que s'il est bien dans son corps sur l'instant. C'est la même chose pour le programme *Je m'aime donc je mange.* L'idée du résultat nous empêche de vivre le moment présent. En nous projetant dans le futur, nous perdons le lien avec notre corps. En fin de compte, se concentrer sur n'importe quel objectif n'est qu'un fantasme très éloigné de la réalité, laquelle est un voyage – et non une destination. Dans son livre intitulé *The Practice of Lojong: Cultivating Compassion through Training the Mind* (« La pratique du lojong : cultiver la compassion à travers un entraînement de l'esprit »), Traleg Kyabgon Rinpoché écrit :

> « En anticipant les types de signes que nous espérons trouver, nous renforçons notre déception permanente, parce que nous aurons le sentiment d'avoir échoué si ces signes n'apparaissent pas. Nous sommes alors incapables de voir les véritables signes de progression, car nos idées préconçues nous ont empêchés de voir se produire les véritables développements. Notre engagement envers le lojong n'étant pas un grand fantasme sophistiqué de l'avenir, nous devons constamment avoir l'esprit le caractère futile des espoirs et des attentes. »

À l'instar de la paramita de la sagesse, cette devise est également le point d'orgue des paramitas précédentes. La générosité nous rappelle de reconnaître et de prêter attention aux besoins élémentaires de notre corps en nous occupant de notre faim et de notre satiété. La discipline nous aide à repérer lorsque nous n'agissons plus en incarnant notre corps et nous rappelle d'y revenir en permanence. La patience nous assure que les progrès s'effectuent à leur rythme et nous aide à nous adresser à nous-mêmes avec compassion. L'effort infuse chaque pensée, chaque mot et chaque action avec l'énergie et la motivation de garder le cap. La méditation renforce notre pratique d'incarnation en nous guidant vers l'observation de ce que nous vivons et en acceptant l'incertitude, l'inconfort et l'absence de fondement. Et la sagesse conforte notre capacité à discerner les connaissances qui viennent de sources extérieures dignes de compléter notre conscience intrinsèque. Nous engager dans ce processus est une forme d'amour inconditionnel envers nous-mêmes.

Notre dialogue intérieur permanent est un élément de cet engagement. En nous entraînant à accepter ce que nous vivons sans rien juger, notre perception a le pouvoir d'influer sur notre trajectoire, soit en nous projetant vers l'avant, soit en causant notre échec.

Sois reconnaissant envers tous.

Après avoir entamé votre programme *Je m'aime donc je mange*, la pratique de la gratitude est un excellent moyen de maintenir à distance toute pensée polluante, notamment celles qui sont liées à l'alimentation miracle. Après avoir lu ces pages, effectué les méditations et réfléchi à leur place dans votre existence, des millions de personnes ont démarré leur nouveau régime ou ne se sont pas encore remises de l'échec du dernier. La reconnaissance éprouvée, pour le chemin parcouru, pour le chemin à parcourir et pour les obstacles qui émaillent ce voyage, est une boussole qui vous aidera à garder le cap.

Dans la pratique bouddhiste, cette devise met souvent l'accent sur la reconnaissance envers les obstacles rencontrés, mais je vous conseille de commencer par le positif : pensez à la façon dont votre corps vous fait du bien, au plaisir ressenti à l'idée de manger simplement, sans culpabilité, en fonction de vos envies, quand vous le souhaitez, et à cette sensation d'espace méditatif. Une fois que votre attention commence à prendre cette forme, la liste des choses qui vous inspirent de la reconnaissance s'allonge de manière exponentielle.

Penchez-vous ensuite sur les difficultés vers lesquelles se porte votre reconnaissance. Votre programme *Je m'aime donc je mange* n'en manquera certainement pas, surtout si vous êtes confrontée à la grossophobie et au lavage de cerveau imposé par la culture des régimes, aux médias qui assènent leurs histoires mensongères de régimes miracles, et à tous les membres de votre entourage qui n'ont pas changé, contrairement à vous. Quand vous passez en revue les obstacles susceptibles de bénéficier de votre gratitude, observez l'avantage qu'ils vous offrent, leur pouvoir de mettre au jour une chose que vous n'aviez pas vue et en quoi ils renforcent votre résolution à rester fidèle à vous-même. Notre compréhension et notre compassion envers nous-mêmes et envers les autres s'approfondissent au fur et à mesure que vous franchissez les obstacles.

À vous ! Envers quels aspects positifs de votre programme Je m'aime donc je mange *va votre reconnaissance ? Et envers quels obstacles ?*

Notre instinct de conservation nous dicte d'éviter tout ce qui est source de déplaisir, et même, parfois, d'opter pour la facilité. Mais aucun changement n'est possible sans adaptation, tolérance et accueil de l'inconfort. Nous tourner, avec bienveillance, vers ce qui nous paraît difficile nous permet de faire sauter les obstacles qui nous bloquent dans notre rapport à la nourriture et à notre corps.

Les parties du processus nous paraissant les plus ardues ont des choses à nous apprendre. Dorénavant, à chaque fois que vous rencontrerez une difficulté lors de votre programme *Je m'aime donc je mange*, cette dernière devise du lojong vous donnera une idée de la manière de l'accueillir.

Entraîne-toi dans les trois difficultés.

Après avoir entamé le processus d'observation de nos pensées et de comportements via le prisme de la générosité, de la discipline, de la patience, de l'effort, de la méditation et de la sagesse, nous avons probablement une meilleure idée de comment s'articule le programme *Je m'aime donc je mange.* Certains aspects peuvent encore paraître difficiles : ils sont au nombre de trois. Identifiez vos difficultés et travaillez dessus. Pour ce faire, soyez honnête avec vous-même, sachez où vous en êtes, et faites votre introspection à partir de là.

La première difficulté est de savoir *quand* nous nous retrouvons face à l'une de ces difficultés. Sans identification, le trouble se cristallise trop vite pour que nous remarquions vraiment ces difficultés et que nous puissions travailler dessus. Résultat, une fois celles-ci repérées, nous sommes déjà piégées. Mais ce n'est pas un problème, comme je l'ai dit plus haut, j'appelle cela la pleine conscience après-coup. Cependant, notre objectif est d'entraîner de plus en plus notre esprit à identifier en temps réel ce qui se produit. Cela implique de ralentir suffisamment le rythme pour nous observer lorsque le trouble commence à se dessiner.

Quand nous nous sentons piégées, la deuxième difficulté est de ne pas nourrir ce trouble, le déraciner immédiatement, en regardant son origine et en l'évaluant par rapport à notre désir de sécurité, de certitude et de confort. Qu'il s'agisse de retracer mentalement notre parcours pour déterminer l'origine de ce trouble ou de disséquer l'enchaînement des événements lors de l'heure, de la journée et de la semaine qui vient de s'écouler, tous les efforts seront les bienvenus afin d'identifier ce qui a pu mener à un comportement destructeur. Cette étape a pour but d'identifier la source de notre angoisse existentielle.

La troisième difficulté est de revenir vers notre corps dans le moment présent, de comprendre ce qu'il ressent, de cultiver en permanence l'autocompassion et de nous encourager dans notre pratique de la méditation. Nous sommes déterminées à revenir dessus systématiquement lorsque nous nous sentons piégées.

Entraînez-vous dans les trois difficultés lorsque vous vous sentez dans une impasse au cours de votre programme *Je m'aime donc je mange.*

À vous ! À quelle difficulté êtes-vous confrontée ? Quelle est son origine ? Qu'est-ce qui vous permet de vous recentrer sur votre corps ? Avez-vous besoin de réveiller votre générosité, discipline, patience, effort, méditation ou sagesse ?

Cela fait maintenant près de dix ans que je médite et j'ai toujours le sentiment d'être une débutante. Pendant tout ce temps, j'ai assisté à d'innombrables conférences et participé à quantité de retraites dans des centres de méditation, j'ai aussi lu nombre de livres sur le *dharma* dans ma quête de sagesse. Comme beaucoup d'adeptes de la méditation et du bouddhisme au début de leur voyage, j'ai cherché à obtenir une chose qui me manquait : du recul, une compréhension et une connaissance de soi. Observer n'importe quel sujet à travers les enseignements bouddhistes est toujours très enrichissant et cela me donne toujours envie de graver – littéralement – ce que j'en apprends dans mon esprit. Leur message est universel : nous devons compter sur notre sagesse et notre talent innés pour vivre notre existence. Le *dharma* n'est qu'un outil pour y parvenir. Qu'il s'agisse d'amour, d'injustice sociale ou de prendre soin de notre corps, ce trésor reste le même. Nous pourrions faire de notre mieux pour comprendre ces enseignements, mais il nous incombe de répandre la compassion, la bienveillance et l'ouverture d'esprit autour de nous. Nombreux sont les professeurs de méditation qui concluent leurs interventions et leurs ouvrages par ces mots que j'aime beaucoup : « Maintenant, oubliez tout. » J'ai toujours pensé que ce conseil signifiait que nous devions faire nôtre tout ce qui avait du sens pour nous et laisser le reste de côté.

Enfin, je vous suis reconnaissante d'avoir entrepris ce voyage à mes côtés. Merci d'avoir ouvert votre cœur et votre esprit, merci de vous offrir la possibilité de construire un nouveau rapport avec votre corps, et merci d'avoir pris le temps de la réflexion, de vous demander ce à quoi la vie pourrait ressembler si nous faisions toutes confiance à notre bonté élémentaire. Encore une fois, j'aimerais mettre l'accent sur le fait que notre ressenti vis-à-vis de nous-mêmes, tout ce qui façonne notre rapport à la nourriture et à notre corps, toutes ces perceptions prennent racine dans l'histoire même du monde et des sociétés. Nous ne faisons que commencer à comprendre les ravages provoqués par le racisme, la discrimination sociale, le sexisme, la grossophobie, ainsi que tous les préjugés qui existent sur les personnes âgées. Quels que soient les facteurs auxquels vous êtes confrontée, il est possible de transformer votre relation avec la nourriture et votre corps. Nous méritons toutes de vivre une existence pleine de joie et de sens, en toute confiance, tout en restant connectée à la beauté du monde. En fait, c'est même un droit dont nous héritons à la naissance.

Les enseignements et exercices que vous avez découverts dans ce livre sont ceux que j'utilise personnellement et que j'ai partagés avec mes clientes. Ils n'ont rien de magique, mais ils renferment pourtant le pouvoir de découvrir la sagesse, l'appétit et les sensations et sentiments associés à votre corps, votre esprit et votre cœur. Votre pratique méditative vous aidera en permanence et les paramitas, ainsi que les devises du lojong, ouvriront la voie à un programme authentique, dynamique et plein de bonté.

Dépassez vos blocages, ouvrez les yeux sur tout ce que l'on a voulu vous faire croire, et vous exploiterez enfin tout votre potentiel. J'espère que *Je m'aime donc je mange* aura libéré en vous de l'espace mental, cet espace autrefois occupé par l'alimentation miracle. Redevenez vous-même, en toute sincérité, car le monde a besoin de vous, dans ce que vous pouvez incarner de meilleur. Dites adieu à l'alimentation miracle, faites-vous confiance, écoutez votre corps et répondez à ses besoins intelligemment et avec assurance. Devenez la guerrière de la non-agressivité qui se traite avec la bienveillance qu'elle réserve aux autres, la bodhisattva courageuse et pleine de compassion qui contribuera à créer le monde dont nous rêvons toutes. Merci.

Et maintenant, oubliez tout.

ANNEXE A

EXERCICE POUR MANGER EN PLEINE CONSCIENCE

LES EXERCICES POUR MANGER EN PLEINE CONSCIENCE s'effectuent souvent avec un seul raisin sec, mais comme nous démantelons les croyances associées à l'alimentation miracle et découvrons nos véritables désirs, je vous suggère d'opter pour un aliment que vous mourez d'envie de manger. Du chocolat, des bonbons, une pizza et des frites fonctionnent à merveille. Si le premier aliment auquel vous pensez vous fait trop envie, choisissez quelque chose de moins excitant pour vos sens, puis passez progressivement à des aliments de plus en plus attirants pour vous.

Commencez par vous asseoir dans un endroit calme et à l'abri de toute distraction. Posez l'aliment choisi devant vous sur la table. Avant même de le regarder, redressez-vous de façon à avoir le dos bien droit et respirez profondément à trois reprises en étant attentive au mécanisme de la respiration (sensations de l'air, température ou perceptions sensorielles).

Avez-vous faim ? Si oui, à quel point ? Quelles sont précisément vos sensations corporelles ? Comment les repérez-vous ?

Regardez l'aliment en question. Pensez à toutes les personnes qui ont travaillé à sa récolte, à son traitement, à son transport et à sa préparation, pour qu'il se retrouve devant vous à cet instant.

Prenez note de sa couleur, de sa forme et de sa texture. Qu'observez-vous ? Quelles pensées surgissent dans votre esprit ? Que ressentez-vous physiquement ? Que ressentez-vous à la perspective de manger l'aliment que vous avez choisi ? De la joie, de la nervosité, de la crainte ?

Prenez un morceau de cet aliment et placez-le dans le creux de votre main. Quelle est sa température ? Quel est son poids ? Que ressentez-vous physiquement en le tenant ainsi dans votre main ? Est-ce que vous salivez ? Est-ce que votre sensation de faim a évolué ?

Placez l'aliment sous votre nez et inspirez. Quelle odeur a-t-il ? Est-ce l'odeur à laquelle vous vous attendiez ? Est-elle meilleure, moins bonne, précisément celle que vous espériez, ou différente ? Quelles conséquences le fait de sentir cet aliment provoque-t-il au niveau de votre corps et de votre esprit ?

Portez l'aliment à vos lèvres et restez ainsi quelques instants. Qu'est-ce que cela vous fait physiquement de toucher cet aliment sans le manger immédiatement ? Quelle est la nature de votre désir pour cet aliment ?

Placez le morceau de l'aliment dans votre bouche ou prenez-en une bouchée. Conservez-le dans votre bouche pendant un moment en le gardant immobile à l'intérieur. Ressentez sa texture et son poids sur votre langue. Quel goût a-t-il ?

Déplacez-le maintenant dans la bouche à l'aide de la langue sans le mâcher. Que remarquez-vous en termes de texture, de température et de goût ? Quels changements percevez-vous ? Votre faim a-t-elle changé ? Votre désir de le manger a-t-il évolué ?

Commencez à le mâcher lentement. Remarquez les changements au niveau de la texture, du goût et de la température. Prêtez attention, dès son apparition, à l'envie forte de l'avaler. Continuez à mâcher l'aliment en remarquant tout changement jusqu'à ce que vous l'avaliez naturellement. Où en est votre faim, désormais ? Et votre envie de manger cet aliment ? Est-elle plus forte ou moins forte ?

Répétez le même processus en voyant les différences entre les deuxième, troisième et quatrième bouchées par rapport à la première. Notez tout changement au niveau du goût, de la faim et de l'envie de manger cet aliment. Voyez si vous avez envie de continuer à le manger. Poursuivez jusqu'à ce que vous décidiez d'arrêter de manger et essayez de bien percevoir les raisons pour lesquelles vous cessez de manger, en ayant bien en tête qu'il n'y a pas de bonnes ou de mauvaises réponses.

ANNEXE B

LA MÉDITATION DE TONGLEN

Tonglen, qui signifie « donner et prendre » ou bien « échanger le soi contre les autres », est une forme spéciale de méditation. Notre instinct nous dicte de garder pour nous ce qui est bien et de rejeter ce qui est douloureux. Une autre approche de développement personnel consiste à expirer le négatif et à inspirer le positif. Avec la méditation de Tonglen, nous inspirons la souffrance, la nôtre et celle des autres, et expirons le soulagement de la souffrance.

Quand nous inspirons la souffrance d'autrui, nous nous autorisons à ressentir pleinement toute la souffrance inutile générée par l'alimentation miracle. Cela peut vous paraître totalement étranger ou effrayant de prime abord, mais c'est une démarche très courageuse. La culture des régimes nous apprend à nous contracter, à nous renfermer et à ne penser qu'à nous-mêmes. Cet exercice, en revanche, invite à aborder la difficulté avec l'assurance que nous parviendrons à la vaincre. Lorsque nous pratiquons la méditation de Tonglen, c'est avec la certitude d'être capables de gérer la négativité que nous invitons en nous, sans qu'elle nous nuise de manière irrévocable. Voilà une façon de proclamer notre force et notre bonté intérieures. Bien que nous nous concentrions sur les autres, la méditation de Tonglen est un exercice très personnel. Personne ne saura que nous l'exécutons. Elle permet de commencer à orienter notre énergie et notre attention afin d'être utiles aux autres. Dans la mesure où nous sommes totalement disposées à ressentir notre souffrance et celle des autres et à leur souhaiter l'apaisement, la méditation de Tonglen est une expression intense de la générosité.

Cet exercice est axé sur la respiration comme pour la méditation Shamatha. La respiration est toujours présente. À chaque fois que nous voyons la souffrance, nous pouvons pratiquer sur-le-champ la méditation de Tonglen afin d'admettre cette souffrance et de souhaiter un soulagement.

Cet exercice comprend quatre stades. Effectuez la technique Shamatha pendant cinq à dix minutes avant et après la méditation de Tonglen.

1. Lors du premier stade, reposez votre esprit dans un état d'ouverture, sans penser à rien.

2. Lors du deuxième stade, commencez à travailler sur la texture de ce que vous donnez et ce que vous prenez : inspirez quelque chose de chaud, de sombre, de poisseux et de lourd et expirez un soulagement frais et léger.

3. Lors du troisième stade, exploitez la situation vous paraissant la plus pertinente sur le moment en pensant à un aspect de votre programme *Je m'aime donc je mange* qui vous pose des difficultés, à vous ou à une personne bien précise.

   Pensez aux détails de ce que vous vivez personnellement. Laissez vos difficultés vis-à-vis de la nourriture et de votre corps renforcer votre compassion envers des personnes qui souffrent également. Quel pan de ce programme vous semble le plus pénible pour vous en ce moment en lisant ces lignes ? Quelles sensations, quels sentiments sont associés à votre difficulté ? Qu'est-ce qui pourrait soulager cette souffrance ? Faites en sorte que votre propre expérience soit la porte d'entrée dans la méditation de Tonglen.

Lorsque vous éprouvez un sentiment négatif vis-à-vis de votre corps, connectez-vous à une personne ayant déjà éprouvé la même chose et souhaitez-lui de pouvoir accepter et aimer son corps. Inspirez sa souffrance et la vôtre, puis expirez l'apaisement.

Lorsque vous vous critiquez pour une raison ou pour une autre, inspirez la souffrance de tous ceux qui se sont déjà critiqués et expirez l'autocompassion.

Lorsque vous mangez d'une manière physiquement ou émotionnellement désagréable, inspirez la souffrance éprouvée par tous ceux qui ont déjà mangé à l'excès ou jusqu'à se rendre malades, puis expirez la confiance qui vous permettra de manger conformément aux véritables besoins de votre corps.

4. Lors du quatrième stade de la méditation de Tonglen, élargissez le cercle en pensant à la souffrance de toutes les personnes victimes de l'alimentation miracle.

ANNEXE C

LA MÉDITATION DE L'AMOUR BIENVEILLANT POUR LE CORPS

LORS DE LA MÉDITATION DE L'AMOUR BIENVEILLANT, nous souhaitons la sécurité, le bonheur, la santé et une vie sous le sceau du bien-être pour nous-mêmes, puis progressivement pour notre entourage. Traditionnellement, elle consiste à penser d'abord à nous-mêmes, puis à un être cher, à un anonyme, à un ennemi, ensuite aux quatre (soi, être cher, anonyme, ennemi), et enfin à tous les êtres de la Terre. Ici, la méditation de l'amour bienveillant est quelque peu différente. Au lieu de penser à diverses personnes, nous nous concentrons sur différentes parties de notre corps et leur souhaitons du bien. Vu la difficulté de l'exercice, nous allons modifier un peu l'ordre, ainsi que les paroles à prononcer.

Avant d'entamer cet exercice d'amour bienveillant, commencez par quelques instants de Shamatha afin que votre esprit se calme. Une fois prête, gardez les yeux ouverts comme pour le Shamatha ou fermez-les si vous trouvez cela plus confortable.

Travailler sur le corps est un exercice que nombre d'entre nous redoutent. Pour apprivoiser ce sentiment, commencez par penser à quelqu'un ou quelque chose de vraiment facile à aimer, par exemple un enfant ou un animal de compagnie. Une fois cet élément bien en tête, prononcez mentalement les paroles suivantes :

Sois à l'aise
Sois nourri
Sois apprécié
Sois aimé

Pensez ensuite à une partie de votre corps que vous aimez et qui vous inspire facilement des choses positives, par exemple, vos yeux, vos mains, vos ongles ou vos cheveux. Ayez cette partie du corps à l'esprit et prononcez mentalement les paroles suivantes :

Sois à l'aise
Sois nourrie
Sois appréciée
Sois aimée

Pensez ensuite à une partie de votre corps qui est neutre, ne déclenche pas de sentiments particulièrement positifs ou négatifs. Il peut s'agir d'une partie à laquelle vous ne pensez pas souvent, par exemple un organe comme le foie, le cœur, les reins. Prononcez mentalement les paroles suivantes en ayant cette partie du corps à l'esprit :

Sois à l'aise
Sois nourrie
Sois appréciée
Sois aimée

Pensez ensuite à une partie de votre corps qui est tendue, très problématique ou sur laquelle vous faites une fixation depuis longtemps parce que vous souhaitez la changer. Il peut s'agir des bras, du ventre, des cuisses ou de vos fesses. Si la partie de votre corps qui vous pose problème et qui vous vient immédiatement à l'esprit provoque une sensation trop violente, passez à une autre partie moins obsédante, puis revenez à votre idée de départ une fois que vous êtes prête. Une fois cette partie du corps à l'esprit, prononcez mentalement les paroles suivantes :

Sois à l'aise
Sois nourrie
Sois appréciée
Sois aimée

Pensez maintenant à votre corps dans sa globalité (partie positive, partie neutre et partie négative comprises, ainsi que tout le reste). Gardez à l'esprit la vision de tout votre corps en prononçant mentalement les paroles suivantes :

Sois à l'aise
Sois nourri
Sois apprécié
Sois aimé

Élargissez enfin le cercle de façon à inclure toutes les personnes qui éprouvent des difficultés avec leur corps, qui l'ont disséqué, avec d'un côté les parties qu'elles aiment et, de l'autre, celles qu'elles n'aiment pas. Gardez toutes ces personnes à l'esprit en prononçant une dernière fois mentalement les paroles suivantes :

Soyez à l'aise
Soyez nourries

Soyez appréciées
Soyez aimées

Concluez cet exercice de l'amour bienveillant en abandonnant toute parole et en remarquant le ou les sentiments apparus dans votre cœur, esprit et corps. Restez ainsi à respirer à plusieurs reprises. Terminez par quelques minutes de méditation Shamatha afin d'apaiser de nouveau votre esprit.

ANNEXE D

RESSOURCES

Livres

- Linda Bacon et Lucy Aphramor, *Body Respect: What Conventional Health Books Get Wrong, Leave Out, and Just Plain Fail to Understand about Weight*, BenBella, 2014 (en anglais).
- Linda Bacon, *Health at Every Size: The Surprising Truth about Your Weight*, BenBella, 2010 (en anglais).
- Pema Chödrön, *Vivez sans entrave : en vous libérant de vos vieilles habitudes et de vos peurs*, traduit par André Dommergues, Le Courrier du Livre, Paris, 2010.
- Pema Chödrön, *Les bastions de la peur : pratique du courage dans les moments difficiles*, traduit par Claude Riso-Lévi, La Table Ronde, Paris, 2002.
- Jan Chozen Bays, *Réapprendre à manger : l'alimentation en pleine conscience*, Les Arènes, Paris, 2016.
- Rick Hanson, *Le cerveau de Bouddha : bonheur, amour et sagesse au temps des neurosciences*, traduit par Olivier Colette, Les Arènes, Paris, 2011.

- Caroline Knapp, *Appetites*, Counterpoint, 2004 (en anglais).
- Traleg Kyabgon, *The Practice of Lojong: Cultivating Compassion through Training the Mind*, Shambhala, 2007 (en anglais).
- Judith Matz et Ellen Frankel, *Beyond a Shadow of a Diet: the Comprehensive Guide to Treating Binge Eating Disorder, Compulsive Eating, and Emotional Overeating*, Routledge, 2014 (en anglais).
- Judith Matz et Ellen Frankel, *The Diet's Survivor's Handbook: 60 Lessons in Eating, Acceptance and Self-Care*, Sourcebooks, 2006 (en anglais).
- Kristin Neff, *S'aimer : comment se réconcilier avec soi-même*, traduit par Patricia Lavigne, Belfond, Paris, 2013.
- Susan Piver, *L'esprit tranquille : guide d'introduction à la méditation*, traduit par Martin Coursol, Escalquens, 2014.
- Rebecca Scritchfield, *Body bienveillance : ou comment prendre soin de soi de l'intérieur*, Marabout, Vanves, 2017.
- Jessamyn Stanley, *Every Body Yoga: Let Go of the Fear, Get on the Mat, Love Your Body*, Workman, 2017 (en anglais).
- Shunryu Suzuki et Elyse Resch, *Esprit zen, esprit neuf*, traduit par Sylvie Carteron, Éditions Points, Paris, 2014.
- Evelyn Tribole et Elyse Resch, *Intuitive Eating: A Revolutionary Program that Works*, St. Martin's Griffin, 2012 (en anglais).
- Evelyn Tribole et Elyse Resch, *The Intuitive Eating Workbook*, New Harbinger, 2017 (en anglais).
- Chögyam Trungpa, *Shambhala : la voie sacrée du guerrier*, traduit par Richard Gravel, Seuil, Paris, 2014.
- Lindy West, *Shrill*, Hachette Books, 2016 (en anglais).

Sites web et blogs

- Le GROS (Groupe de Réflexion sur l'Obésité et le Surpoids – www.gros.org)
- Gras politique (graspolitique.wordpress.com)
- L'instant Socio (www.association-linstantsocio.fr/)

- Association pour le Développement de la Mindfulness (ADM - www.association-mindfulness.org/index.php)
- Alimentation Intuitive (alimentation-intuitive.com)
- Savourer au présent (www.savoureraupresent.com)
- Souris-Toi (http://www.souristoi.com/)
- Mon Corps Adoré (https://mon-corps-adore.com/)

Podcasts et autres contenus

- Prendre de la place – Elyane C. (https://open.spotify.com/show/1xmVLEOxdtO9zfPoxUREDU)
- Réponses à tout (https://podcast.ausha.co/reponses-a-tout/11-tout-sur-l-alimentation-intuitive-instinctive-en-pleine-conscience)
- https://podtail.com/fr/podcast/l-alimentation-intuitive-faites-la-paix-avec-la-no/

Soutien aux personnes souffrant de troubles alimentaires

- FNA-TCA (Fédération Nationale d'Associations liées aux Troubles des Conduites Alimentaires - https://fna-tca.org/presentation-fna-tca/)
- Association Autrement (www.anorexie-et-boulimie.fr)
- Enfine (www.enfine.com)
- FFAB (Fédération Française Anorexie Boulimie - www.ffab.fr)
- Outremangeurs Anonymes (https://oainfos.org/)

Remarque : certains livres et ressources figurant dans cette liste ne sont peut-être pas complètement conformes à l'approche *Je m'aime donc je mange*, en ce sens qu'ils renferment, de manière subtile, une certaine stigmatisation fondée sur le poids ou une promotion de l'alimentation miracle. Ils figurent néanmoins dans cet ouvrage afin d'essayer d'enrichir votre pratique et de ne pas jeter le bébé avec l'eau du bain. J'ai entièrement confiance en votre jugement.

REMERCIEMENTS

À MA TRÈS CHÈRE AMIE, collègue et professeure de méditation Susan Piver. Ta sagesse, ton humour, ton engagement, ta pratique et ton cheminement m'incitent à être moi-même chaque jour. Merci d'avoir vu en moi une chose qui m'avait échappé. Je n'ai pas de mots pour décrire tout ce que je ressens pour toi.

À mes professeurs de *dharma* Chögyam Trungpa, Pema Chödrön, Jan Chozen Bays et Sarah Napthali. Merci de consacrer votre vie à nous faire du bien. Grâce à vos enseignements, ma vie vaut vraiment la peine d'être vécue.

À mes sources d'inspiration personnelles et professionnelles, Evelyn Tribole, Elyse Resch, Deb Burgard, Linda Bacon, Tracy Tylka, Marsha Hudnall, Megrette Fletcher, Chevese Turner, Caroline Knapp, Roxane Gay, RuPaul Charles, Sonya Renee Taylor, Virgie Tovar, Emme, Lindy West et Jessamyn Stanley. Vous êtes de vrais guerriers bodhisattvas. Sans votre travail, le prisme du *dharma* serait bien terne.

Merci à Crystal Gandrud d'avoir non seulement corrigé avec brio ce manuscrit, mais également de l'incarner. Ton excellence, ton discernement et ta présence exquise m'ont donné la confiance et l'implication nécessaires pour boucler ce projet. C'est autant le tien que le mien.

À Lisa Fehl. Merci pour ton soutien de tous les instants, ta créativité et tes encouragements. Ta magie fait des merveilles, Angel Witch.

Merci à l'Open Heart Project Mommy Sangha de mamantrepreneuses, mamansattvas et maîtresses incontestées de la compassion et de la sagesse. Remerciez Bouddha.

À mes sangha professionnels, Mary Jane Detroyer, Monika Saigal, Robin Millet, Justine Roth et Alexis Conason : votre humour, votre sagesse et votre engagement préservent ma santé mentale. Merci.

Merci aux stratégies de Page Two pour votre savoir, vos conseils d'experts et pour votre enthousiasme aussi marqué que le mien envers ce livre.

À Colleen Lutz Clemens, Sean Michael McCormick, Tracy Lessor, Jennifer Eliasi Teich, Maureen Gill et Jordan Hayles. Merci d'être des amis que je peux retrouver comme si je les avais quittés la veille.

À Giovanna Cinquemani d'avoir fait toutes ses heures de baby-sitting supplémentaires pendant que je travaillais sur ce manuscrit. Merci pour l'amour porté à notre petit bout. Tu fais partie de la famille, maintenant.

À Richie Mastascusa, pour avoir guidé et renforcé mon corps pendant la grossesse, après l'accouchement et pendant ma convalescence suite à mon opération de la colonne vertébrale, et pour avoir fait entrer mes connaissances musicales dans le nouveau millénaire. Sacré boulot !

À ma famille. Ma mère, Terry Hollenstein : merci de m'avoir donné la vie, l'amour de la nourriture, des tonnes de mots d'encouragement, d'avoir toujours voulu ce qu'il y a de mieux pour moi et d'avoir eu confiance en moi pour laver notre linge sale concernant les régimes autrement qu'en famille. Que nous puissions tous nous en sortir. Mon père, Peter Hollenstein : merci d'être la personne qui pleure devant les films et qui s'est mise à l'italien après 70 ans. Tu es un artiste, une belle âme. Ma sœur, Melissa Hollenstein Thibault et mon beau-frère, Jonathan Thibault : merci pour votre humour et votre présence indéfectible.

À Domenico Peter Ventura. Mon Mimmo. J'ai commencé à écrire ce livre quand tu étais encore dans mon ventre. Merci de me rappeler l'intelligence supérieure dont nous sommes par essence dotés. Ta curiosité, ta sensibilité, ton humour et ta joie me surprennent et me ravissent au quotidien. Tu es mon être préféré.

Et à mon conjoint, Andrea Ventura. Merci de m'avoir soutenue au cours de ce programme, même lorsque tu ne le comprenais pas complètement. Tu es le père de notre enfant, l'ami, le partenaire, le conjoint dont j'ai toujours rêvé. *Ti voglio tanto bene.*

À PROPOS DE L'AUTRICE

TITULAIRE D'UN MASTER en nutrition et en sciences des aliments, Jenna Hollenstein est une diététicienne opposée à toute forme de régime, elle est aussi thérapeute et professeur de méditation. Son cabinet est situé à New York, dans Manhattan, où elle reçoit des personnes qui souffrent de troubles alimentaires ou de rapports compliqués avec la nourriture. Elle a à cœur d'aider ses clientes à se libérer de la culture des régimes, à redécouvrir le plaisir de manger, d'incarner leur corps et de vivre leur vie avec joie et compassion. Jenna est également l'autrice de *Understanding Dietary Supplements* et de l'essai *Drinking to Distraction.*

Cet ouvrage est composé de matériaux issus de forêts bien gérées certifiées FSC®, de matériaux recyclés et de matériaux issus d'autres sources contrôlées.
Le Forest Stewardship Council® est une organisation internationale non gouvernementale qui encourage une gestion écologiquement adaptée, socialement bénéfique et économiquement viable des forêts de la planète. Pour en savoir plus, consultez le site www.fsc.org

MIXTE
Papier issu de sources responsables
FSC® C022829

Achevé d'imprimer en décembre 2021
sur les presses de la Nouvelle Imprimerie Laballery
58500 Clamecy
Dépôt légal : janvier 2022
N° d'impression : 110488

Imprimé en France

La Nouvelle Imprimerie Laballery est titulaire de la marque Imprim'Vert®